Patricia Schröder, 1960 geboren, lebt mit Mann, zwei Kindern und einer Handvoll Tieren an der Nordsee. Sie hat Produktdesign studiert und arbeitet seit einigen Jahren als freie Autorin. Zuerst schrieb sie satirische Beiträge für den Hörfunk, später Texte für Anthologien. Inzwischen hat sie zahlreiche Kinder- und Jugendromane veröffentlicht.

In der Reihe *generation* erschien von ihr auch ›Zwischen Hölle und Himmel‹ (Bd 80495), ›Sommerlieben‹ (Bd. 80552), ›Scheiß Glatze, ich lieb dich‹ (Bd. 80417) und ›Freundschaftsspiele‹ (Bd. 80667).

Patricia Schröder

AUSERWÄHLT
EIN MÄDCHEN ZWISCHEN SEKTE UND FREIHEIT

Fischer Taschenbuch Verlag

generation
www.generation.de

2. Auflage: Oktober 2009

Originalausgabe
Veröffentlicht im Fischer Taschenbuch Verlag,
einem Unternehmen der S. Fischer Verlag GmbH,
Frankfurt am Main, Oktober 2009

© S. Fischer Verlag GmbH, Frankfurt am Main 2009
Lektorat: Ilona Einwohlt
Satz: Pinkuin Satz und Datentechnik, Berlin
Druck und Bindung: CPI – Clausen & Bosse, Leck
Printed in Germany
ISBN 978-3-596-80880-5

Nach den Regeln der neuen Rechtschreibung

I

»Hör mal«, sagt Francine. »Eigentlich könnten wir doch zusammen lernen.«
»Klar«, sage ich. Wieso auch nicht? Von dieser Klausur hängt schließlich einiges ab. Für uns beide. Francine ist zwar eigentlich besser in Mathe als ich, aber sie muss noch viel nachholen, weil sie erst seit den Halbjahreszeugnissen auf unsere Schule geht. Bestimmt könnten wir uns gut ergänzen. »Ich komm dann nachher zu dir ins Internat.«
»Nee, besser nicht«, sagt Francine. »Dort ist es immer so laut.«
»In deinem Zimmer auch?«
»Nein, da nicht. Aber da nervt Carla. Die tut überhaupt nichts für die Schule. Die will immer nur heim.«
»Du nicht?«, frage ich.
»Manchmal schon.« Francine stopft die Mathesachen in ihre Fransentasche, hängt sie sich über die Schulter und sieht mich an. »Ich komm dann zu dir.«
»Ja«, sage ich zögernd.
»Oder ist es bei dir auch laut?«
»Nein«, sage ich. »Bei uns ist ja niemand.«
Francine lächelt. »Na dann. Ist doch ideal.«
Sie hat große, fast schwarze Augen und ihre Haut ist braun und samtig. Francine kommt aus Guayana. Sie ist adoptiert und aus Afrika weggeholt worden, als sie noch keine zwei Jahre alt war. Ihre leiblichen Eltern kennt sie nicht und ihre

deutschen Eltern haben sie ins Internat gesteckt. Warum, weiß niemand. Francine redet nicht darüber.

Ich sehe sie an und überlege, wie ich sie am besten an den ganzen Babaji-Bildern im Wohnzimmer vorbeischleuse. Es ist schon ewig niemand mehr bei uns zu Hause gewesen. Bisher habe ich es immer irgendwie hingekriegt, mich woanders mit meinen Freunden zu treffen. Auch Paps Kollegen kommen nicht mehr, seit Mam im Himalaja war und diesen komischen Spleen hat.

Na ja, ich nenne das so. Denn eigentlich ist es kein Spleen, sondern eine sehr schwierige und sehr wichtige Sache. Das hab ich schon kapiert, obwohl es im Prinzip gar nicht so leicht zu verstehen ist. Man darf eben seinen Kopf nicht benutzen, nicht so viel drüber nachdenken. Wir denken sowieso viel zu viel, sagt Mam immer. Und vergessen dann zu handeln. Handeln ist viel wichtiger, zumindest, wenn es aus dem Herzen kommt.

Mam handelt nur noch aus ihrem Herzen heraus. Das macht alles viel leichter, sagt sie. Sie kann viel besser mit Paps streiten. Ohne, dass es sie jedes Mal fertigmacht. Und sie liebt ihn auch wieder, so wie sie alle anderen Menschen ja auch liebt.

»Wann soll ich denn kommen?«, fragt Francine.

Ich zucke die Schultern. »Um vier?« Dann ist Mam weg. Sie hat heute Gruppentreffen. Und die Bilder könnte ich vielleicht einfach abnehmen. Plötzlich bin ich erleichtert. »Ich freu mich«, sage ich.

Francine lächelt. Sie hat einen großen weichen Mund und schnurgerade weiße Zähne. Ihr Gesicht ist schmal und ihr

Hals sehr dünn und lang. Sie ist überhaupt sehr lang. Mehr als einen Kopf größer als ich. Und sie hat kurze Rastalocken und trägt immer verrückte Klamotten.
Ich bin da ganz anders. Nicht dick, aber ein bisschen üppiger. Schon mit dreizehn hatte ich einen richtig großen Busen. Aber das betone ich nicht. Am liebsten trage ich Hemden und Pullis und Hüfthosen. Ganz klassisch eben. Meine dunklen Haare sind schulterlang. Meistens binde ich sie zusammen oder stecke sie hoch. Meine Freunde sagen, dass ich sehr hübsch sei, aber ich selbst sehe das nicht so. Ich wäre lieber so schlank und so groß wie Francine.

Mam ist wie immer, wenn sie Gruppentreffen hat, total in Hektik. Es gibt kein Mittagessen und aufgeräumt ist auch nicht. Mir macht das ja nichts aus, aber Paps regt sich jedes Mal darüber auf. Und ich krieg das dann ab.
»Ach, das regelst du schon«, sagt Mam, als ich mich deswegen bei ihr beschwere. Sie rafft ein paar Zettel zusammen, stopft sie in ihre Umhängetasche und küsst mich auf die Wange. »Du bist doch mein großes Mädchen. Außerdem schadet es nicht, wenn man sich durchzusetzen lernt.«
»Was hat das denn damit zu tun?«, erwidere ich. »Ich hab die Unordnung doch nicht gemacht.«
Meine Mutter drapiert ein Tuch um ihren Hals. Es ist indisch gemustert und passt farblich perfekt zu ihren grünbraunen Augen. Ja, Mam sieht echt klasse aus. Sie hat genau die Locken, die ich mir so sehr wünsche, und ein Lachen, das

jeden in den Bann zieht. Im Augenblick wirkt sie allerdings eher genervt.

»Dann räum halt auf, wenn du vor deinem Vater nicht dazu stehen kannst.«

Wie bitte?

Ich starre sie an und sie starrt zurück. Dann lacht sie plötzlich los. »War doch bloß 'n Scherz.« Sie stupst mich gegen's Brustbein. »Vielleicht solltest du einfach mal mitkommen.«

»Wohin? Etwa zu diesem Treffen?«

»Nicht zu diesem. Das ist ja nun zu spät. Aber zu einem der nächsten. Würde dir bestimmt guttun.« Sie umarmt mich schnell und stürmisch, rauscht in die Diele, steigt in ihre Slipper und schon ist sie raus aus der Tür.

»Wo ist eigentlich Rebekka?«, frage ich in den leeren Flur.

Wo wird sie schon sein?, denke ich. Bei Lily natürlich. Hat Mam bestimmt alles perfekt geregelt. So wie sie das immer tut.

Ich drehe mich um und gehe ins Wohnzimmer zurück. Auf dem ovalen Holztisch vor dem Sofa stehen noch Teegläser, eine halbvolle Kanne auf einem brennenden Stövchen und die Dose mit Mams Lieblingskeksen. Sie hat also wieder mal Besuch gehabt. Wahrscheinlich von Ute, Brigitte, Magda und Charlotte, die zwei- bis dreimal in der Woche unangemeldet hier vorbeischneien und ihre Probleme in unserem Wohnzimmer abladen. Kein Wunder, dass Mam keine Zeit zum Aufräumen hatte. In der Küche steht noch das Frühstücksgeschirr rum. Die Spülmaschine ist nicht einmal zu einem Viertel ausgeräumt, saubere Teller stapeln sich neben

denen, die von gestern Abend noch mit Pizzaresten gefüllt sind. Obwohl es wirklich nicht mein Bier ist, fange ich an aufzuräumen. Allein schon wegen Francine. Dieses Chaos ist mir fast noch unangenehmer als die Babaji-Bilder.
Um kurz vor vier bin ich fertig mit allem. Ich schmiere mir noch schnell eine Stulle und würge sie hinunter. Dann ist Francine auch schon da. – Und ich habe natürlich vergessen, die Bilder abzuhängen!
»Hi«, sagt sie und strahlt mich an.
»Hi«, sage ich und lotse sie schnell die Treppe hinauf in mein Zimmer.
»Klasse«, findet sie es. Vor allem den Blick vom Balkon in den Garten hinunter. »Eine echte Oase und das mitten in der Stadt.«
»Ja«, sage ich. »Meine Eltern haben wirklich Glück gehabt, dass sie dieses Haus gefunden haben.«
»Alle hier haben Glück gehabt«, erwidert Francine, »alle, die hier wohnen.« Sie beugt sich über die Balustrade und späht nach rechts und nach links. »Es scheint nicht mal richtige Spießer zu geben.«
»Nee«, sage ich. »Die sind eigentlich alle ganz nett.«
»Und dass du einen eigenen Balkon hast!« Francine strahlt mich an. »Da könnten wir doch hier draußen lernen.«
»Klar«, sage ich. »Wieso nicht? Ich hab das zwar noch nie gemacht ...«
»Echt nicht?« Francine schüttelt ungläubig den Kopf.
»Ich weiß auch nicht«, sage ich. »Balkon ist für mich Freizeit.«
»Ich würde das nicht so trennen«, erwidert Francine. »Ist

doch beides wichtig.« Sie zieht sich ihre Umhängetasche von den Schultern und lässt sie auf den Boden gleiten. »Wir sollten vielleicht diesen kleinen Tisch dort rausholen«, sagt sie und geht in mein Zimmer zurück.

Ich folge ihr schnell, doch ich kann es nicht mehr verhindern, dass sie die Sachen, die darauf liegen, herunternimmt und zur Seite packt.

»Wer ist denn das?«, fragt sie plötzlich.

Natürlich hat sie das Bild entdeckt, das Mam mir geschenkt hat. Es zeigt Babaji im weißen Gewand vor einem Mammutbaum sitzend. Vor ihm auf dem Boden befindet sich eine Schale, in der ein Feuer brennt.

»Ach, bloß irgend so ein Inder«, sage ich, nehme ihr das Bild aus der Hand und stecke es zwischen die Bücher, die auf meinem Nachttisch liegen.

»Sieht aus wie ein Guru«, sagt Francine. Sie schaut mich ganz offen an. »Wie dieser Osho, der früher mal Baghwan hieß.«

»Kenne ich nicht.«

»Die Anhänger von dem hießen Sannyasins«, sagt Francine. »Sie waren immer komplett in Orange gekleidet und hatten eine Kette mit seinem Foto um den Hals hängen.«

»Kenne ich nicht«, wiederhole ich.

»Na ja, ist ja auch schon eine Weile her«, erzählt Francine. »Ich hab für Reli mal ein Referat über Sekten gehalten. Irgendwie hat mich das immer schon interessiert.«

»Babaji ist kein Sektenführer oder so«, sage ich.

Francine schüttelt den Kopf. »Wer?« Dann lacht sie. »Ach, du meinst diesen Inder. Zeig doch nochmal das Foto.«

»Nee.«

»Warum denn nicht?«

»Lass uns lieber für die Klausur lernen«, sage ich.

Francine zuckt die Schultern. »Von mir aus.«

Zusammen tragen wir den Tisch auf den Balkon hinaus. Und während Francine für die Sitzgelegenheiten sorgt, laufe ich nach unten und hole Mineralwasser und ein paar Kekse.

Wir arbeiten über zwei Stunden voll konzentriert. Francine ist wirklich genial. Sie hat eine unglaubliche Auffassungsgabe, die Logik in ihrem Kopf funktioniert perfekt und so hat sie mit den meisten Aufgaben überhaupt keine Probleme.

»Und ich dachte schon, ich schnall das nicht«, meint sie, verschränkt die Arme hinter dem Kopf und lehnt sich gähnend zurück. »Aber anstrengend war's schon, was?«

Allerdings. Und ich habe im Gegensatz zu ihr noch längst nicht alles richtig intus. Parabeln und Logarithmen sind mir einfach suspekt. Manchmal habe ich das Gefühl, jetzt hab ich es kapiert, aber wenn ich es mir am nächsten Tag noch einmal ansehe, ist schon wieder alles weg.

»Kein Problem«, sagt Francine. »Ich erklär's dir nochmal. Ich erklär's dir sogar, so oft du willst.« Sie zwinkert mir spitzbübisch zu. »Vorausgesetzt, du zeigst mir das Foto von diesem Inder nochmal.«

»Och nee, Mensch.«

»Warum denn nicht?«, erwidert sie grinsend. »Ist es dir etwa peinlich, dass du einen Guru hast?«

»Ich hab keinen Guru«, sage ich genervt. »Das Foto gehört meiner Mutter.«

II

»Und wie kommt es dann in dein Zimmer?«
Ich schließe leise stöhnend die Augen. Es ist mir wirklich unangenehm, darüber zu reden. Aber meine Klassenkameradin sieht nicht so aus, als ob sie sich mit halbseidenen Antworten zufriedengeben würde.
»Meine Mutter glaubt, dass dieser Babaji spezielle *Energien* hat«, sage ich also und versuche das Ganze durch eine besondere Betonung ins Lächerliche zu ziehen.
»Klar.« Francine nickt. »Alle Gurus haben spezielle Energien. Oder zumindest spezielle Fähigkeiten.«
»Du meinst psychologische Fähigkeiten?«
»Ja, das auch. Trotzdem umgibt sie noch etwas anderes«, erwidert sie. »Einige sind natürlich reine Scharlatane, die nur Kohle machen wollen. Manchen wird aber auch zu Unrecht nachgesagt, dass es ihnen nur um Materielles geht.«
»Weißt du das oder glaubst du es nur?«
»Wirklich wissen kann man so etwas nie. Das ist immer reine Glaubenssache.« Francine tippt auf ihre Brust. »Hier drinnen muss man wissen, ob es wahr ist oder nicht.«
»Das sagt meine Mutter auch.«
»Siehste. Und jetzt gib mir nochmal das Foto, bitte.«
Seufzend stehe ich auf und gehe ins Zimmer. Francine folgt mir. Sie nimmt mir das Bild aus der Hand, lässt sich auf mein Bett sinken und betrachtet es eingehend.
»Der sieht ziemlich gut aus«, meint sie schließlich.
»*Sah*«, entgegne ich. »Der ist schon seit ein paar Jahren tot.«
»Und trotzdem noch immer ein Guru?« Francine lächelt. »Stramme Leistung. Da muss dann ja was dran sein.«

Ich zucke mit den Schultern. »Angeblich hat er mit Mahatma Gandhi verkehrt.«
»Und der war ja wohl eindeutig ein guter Mensch«, sagt Francine.
Ich zucke die Achseln. »Vielleicht stimmt es gar nicht.«
»Ja, vielleicht. Deine Mutter scheint jedenfalls zu glauben, dass ein Foto von diesem Babaji gute Energien abgibt.«
»So ungefähr.«
Sie mustert mich durchdringend. »Aber du glaubst das nicht?«
»Nee«, sage ich. »Ist doch bloß ein Foto. Noch dazu von einem Toten. Wie soll der denn jetzt überhaupt noch Energien abgeben?«
»Vielleicht, weil er so jemand wie Jesus ist«, meint Francine.
»Quatsch«, sage ich. »Jesus ist Jesus.«
»Und Mohammed Mohammed, oder was?«
»Der war ein Prophet.«
»Ach ja, und wo ist da der Unterschied?«, erwidert Francine. In ihren Augen liegt ein provozierender Blick.
»Jesus ist Gottes Sohn gewesen«, sage ich.
»Na klar, weil er auf energetischer Ebene mit der Jungfrau Maria gevögelt hat.«
»Francine!«, rufe ich. Ich bin zwar nicht unbedingt gläubig, und schon gar nicht kirchenfreundlich. Aber daran, dass es Jesus gegeben hat, glaube ich schon. Jedenfalls geht mir der Ausdruck *vögeln* in diesem Zusammenhang zu weit.
Francine lacht. »Mensch, Mensch«, sagt sie. »Bist du eine echte Christin?«

»Na ja … Du nicht?«

Sie nickt. »Doch. Aber es gibt bekanntermaßen fünf große Weltreligionen. Wer will da festlegen, welche richtig ist.«

Ich zucke die Achseln. Das Thema geht mir zunehmend auf den Geist, Francine scheint sich allerdings unbedingt daran festbeißen zu wollen.

»Mir sind die Buddhisten die liebsten«, fährt sie fort. »Im Gegensatz zu den Christen, Islamisten und Hinduisten verhalten die sich wenigstens friedlich.«

»Zumindest nach außen«, erwidere ich. »Wie die wirklich miteinander umgehen, weiß doch auch kein Mensch.«

Francine nickt. Plötzlich wirkt sie nachdenklich.

»Und dann gibt es da ja auch noch die Taoisten«, sage ich.

»Was ist denn mit denen?«

»Keine Ahnung. Die sind ein Fall für sich.«

»Nur: Was hat das alles mit diesem Babaji zu tun?«

»Du hast recht«, sagt Francine. »Wir haben uns verstrickt.«

Sie wirft einen Blick auf die Uhr und steht vom Bett auf. »Ich muss jetzt gehen, sonst werden die im Heim sauer.«

»Wieso? Die können doch froh sein, dass du jemanden hast, mit dem du deine Hausaufgaben erledigen kannst.«

»Sind sie auch«, sagt Francine. »Trotzdem wird pünktlich zu Abend gegessen.«

❦

Ich bin froh, dass wir ein bisschen vom Thema abgekommen sind. Sonst hätte ich ihr womöglich noch erzählt, dass Babaji ein Avatar gewesen, oder besser gesagt, als solcher verehrt worden ist. Avatare sind göttliche Aspekte, also Teile von Gott, die nicht geboren werden müssen, sondern sich sozusagen aus sich heraus materialisieren. So wurde Babaji angeblich als zwölfjähriger Junge in einer Höhle im Himalaja gefunden, zum Avatar erhoben und als solcher von allen umsorgt, gefeiert und verehrt.

Mam glaubt, dass seine Energien, da sie ja ein Teil von Gott sind, noch immer existieren. Es ist sozusagen dieselbe Energie, aus der heraus er entstanden war und jederzeit wieder entstehen kann. Ich wollte das Foto nicht, aber meine Mutter war sicher, dass ich mich damit in meinem Zimmer viel wohler fühlen würde, besonders, wenn ich es deutlich sichtbar an die Wand hänge. Das ist mir dann aber doch zu bestusst und deshalb krame ich es meistens irgendwo unter. Bisher hat Mam es allerdings immer gefunden und wieder aufgestellt.

»Du musst dich mit deinen inneren Widerständen auseinandersetzen«, sagt sie immer. »Dass du Babaji ablehnst, hat einen tiefen Grund, der in deinem Unterbewusstsein verborgen liegt.«

Ich lasse sie dann reden. Es hat sowieso keinen Zweck, etwas dagegen zu sagen. Und wer weiß, vielleicht hat sie ja recht. Es gibt so viele Dinge zwischen Himmel und Erde, die wir nicht verstehen, weil unser menschliches Gehirn nicht dazu geschaffen ist. Mam meint sogar, wir wären damit überfordert, wenn wir versuchten, alles zu begreifen. »Das Wesentliche erfassen wir mit unseren Herzen«, sagt sie ganz frei nach Antoine de Saint-Exupéry. »Wir müssen nur lernen, ohne nachzudenken darauf zu hören.«

Ich nehme Babajis Bild in beide Hände und versuche seinen Anblick mit dem Herzen zu erfassen. Dass er mir gefällt, kann ich nicht leugnen. Mit seinen langen schwarzen Haaren und den dunklen Augen sieht er aus wie ein Indianer. Auch, dass er einfach so in der Natur gelebt hat, imponiert mir. Wirklich berührt fühle ich mich allerdings nicht. Aber vielleicht hängt das ja tatsächlich mit meinen inneren Widerständen zusammen.

Plötzlich ertönen auf dem Flur Schritte, und ich lasse das Bild hastig in einem Stapel Zeitschriften verschwinden. Im nächsten Moment klopft es gegen meine Tür. »Yara?« – Paps!

»Ja ...?«

Die Tür öffnet sich und mein Vater kommt langsam herein. Wie immer lässt er seinen Blick durch mein Zimmer wandern, als suche er etwas.

»Wo ist deine Mam?«

»Das weißt du doch«, sage ich. »Bei ihrem Treffen.«

»Ach ja.« Mein Vater schweigt. »Ich werde mit Veronika reden müssen«, meint er dann mehr zu sich selbst. »So geht das jedenfalls nicht weiter.«

Reden heißt in diesem Zusammenhang eigentlich nichts anderes als streiten. Mam lässt nämlich nicht mit sich reden. Sie hört den Argumenten meines Vaters zu und sagt: »Du verstehst mich nicht.« Paps fängt an zu brüllen und Mam lächelt und fühlt sich leicht. Mein Vater sagt: »Dann mach doch, was du willst, aber verlange nicht von mir, dass ich das gut finde.« Dann ist der Streit vorbei, aber gelöst ist nichts.

»Opa liegt im Krankenhaus«, sagt Paps. Seine dunklen Augen gucken sehr ernst.

»Ja?«, sage ich erschrocken. »Was hat er denn?«

»Einen Tumor in der Leber.«

»Krebs?«

»Wahrscheinlich. Es muss noch genau untersucht werden.«

Ich nicke. Mam wird ihn nicht besuchen. Sie hat Opa seit ein paar Jahren nicht sehen wollen. Genau genommen, seitdem sie diese komische Reinkarnationstherapie angefangen hat.

»Veronika muss jetzt endlich über ihren Schatten springen«, sagt mein Vater.

»Was sie nur immer gegen Opa hat?«, seufze ich.

Mein Vater sieht mich an und schweigt, und ich weiß, dass es etwas Schlimmes sein muss. Mir ist Opa auch nicht geheuer, ohne dass ich genau sagen könnte, warum. Vielleicht hängt das alles ganz einfach mit Mams Ablehnung zusammen. Ich kann mich nicht erinnern, dass sie Rebekka und mich je mit ihm allein gelassen hätte.

»Hast du schon was gegessen?«, fragt Paps.

»Nichts Richtiges«, sage ich. »Nur ein paar Kekse.«

Er seufzt. »Dann koch ich uns jetzt Nudeln mit Sahnesoße, in Ordnung?«

»Ich helf dir«, sage ich und gehe mit ihm in die Küche hinunter.

Mam kommt um kurz nach halb zehn nach Hause.

»Ach, das war mal wieder wunderbar!«, ruft sie überschwänglich, nimmt mich in die Arme und küsst mich herzhaft auf den Mund. Ihre grünbraunen Auen strahlen, ihre Wangen glühen, überhaupt fühlt sie sich durch und durch warm an.

»Wo ist Rebekka?«, fragt Paps.

»Ich hab sie gleich nach oben geschickt«, sagt meine Mutter. Sie hängt ihre Jacke und ihr Seidentuch an die Garderobe. »Das Kind ist hundemüde.«

»Das wundert mich nicht«, sagt Paps.

Mam zuckt die Achseln. »Du hättest sie ja auch abholen können«, meint sie, läuft in die Küche und schaltet den Wasserkocher ein. »Ich mach uns jetzt erst mal einen schönen Tee.«

»Ich möchte keinen Tee«, sagt mein Vater und rennt hinter ihr her. »Ich wusste überhaupt nicht, wo sie war.«

»Bei Lily natürlich«, erwidert Mam, während sie eine Packung ihrer geliebten Ayurveda-Teesammlung aus dem Schrankfach nimmt. »Hat Yara dir das nicht gesagt?«

Ich kriege sofort ein schlechtes Gewissen.

»Tut mir leid, Mam, ich hab überhaupt nicht daran gedacht.«

Meine Mutter drückt mir lächelnd die Teepackung in die Hand. »Das macht überhaupt nichts, mein Engelchen. Dein Vater hätte dich ja auch fragen können.« Sie wirft ihm einen vorwurfsvollen Blick zu. »Aber daran hat *er* offensichtlich auch nicht gedacht.«

»Veronika, darum geht es doch gar nicht«, erwidert Paps ärgerlich.

»Nicht?« Meine Mutter schüttelt den Kopf, dann lächelt sie mich an. »Hängst du bitte zwei Beutel in die Glaskanne?«
Klar, mach ich das. Ich habe meiner Mutter noch nie eine Bitte abgeschlagen. Warum auch? Sie verlangt nicht viel von mir, lässt mir im Großen und Ganzen meine Freiheiten. Eigentlich behandelt sie mich eher wie eine Erwachsene, eine Freundin und weniger wie eine Tochter. Natürlich habe ich dadurch auch mehr Verantwortung. Für mich selbst, für meine kleine Schwester, insgesamt eben. Aber irgendwie finde ich das gar nicht so schlecht.

»Es ist einfach unverantwortlich, dass Rebekka unterhalb der Woche so lange bei einer Freundin spielt«, fährt mein Vater inzwischen fort. »Es geht auch überhaupt nicht in meinen Kopf, dass Lilys Mutter …«

»Renate sieht das nicht so eng«, unterbricht ihn meine Mutter. »Die Kinder sind alt genug, um selber zu merken, dass sie müde werden. Als ich eben dort ankam, lagen Lily und Rebekka friedlich aneinandergekuschelt auf dem Sofa und schliefen. Nur die Nasenspitzen haben über die Wolldecke geragt. Das hättest du mal sehen sollen, richtig süß hat das ausgeschaut.«

»Ja, süß, toll!« Paps rennt auf und ab und macht große Gesten mit den Armen. »Für dich gibt es kein ungünstig oder schlecht. Und du bist dir nie einer Schuld bewusst.«

»Natürlich nicht.« Während Mam heißes Wasser über die Teebeutel in die Glaskanne gießt, klopft sie sich mit der anderen Hand auf die Brust. »Ich weiß zu jedem Zeitpunkt haargenau, was richtig und was falsch ist, weil ich aus meinem Herzen heraus entscheide.« Sie stellt den Wasserkocher auf den Herd und zündet das Teelicht im Stövchen an. »Du dagegen agierst völlig kopfgesteuert. Deshalb kriegen wir uns auch ständig in die Wolle.«

Mein Vater lässt die Arme sinken, sieht sie an und schweigt. »Ich werde mal schauen, was Rebekka macht«, sagt er schließlich und verschwindet im Flur, steckt den Kopf dann aber nochmal rein. »Ach übrigens: Frau Lienheim hat angerufen.«

»So?« Mams Augen verdunkeln sich. »Was wollte sie denn?«

»Dir sagen, dass dein Vater im Krankenhaus liegt.«

»Aha.« Mam geht mit einem Kopfschütteln darüber hinweg, als ob es gar nichts wäre, und lächelt mich an. »Komm her, Yara. Komm her zu mir.« Sie nimmt zwei Tassen aus dem Schrank und schenkt Tee ein.

»Ich möchte nicht«, sage ich.

Paps steht noch in der Tür und starrt meine Mutter an. Doch sie beachtet ihn nicht.

»Er wird dir guttun«, sagt sie zu mir. »Und jetzt komm. Wir machen es uns einen Moment auf dem Sofa gemütlich.« Sie stellt die Glaskanne auf das Stövchen zurück und trägt die Tassen zum Wohnzimmertisch.

»Ich bin müde«, sage ich und sehe zu meinem Vater hinüber. Er seufzt, verzieht sich in den Flur und schließt die Tür hinter sich. »Ich habe heute viel für die Schule gelernt.«

»Du wirst sehen, nach einem Tässchen Tee geht es dir schon viel besser«, erwidert meine Mutter. Sie lässt sich aufs Sofa fallen und stöhnt genüsslich. »Ach, ich sag dir, das war so ein wunderbarer Nachmittag. Ich kann wirklich unendlich

dankbar sein, dass ich Bhajiu-Ra kenengelernt habe.« Sie schaut mich an. Um ihre Mundwinkel liegt immer noch ein mildes Lächeln, aber der Ausdruck in ihren Augen lässt keinen Widerspruch zu.
Innerlich leicht widerstrebend setze ich mich neben sie.
»Ach, mein Engelchen«, sagt sie und legt mir zärtlich den Arm um den Nacken. »Wenn ich dich nicht hätte ...« Sie nimmt einen Schluck Tee, und stellt die Tasse zurück. »Das nächste Mal kommst du mit. Bhajiu-Ra möchte dich unbedingt treffen.«
»Was?«
»Ja, stell dir vor ...« Sie schaut mich liebevoll an. »Er sagt, du bist etwas ganz Besonderes ... Aber das sind wir ja alle.«
»Was?«, wiederhole ich, dabei bin ich mir jetzt schon sicher, dass ich das alles überhaupt nicht hören will.
»Lichtträger, mein Engel«, sagt Mam. »Priester und Priesterinnen der Herzen.«
»Ja und?«
»Du solltest das nicht so abtun, Yara«, erwidert meine Mutter mit ernster Stimme. »Dass du dich dagegen wehrst, ist ein ganz natürlicher Prozess. Aber man kann sich nicht ewig damit aufhalten. Schließlich sind wir nicht zu unserem Vergnügen hier, sondern haben alle eine Aufgabe zu erfüllen.«
Was hab ich damit zu tun? Dreht sie jetzt völlig ab?
»Eine ganze Menge«, sagt Mam sanft.
»D-du kannst meine Gedanken lesen?«, frage ich erschrocken.
Meine Mutter streicht mir sachte eine Strähne aus dem

Gesicht. »Aber natürlich kann ich das. Und du, mein Engel, wirst das auch bald können.«

Ich starre sie an und begreife überhaupt nichts.

»Wenn Bhajiu-Ra jemanden zu sich bittet, hat das immer einen ganz speziellen Grund«, sagt Mam. Sie nimmt ihre Tasse und trinkt einen weiteren Schluck. »Ich habe übrigens einen neuen Namen bekommen«, fügt sie feierlich hinzu.

Ich glaub, ich hör nicht richtig.

»Du hast was?«

»Einen neuen Namen«, wiederholt sie. »Ich heiße jetzt Thalé. Das bedeutet: Die, die das Schwert der Liebe wirft.«

»Aber wieso?«

Mam schaut mich kopfschüttelnd an. »Ja, spürst du denn nicht, welch eine Kraft in diesem Namen liegt?«

»Ich weiß nicht ...«, sage ich zögernd.

»Es ist wie eine Taufe, Yara«, erklärt sie mir. »Mit dem Unterschied, dass man seinen Namen nicht von den Eltern, sondern unmittelbar von Gott erhält.«

»Wie denn das?«, frage ich.

»Durch Bhajiu-Ra natürlich«, erklärt sie mir. »Er ist eine Art Medium.« Sie macht eine wegwerfende Handbewegung. »Ach, ich persönlich glaube ja, dass er noch viel, viel mehr ist. Seine Zurückhaltung, ja seine Demut, sind das, was für uns alle so vorbildhaft ist.«

Ich sehe sie stirnrunzelnd an.

»Trotzdem«, sagt meine Mutter entschlossen. »Ich werde ihn fragen. Gleich nächsten Freitag.«

2

Die nächsten Tage ist Francine ungewöhnlich einsilbig und in sich gekehrt. Natürlich bohre ich nach, doch sie schüttelt nur unwillig den Kopf.
»Lass mich, ich brüte. Wenn das Küken geschlüpft ist, sag ich dir Bescheid.«
Ich gebe mich damit zufrieden und hänge meinen eigenen Gedanken nach. Zu Hause herrscht dicke Luft, seitdem Mam meinem Vater eröffnet hat, dass sie ab sofort nicht mehr Veronika, sondern Thalé genannt werden will. Natürlich ist Paps aus allen Wolken gefallen.
»Wir sind seit achtzehn Jahren verheiratet«, hat er gewettert. »Für mich bist du Veronika und wirst es auch bleiben.«
Mam hat verständnisvoll gelächelt und gemeint: »Du wirst dich schon daran gewöhnen.«
Das war's. Keine einzige seiner Fragen hat sie beantwortet. Am Ende hat Paps dagestanden wie ein Häufchen Elend. Blass und verzweifelt.
»Er braucht Zeit«, hat Mam später zu mir gesagt. »Die soll er bekommen, und dann ...«
»Was dann?«, habe ich beunruhigt gefragt.
»Das werden wir sehen«, hat sie gesagt. »Zu viel Nachdenken ist nicht förderlich. Besser man handelt sofort.«
Diese Weisheit von Bhajiu-Ra macht mir plötzlich Angst. Was ist das für ein Mann, der meine Mutter so sehr beein-

druckt hat, dass sie für ihn und seine Lebensphilosophie ihr ganzes Leben umkrempeln will?

※

Freitagvormittag in der Schule lässt Francine dann plötzlich ihr Küken schlüpfen. »Ich werde meine Eltern suchen«, eröffnet sie mir, als wir in der ersten großen Pause auf dem kleinen Wiesenstück bei der Hecke sitzen und unsere Frühstücksbrote verschlingen.
»Wie?«, sage ich, denn ich kapiere nicht gleich, wie sie das meint. »Du hast doch Eltern ... Ach so, die in Guayana.«
Francine nickt. »Genau die.«
»Und wie willst du das anstellen?«
»Es gibt schließlich Urkunden mit Daten, Namen und so weiter ...«
»Dann müsstest du doch eigentlich bloß deine Adoptiveltern fragen«, sage ich.
Francine schüttelt den Kopf. »Ganz sicher nicht.«
»Und wieso nicht?«
»Na, überleg doch mal ... Die kriegen bestimmt gleich die Panik. Denken, dass ich nach Afrika zurückwill oder so.«
»Glaubst du nicht, dass sie eher Verständnis dafür haben werden?«
»Keine Ahnung«, sagt Francine. »Ich hab einfach ein dummes Gefühl.«
»Wie meinst du das?«
»Na ja ... Es ist doch meine Identität, meine Suche. Eigent-

lich haben meine Adoptiveltern gar nichts damit zu tun. Sie sind mir fremd. Sie lassen mich ja noch nicht mal richtig bei sich wohnen.«
»Das muss doch nichts damit zu tun haben, dass sie Fremde sind«, wende ich ein. »Schließlich schicken viele Leute auch ihre leiblichen Kinder in Internate.«
»Ja, ja«, sagt Francine nur. »Auf jeden Fall ist es ein Scheißgefühl, wenn du nicht weißt, wo du hingehörst.«
Ich sehe sie kurz an, dann gucke ich weg, denn ich habe keine Ahnung, was ich darauf erwidern soll. »Bei uns zu Hause ist im Moment auch Zoff«, rutscht es mir dann heraus.
»Zwischen deinen Eltern?«, fragt Francine.
Ich nicke.
»Lassen sie sich scheiden?«
»Bist du verrückt!«
»So was geht manchmal schneller, als man denkt«, sagt Francine. »Carla zum Beispiel ist im Internat, weil ihre Eltern sich aus heiterem Himmel getrennt haben und sich nicht einigen konnten, bei wem sie leben soll.«
»Super.«
»Find ich auch«, sagt Francine wütend.
»Und wie willst du es jetzt angehen?«, frage ich, nachdem ich meine angebissene Käseschnitte wieder ins Papier gewickelt habe. – Was nützt einem der größte Hunger, wenn man plötzlich keinen Appetit mehr hat?
»Ich fahre morgen nach Hause und suche dort nach den Adoptionspapieren«, erwidert sie.
»Warum erst morgen?«

»Warum?« Francine lacht und knufft mich in die Seite. »Weil heute Party ist. Bei Manuel.«

»Bei Manuel?«

»Ja, der mit den blonden Wuschelhaaren aus dem zwölften Jahrgang.«

Ich schüttele den Kopf. »Manuel? – Kenn ich nicht.«

»Ach, klar, kennst du den«, sagt Francine. »Du bist doch schon viel länger an der Schule als ich.«

Trotzdem weiß ich nicht, wen sie meint.

»Komm doch einfach mit«, schlägt Francine vor. »Wenn du ihn siehst, sagst du bestimmt: Ach der!«

»Ich bin doch gar nicht eingeladen«, sage ich.

Francine lacht. »Denkst du, ich?«

»Echt nicht?«, rufe ich überrascht.

»Eingeladen sein ist doch unmodern«, sagt Francine. »Und außerdem überhaupt nicht spannend.«

»Und woher weißt du, dass diese Party steigt?«, frage ich.

»Ich habe gehört, wie sich Steffi und Ramona darüber unterhalten haben.«

»Aha«, sage ich amüsiert. »Und um wie viel Uhr geht es los?«

»Nicht vor neun, schätze ich mal.«

»Und so spät lassen die vom Internat dich noch weg?«

»Nein«, sagt Francine. »Ich muss mich schon heimlich vom Acker machen. Zum Glück liegt mein Zimmer günstig. Ich brauch nur durchs Fenster schlüpfen und dann über das Flachdach nach hinten raus. Das ist überhaupt kein Problem. Bisher hat das noch nie jemand mitgekriegt.«

»Du bist ja verrückt«, sage ich. »Also, bei mir läuft das nicht.

Und ich muss auch um zehn, spätestens halb elf schon wieder zu Hause sein.«
Francine sieht mich ungläubig an. »Nee, ne.«
»Doch.«
»Aber du bist sechzehn.«
»Ja, und?«
»Ach Mann, Yara, dann erzählst du deinen Eltern eben, dass es eine super angesagte Party ist, auf der du unmöglich fehlen kannst.«
»Meine Eltern haben Krach«, sage ich. »Schon vergessen?«
Francine beißt sich auf die Unterlippe. »Ach so ... ja. So ein Mist, Mensch.« Plötzlich schlingt sie ihren Arm um meinen Nacken und wispert mir ins Ohr. »Du musst es versuchen. Bitte. Wenn ich als einzige Uneingeladene dort auftauche, merkt Manuel doch sofort, dass ich ...« Sie bricht ab. Ihr Atem schnauft leise in mein Ohr.
»Was?«, frage ich und grinse sie an.
»Ja, Mann.« Francine drückt ihre Stirn gegen meine Schulter. »Und wie, Mann.«
»Hey, Mann«, sage ich. »Ich bin eine Frau, Mann.«
»Eben«, sagt Francine. »Und als solche musst du zu mir stehen.«
»Okay«, sage ich. »Ich versuch's. Vielleicht kann Paps mich ja abholen.«
Außerdem habe ich plötzlich auch richtig Lust auf Party.

Mein Vater ist dagegen.

»Sie kennt den Jungen ja nicht einmal«, sagt er. »Außerdem möchte ich nicht mitten in der Nacht nochmal los.«

»Dann hole ich sie eben«, sagt Mam. »Yara geht so selten weg. Du kannst sie doch nicht ewig festhalten.«

»Das will ich auch gar nicht«, erwidert Paps. »Ich möchte einfach nur wissen, in welchem Umfeld sie sich bewegt.«

Meine Mutter schüttelt den Kopf. »Hast du etwa kein Vertrauen zu ihr?« Sie stößt einen spöttischen Lacher hervor. »Das ist mal wieder typisch. Zu mir hast du ja auch kein Vertrauen.«

»Das ist doch etwas völlig anderes!«, erwidert mein Vater wütend.

»So, findest du?«, sagt Mam, wendet sich von ihm ab und lächelt mich an. »Kein Problem, mein Engel. Ich fahre dich und ich wünsche mir, dass du dich richtig ausgelassen amüsierst.«

»Danke«, krächze ich.

Ich fühle mich gezwungen zurückzulächeln, krieg es aber nicht hin.

»Und wann fährst du zu deinem Vater?«, bricht es aus Paps hervor. »Der braucht dich im Moment ja wohl dringender!«

»Ich verstehe nicht ganz, was das eine mit dem anderen zu tun hat«, sagt meine Mutter hart. »Außerdem ist es ganz allein meine Entscheidung, ob ich Yara von der Party abhole ...«

»Seit wann denn das?«, brüllt mein Vater. »Ich dachte, Kindererziehung ist unser beider Angelegenheit?«

»Tja ...« Mam blickt ihn überlegen an. »Solche Dinge, mein Lieber, ändern sich manchmal schneller, als man denkt.«
Paps erbleicht. Erschrocken schaue ich zwischen beiden hin und her. Aber sie achten gar nicht auf mich, offenbar haben sie mich völlig vergessen.
»Aus dir soll nochmal einer schlau werden«, presst mein Vater hervor. »Dieses ganze Theater, das hat doch alles mit diesem ... diesem größenwahnsinnigen Menschen zu tun. Das ist doch die reinste Sektiererei, was der betreibt!«
Meine Mutter nickt. »Du weißt es eben nicht besser«, sagt sie mit zitternder Stimme. »Du hättest ja mitkommen können.« Sie stockt, und auf einmal sieht sie schrecklich traurig aus. »Wir hätten all das, was ich durch Bhajiu-Ra erlebe, gemeinsam erfahren und gemeinsam in unser Leben tragen können. Jetzt muss ich es eben alleine tun.«

Die Lust auf die Party ist mir eigentlich vergangen. Aber da Mam sich in den Kopf gesetzt hat, dass ich mich heute Abend amüsieren muss, kann ich mich dem ja schlecht widersetzen.
»Es tut mir so leid, dass du dir das alles mit anhören musstest«, sagt sie, während sie auf meiner Bettkante hockt und mir dabei zusieht, wie ich ein Top nach dem anderen probiere. »Aber es ging nicht anders. So hart es vielleicht klingen mag, aber ich wollte, dass du mal mitkriegst, wie dein Vater denkt. Umso besser wirst du mich verstehen.«
»Wieso?«, frage ich, ziehe das rote Elastikteil aus, werfe

es auf mein Bett und schlüpfe in ein schlichtes hellblaues T-Shirt mit schönem weitem Ausschnitt. »*Was* soll ich denn verstehen?«

»Das erkläre ich dir später«, sagt meine Mutter und zwinkert mir zu. »Sobald du Bhajiu-Ra kennengelernt hast. Ich möchte, dass du in der Lage bist, dir ein vollständiges Bild zu machen.«

»Mam, wie soll ich mich heute Abend amüsieren, wenn ich nicht weiß, was du vorhast?«

»Aber Engelchen!« Sie steht vom Bett auf und streicht mir zärtlich über die Schultern. »Wenn du mich fragst ... Dieses T-Shirt ist genau das Richtige. Du siehst wahnsinnig hübsch darin aus.« Sie lacht, nimmt mich in die Arme und wiegt mich wie ein kleines Kind. »Du bist wunderschön! Ich glaube, du weißt gar nicht, wie besonders du bist.«

»Mam, du lenkst ab«, sage ich.

»Nein, ich konzentriere mich bloß auf das, was gerade ansteht«, erwidert sie. »Ich versuche in der Gegenwart zu leben, und du, mein Engel ...« sie küsst mich auf die Wange, »... solltest das auch tun. Du wirst sehen, dann gehen dir auch die schwierigsten Dinge viel besser von der Hand.«

Na super! Das ist wirklich leicht gesagt. In meinem Kopf rotieren nämlich meistens Zukunftsfragen. Wie soll ich mich da auf die Gegenwart konzentrieren? Ich versuche, die ständigen Streitereien zwischen meinen Eltern und Mams seltsame Andeutungen zu vergessen und stattdessen an die Party zu denken, und an Francine. Es wird bestimmt lustig, einen ganzen Abend mit ihr zu verbringen. Hoffentlich läuft gute, tanzbare Musik. Dann könnte ich

vielleicht richtig abschalten und alles mal für ein paar Stunden vergessen.
»Siehst du, wie gut das klappt«, sagt meine Mutter und tippt mir mit dem Zeigefinger auf den Mundwinkel. »Jetzt lächelst du schon wieder.«
»Okay, du hast recht.«
Plötzlich kommt mir das Leben tatsächlich viel leichter vor. Möglicherweise ist das, was Mam von diesem mysteriösen Bhajiu-Ra lernt, ja wirklich gar nicht so verkehrt.
Leise vor mich hinsummend mache ich mich fertig. Ich schlüpfe in meine geliebte dunkelbraune Hüfthose mit dem breiten Gürtel, und an den Ausschnitt des T-Shirts hefte ich noch die kleine Muschelbrosche, die Rebekka mir zum sechzehnten Geburtstag geschenkt hat. Anschließend tusche ich mir die Wimpern, tupfe ein wenig Gloss auf meine Lippen und knete einen Klecks Wachs in meine Haare – fertig!
»Du siehst toll aus!«, begrüßt mich Francine, die eine Viertelstunde später überpünktlich vor der Haustür steht. »Hoffentlich fliegt Manuel nicht gleich auf dich.«
»Du bist also Francine!«, sagt meine Mutter, die neugierig ihren Kopf in den Flur steckt. – Typisch! »Komm doch einen Moment herein.«
Ja, klar, damit sie nun doch noch alle Babaji-Bilder sieht, denke ich entsetzt. Aber leider lässt meine Mutter sich nicht abwimmeln. Und leider scheint Francine auch nicht abgeneigt zu sein.
»Wer ist denn Manuel?«, fragt Mam, während sie uns ins Wohnzimmer treten lässt.

»Ach bloß der Typ, bei dem die Party stattfindet«, sage ich. »Einer aus der Zwölften.«

Meine Mutter strahlt Francine an. »Und du hast also ein Auge auf ihn geworfen?«

»Mam!«, sage ich. »Musst du immer gleich so nachbohren?«

»Na ja«, sie lacht und zuckt entschuldigend die Schultern, »ich bin eben ein neugieriger Mensch.«

»Schon in Ordnung«, meint Francine. »Geht mir ja auch nicht anders.« Sie lässt ihren Blick über unsere Einrichtung streifen und bleibt prompt an dem großen Bild, das über dem Sideboard hängt, kleben.

»Das ist Babaji, ein indischer Avatar, der im letzten Jahrhundert gelebt hat«, sagt meine Mutter sofort.

Francine nickt. »Ich weiß. Hat Yara mir schon erzählt.«

»Oh, das ist schön.« Mam lächelt mich an, so weich und warm und strahlend, dass ich mich total durchflutet fühle. »Wann soll ich euch noch gleich abholen?«, fragt sie. »Zwischen halb eins und eins? Und wo?«

»Deine Mutter ist echt genial«, sagt Francine, als wir auf dem Weg zur U-Bahn sind. »Dass du so lange wegbleiben darfst! Und dass sie mir sogar angeboten hat, bei euch zu übernachten!«

»Das könntest du immer noch«, sage ich.

Francine schüttelt den Kopf. »Nee, da müsste ich ja in aller Herrgottsfrühe zurück. Im Internat ist nämlich auch am

Wochenende um acht Uhr Wecken angesagt. Wenn ich dann nicht in der Kiste liege, streichen die mir glatt die Heimfahrt.«

»Wann geht denn überhaupt dein Zug?«, frage ich.

»Um Viertel vor elf. Gepackt habe ich auch noch nicht.«

»Na ja, so viel brauchst du ja auch nicht«, sage ich. »Für die anderthalb Tage.«

»Wenn Manuel und ich ...«, sagt Francine. Sie lächelt mir verschämt zu. »Also, wenn wir heute Abend zusammenkommen würden, dann kämen mir diese anderthalb Tage wahrscheinlich wie eine Ewigkeit vor.«

»Tja«, sage ich. »Das hast du eben schlecht getimt.«

»Ich weiß. Aber ich hab ja leider erst vorgestern von der Party erfahren. Das ist *die* Chance. Die kann ich mir doch nicht einfach entgehen lassen.«

Natürlich nicht. Obwohl ich noch nie so richtig verliebt gewesen bin, verstehe ich sie sehr gut. Wahrscheinlich würde ich es genauso machen – wenn mir in letzter Sekunde nicht doch die Traute flöten ginge.

Um kurz nach neun stehen wir dann vor Manuels Heim. Er wohnt in einem alten vierstöckigen Haus, für das sich niemand wirklich zuständig zu fühlen scheint. Die staubigen Wände sind mit Graffitis beschmiert, von den hölzernen Fenstern blättert die graublaue Farbe ab und die Haustür fällt nur noch ins Schloss, wenn man mit Nachdruck darauf besteht. Der Treppenflur riecht muffig, die Birne im ersten Stock flackert und die im zweiten ist ganz kaputt. Doch zum Glück weisen uns die hämmernden Beats den Weg. Langsam tasten wir uns die Treppe hinauf, bis uns ein

schmaler Lichtstrahl auf dem abgetretenen Linoleumbelag zeigt, dass auch Manuels Wohnungstür nur angelehnt ist.
Francine und ich sehen uns an.
»Bist du sicher, dass du da reinwillst?«, frage ich.
Sie zuckt mit den Schultern, dann nickt sie.
»Also gut«, sage ich, und obwohl mir ein wenig mulmig zumute ist, folge ich Francine in die Diele.
Hier wirkt gleich alles ein wenig heller und freundlicher. Die Wände sind weiß gestrichen und dem Holzboden unter unseren Füßen entströmt ein feiner Bienenwachsduft. An der Wand sind verschiedene Kleiderhaken angebracht, an denen lauter verschiedene Sachen hängen: Jacken, Käppis, ein Gürtel, ein Kescher, eine leerer Kleiderbügel und ein aufgeplatzter Fußball mit den Unterschriften der Stammspieler von Werder.
Auf zwei Klappstühlen stapeln sich ebenfalls Jacken. Francine und ich legen unsere darüber, tasten uns weiter vor und erreichen eine Küche, die gerammelt voll ist mit Leuten, die Bierflaschen halten und Baguettestücke und Frikadellen in sich hineinstopfen. Francine reckt sich auf die Zehen und späht über die Leute weg.
»Nicht hier«, sagt sie und zieht mich weiter.
Die Musik kommt aus einem der beiden Zimmer. Darin gibt es eine ziemlich abgewrackte Kommode, die mit Knabberzeug, Pappbechern und Cola- und Rumflaschen vollgestellt ist, und eine Art Vollraummatratze, auf dem die Leute hocken und miteinander quatschen, knutschen oder tanzen. Aus den Lautsprechern einer Heimkinoanlage dröhnt Dani

California von den RHCP, ein paar Mädchen verbiegen sich gerade im Takt dazu.
Plötzlich rappelt sich ein Typ mit blonden Locken und großen blauen Augen auf und kommt lächelnd auf uns zu.
»Hallo?«
»Hi, Manuel«, sagt Francine und grient übers ganze Gesicht.
»Sorry, aber ich kenne dich gar nicht«, erwidert der Typ. »Allerdings habe ich das Gefühl, dich schon mal irgendwo gesehen zu haben.«
»Ja, in der Schule«, sagt Francine.
Manuel nickt und richtet seine Augen auf mich. »Und du?«
»Äh ich? Oh, ich bin in Francines Klasse. Zehn a.«
»Ah! Und wer hat euch von der Party erzählt?«
»Oh, das waren Steffi und Ramona«, sagt Francine hastig.
»Aha«, meint Manuel noch immer lächelnd. »Und die haben gesagt, dass ihr einfach mal so vorbeikommen sollt?«
»Nein, das nicht.« Francine entblößt ihre schnurgeraden weißen Zähne und strahlt ihn an. »Ich dachte, du hast nichts dagegen.«
»Sooo?«, erwidert Manuel. »Wie kommst du denn da drauf?«
Ich fange an mich unwohl zu fühlen, doch Francine will sich offenbar nicht so schnell unterkriegen lassen. »Ich weiß ja, dass du Geburtstag hast«, meint sie lächelnd. »Und ich kann mir denken, dass du bestimmt nur Leute eingeladen hast, die dir wichtig sind ...«

Manuel hebt die Augenbrauen. »Und?«

»Na ja …« Francine lächelt schief. »Da du mich und Yara nicht kennst, kannst du ja eigentlich noch gar nicht wissen, ob wir dir nicht irgendwann mal wichtig sind.«

Manuel schüttelt grinsend den Kopf. »Das hast du hübsch gesagt.«

»Na ja …«, wiederholt Francine und errötet zart. »Die Türen standen offen. Und außerdem …«

Manuel grinst noch breiter. »Ja?«

»… hab ich noch das da für dich!«, sagt Francine und zieht ein winzig kleines Päckchen aus ihrer Jackentasche. Es ist nicht viel größer als eine Streichholzschachtel, in silberfarbenes Papier eingewickelt und mit einer winzigen blauen Tüllschleife versehen. »Du darfst es allerdings erst aufmachen, wenn die Party vorbei ist.«

»Oh, wie schade«, sagt Manuel. Er nimmt das Päckchen und legt es auf die Bassbox der Anlage. »Ich hoffe, es ist nicht einfach nur heiße Luft drin.«

»Nein, nein«, sagt Francine. »Ein bisschen mehr ist es schon.«

Manuel sieht sie total intensiv an. Ich wäre vor Verlegenheit wahrscheinlich längst im Boden versunken, doch Francine hält seinem Blick tapfer stand.

»Und wenn ich euch trotzdem wegschicke?«, erwidert er lauernd.

»Nehme ich das Päckchen natürlich wieder mit«, sagt Francine. »Und du wirst niemals erfahren, woraus die heiße Luft darin bestanden hat.«

»Okay«, sagt Manuel. Er setzt seinen Finger auf ihre Brust

und ich bemerke, wie sie zusammenzuckt. »Aber haltet euch bitte mit dem Alk zurück, okay?«

»Ach, so ist das«, meint Francine. »Du hältst uns wohl für kleine Kinder, die nix vertragen und auch sonst nicht viel zu bieten haben, he? Na, wenn du dich da mal nicht irrst«, fügt sie kokett hinzu.

»Lassen wir uns überraschen«, erwidert Manuel, mustert Francine noch einmal von oben bis unten und lässt uns dann einfach stehen.

»So ein Arschloch«, sage ich, nachdem er an uns vorbeigegangen und in der Küche verschwunden ist.

»Wieso?«, meint Francine. »Er achtet doch nur darauf, dass die Minderjährigen nicht so viel Alkohol trinken. Das finde ich voll korrekt.«

»Er hält dich für ein Kleinkind«, sage ich.

»Schon möglich.«

»Ganz sicher.«

Francine schließt die Augen und seufzt.

»Du würdest jetzt am liebsten gehen, stimmt's?«

Ich hebe die Schultern. »Stimmt.«

»Ich habe aber keine Lust, mich so schnell unterkriegen zu lassen«, erwidert sie. »Wenn wir jetzt abhauen, ist das wie Schwanz einziehen.« Sie schlingt mir ihren Arm um den Hals und klappert bettelnd mit den Wimpern. »Und das wäre doch kindisch, oder?«

»Findest du ihn wirklich so toll?«, frage ich.

»Vielleicht«, sagt Francine. »Vielleicht ist er mir aber auch zu alt.«

»Ach, auf einmal?«, frage ich grinsend und nicke in die

Richtung, in die Manuel verschwunden ist. »Was ist denn eigentlich in dem Päckchen?«

»Ein Zettel aus einem Glückskeks.«

»Aha ... Und was steht drauf?«

»Rate mal«, sagt Francine und macht ein geheimnisvolles Gesicht.

»Och nö, keine Lust. Bestimmt irgendwas mit schicksalhafter Begegnung.«

»Damit liegst du ziemlich gut«, bestätigt Francine. »Wortwörtlich heißt es: Jemand verändert dein Leben.«

»Deins«, betone ich.

»Wenn dieser jemand Manuel ist, betrifft es ihn auch«, erwidert sie.

»Okay, okay«, sage ich. »Ich glaube, ich hol mir jetzt erst mal was zu trinken.«

Francine wirft mir einen Kussmund zu. »Bringst du mir was mit? Eine Coke pur? Ja?« Sie deutet zur Küche. »Ich warte hier, falls er wieder rauskommt.«

Ich nicke und gehe ins Zimmer. An der Kommode stehen jetzt zwei Typen. Einer ist groß, kräftig und dunkelhaarig und ein bisschen schlampig gekleidet. Der andere hat ebenso helle Haare wie Manuel, nur nicht so lockig. Und er hat ungefähr meine Größe.

»Möchtest du auch eine Cola?«, fragt er mich und greift nach einem Pappbecher.

»Ja, zwei.«

Er sieht mich an und lächelt. »So einen Durst?«

Seine Augen sind schmal und dunkel und leuchten um die Pupillen herum wie Bernsteine.

»Die andere ist für meine Freundin«, sage ich.
Er füllt den Becher, stellt einen zweiten daneben und gießt ebenfalls Cola hinein. »Mit oder ohne?«
»Was?«
»Rum.«
»Ohne«, sage ich.
Wieder sieht er mich an. »Dacht ich's mir doch.«
»Was?«
»Dass du keinen Alkohol trinkst.«
»Oh, manchmal schon«, sage ich schnell.
Er lächelt und einen halben Zentimeter neben seinem Mundwinkel bildet sich ein Grübchen. Sein Gesicht ist schmal, seine Nase ganz gerade gewachsen, die Unterlippe ist ein wenig schmaler als die obere und die Zähne sind weiß und ebenmäßig.
»Was guckst du denn so?«, fragt er.
»Wie?«
»Ja, *wie* auch.« Jetzt grinst er breit. »Hab ich etwa irgendwas im Gesicht?«
»Ach so«, sage ich und winde mich aus meiner Verschämtheit. »Nein, ich hab nur überlegt, ob du ein Bruder von Manuel sein könntest«, rede ich mich heraus.
»Und?«, fragt er, während er mir nacheinander die beiden Cokebecher reicht. »Könnte ich?«
»Ja, vielleicht«, sage ich.
»Bin ich aber nicht«, sagt er.
»Oh.« Ich umfasse die Becher. Meine Finger fühlen sich ein wenig schwammig an. »Na ja, dann ...«
Er lächelt noch einmal und wieder starre ich auf sein Grüb-

chen. Dann wenden wir uns voneinander ab, er dem dunkelhaarigen Typen zu, der noch immer am selben Platz steht und die Alkflaschen inspiziert, und ich zur Tür, die in den Flur und zu Francine führt.

»Manuel ist immer noch da drin«, sagt sie.

»Und du?«, frage ich. »Willst du jetzt stundenlang hier stehen bleiben und warten?«

»Hast du eine bessere Idee?«

Wenn ich die hätte, wäre ich jetzt nicht hier, denke ich. Dann würde ich immer noch neben der Kommode stehen und mich mit diesem Typen unterhalten.

»Was ist?«, fragt Francine und mustert mich neugierig.

»Wieso?«

»Du siehst so anders aus. So … so …«

»Jetzt sag schon.«

»Verguckt.«

»Du spinnst doch«, sage ich lachend.

»Nee, nee«, sagt Francine. »Wer ist es denn?«

Sie geht an mir vorbei und schiebt ihren Kopf durch die Zimmertür.

»Jetzt hör schon auf«, zische ich und zerre sie zurück. »Das ist doch albern.«

Sie grinst. »Weißt du wenigstens, wie er heißt?«

»Nein.«

»Na, super! Soll ich es für dich herausfinden?«

»Nein, hör auf.«

»Ich könnte Manuel fragen«, sagt Francine. »Dann hätte ich einen Grund, mit ihm zu reden.«

Ich lehne mich an die Wand und sehe seufzend zur Decke.

»Okay. Er ist genauso blond wie Manuel und hat ganz schmale Bernsteinaugen.«
»Das klingt gut«, sagt Francine. Sie trinkt ihre Cola aus und drückt mir den leeren Becher in die Hand. Dann verschwindet sie in der Küche.
Es dauert eine Weile, bis sie zurückkommt. Dafür strahlt sie wie eine Weihnachtskugel.
»Ich glaube, Manuel ist eifersüchtig.«
»Oh, Mann«, sage ich. »Du hast ihm doch nicht etwa weisgemacht, dass du heiß auf diesen ...«
»Jasper«, unterbricht sie mich. »Er heißt Jasper und ist Manuels Cousin.«
Ich sehe Francine in die Augen. »Hast du?«
»Natürlich nicht«, erwidert sie. »Aber natürlich habe ich mich ausgiebig nach ihm erkundigt.« Triumphierend zieht sie einen Zettel aus der Hosentasche und hält ihn mir unter die Nase. »Hier hast du seinen vollständigen Namen, seine Anschrift und seine Handynummer.«
Ich gebe ihr das Glas zurück, nehme den Zettel und falte ihn auseinander.

Jasper Bergels
Hexhoffstraße 23
0173-45633408

»Jasper ist vor zwei Monaten achtzehn geworden und übrigens auf den Tag genauso lange solo«, sagt Francine und grinst.
Plötzlich klopft mein Herz wie verrückt.

»Hexhoffstraße ... Wo is 'n die?«

»Keine Ahnung«, sagt Francine. »Ruf ihn einfach an.«

Einfach. Ja klar.

»Und was ist mit Manuel?«

»Den ruf ich an«, sagt Francine. »Worauf du dich verlassen kannst.« Sie zupft an meinem Pulli. »Und jetzt will ich tanzen.«

»Och nö«, sage ich, eigentlich bin ich überhaupt noch nicht in Stimmung. Doch Francine lässt das nicht gelten und zieht mich am Arm hinter sich her ins Zimmer.

Gerade läuft Rudebox von Robbie Williams. Francine beginnt sofort, sich im Takt zu bewegen. Noch immer hält sie den leeren Becher in der Hand. Ich nehme ihn ihr ab, stelle ihn neben meinen auf den Rand der Kommode und fange ebenfalls zögernd an zu tanzen.

Jasper steht mit dem Typen von eben und einem dunkelhaarigen Mädchen vor dem Fenster und schaut immer wieder zu mir herüber. Ab und zu schaue ich zurück. Dann lächelt er und ich lächele ebenfalls und bewege mich ein wenig intensiver. Mehr passiert aber leider nicht.

»Vielleicht ist er ja doch nicht solo«, sage ich, als Francine und ich um kurz vor halb eins durchs Treppenhaus nach unten laufen.

»Hat Manuel aber gesagt.«

»Und wenn er es gar nicht so genau weiß?«

»Wird er schon«, meint Francine. »Er ist sein Cousin und er hat ihn zur Party eingeladen. Also haben die beiden doch einen guten Kontakt.«

»Denkst du!«

»Ja, denke ich.«
»Und wenn er dich bloß testen wollte?«, wende ich ein.
»Du meinst, um rauszukriegen, wie sehr ich auf Jasper abfahre?«
»Genau.«
»Tja«, sagt Francine. Sie hält mir die Haustür auf und ich schlüpfe auf den Bürgersteig hinaus. »Dann weiß ich natürlich auch nicht. Am besten, du rufst ihn einfach an.«
Einfach, ja? – Das hatten wir doch vorhin schon mal.

Mam ist bereits da. Sie hat ihren türkisblauen Cruiser direkt gegenüber der Tür geparkt. »Und?«, fragt sie, nachdem Francine und ich auf die Rückbank gerutscht sind und die Tür zugezogen haben. »War's gut?«
»Och ja, schon«, sage ich.
»Yara hat ihren Traummann getroffen«, sagt Francine. Sie kichert leise, und das Weiße um ihre dunkelbraune Iris funkelt übermütig im Licht der der vorbeifahrenden Autos.
»Gar nicht wahr«, sage ich. »Mam, bitte glaub ihr kein Wort.«
»Warten Sie's ab, Sie werden schon sehen«, ruft Francine nach vorn.
»Ja, das werde ich wohl«, sagt meine Mutter. Ihre Stimme hat einen seltsamen Tonfall und ich merke sofort, dass irgendwas passiert ist.
Mam startet den Wagen und fädelt sich in den laufenden Verkehr ein. Wir reden nicht viel. Hauptsächlich geht es

um die Schule und die Lehrer. Außerdem interessiert Mam sich natürlich sehr für das Leben im Internat. Francine antwortet allerdings nur sehr einsilbig. Offenbar spürt auch sie die angespannte Stimmung, die von meiner Mutter ausgeht.

Erst, als Mam genau vor der Eingangstür des Hauptgebäudes halten will, bittet Francine sie, weiterzufahren und in die nächste Seitenstraße einzubiegen. »Wir dürfen nicht so lange wegbleiben«, erklärt sie ihr. »Ich muss übers Dach und kann nur hoffen, dass niemand das Fenster vom Waschraum geschlossen hat.«

»Ach Gott«, sagt meine Mutter, »das hab ich mir aber anders vorgestellt.« Sie stoppt den Wagen und dreht sich zu uns um. Zuerst fixiert sie mich, dann mustert sie Francine mit ernster Miene. »Warte einen Moment«, meint sie schließlich, legt den Rückwärtsgang ein und fährt bis zum Eingang zurück. »Ich begleite dich.« Mam zwinkert ihr zu und öffnet die Autotür.

»Das ist aber nett«, sagt Francine. »Vielen Dank. Ich hoffe, sie schlucken Ihre Erklärung.«

»Mach dir keine Gedanken«, erwidert meine Mutter. »Das werden sie schon.«

Sie schält sich aus dem Wagen und Francine schaut ihr kopfschüttelnd hinterher. Dann wendet sie sich mir zu. »Also deine Mutter, die ist vielleicht ...«

»Ich weiß«, sage ich.

Francine grinst. Dann drückt sie meine Hand und raunt: »Ruf ihn an, okay?«

»Ja, mach ich schon«, sage ich, obwohl ich mir diesbezüglich

wirklich alles andere als sicher bin. »Und dir viel Glück morgen. Dass du die Unterlagen findest, die du brauchst.«
Francine schließt kurz die Augen und nickt. »Bis Montag.«
Sie haucht mir noch einen flüchtigen Kuss auf die Wange, dann steigt sie aus und geht neben meiner Mutter her durch das Tor auf die Haupteingangstür des Internatsgebäudes zu. Sie bleiben eine Weile dort stehen, dann endlich scheint jemand zu öffnen. Mam redet und redet, so ist sie eben. Wenn ihre Teetrinkfreundinnen bei uns sind, redet sie auch immer in einem durch. Ich habe mich schon so manches Mal gefragt, ob sie überhaupt richtig zuhören kann, oder ob sie nicht eher immer nur das hört, was sie hören will. Bei mir zumindest ist das so.
Ich wende mich ab, lege den Kopf zurück, schließe die Augen und denke an Jasper. Mittlerweile könnte ich mich in den Hintern beißen, dass ich ihn nicht doch nochmal angequatscht habe. Dann hätte ich es jetzt wenigstens hinter mir und müsste nicht morgen den ganzen Tag mit mir ringend vor dem Telefon verbringen.
Ich höre Schritte auf dem Pflaster und öffne die Augen wieder. Mam kommt zurück. Sie lächelt. Offenbar ist ihre Strategie aufgegangen und sie hat Francine erfolgreich abgeliefert.
Sie öffnet die Tür auf meiner Seite und sagt: »Setz dich bitte nach vorn, ich muss mit dir reden.«
Ihr Lächeln ist verschwunden, die Anspannung von eben wieder da.
»Was? Jetzt?«, frage ich beklommen. »Worüber denn?«
»Nun komm schon.«

Während meine Mutter sich hinter dem Lenkrad niederlässt, wechsle ich mit einem drückenden Gefühl auf dem Herzen von der Rückbank auf den Beifahrersitz

»Ich spiele mit dem Gedanken, mir eine eigene Wohnung zu nehmen«, verkündet sie ohne Umschweife, nachdem die Tür ins Schloss gefallen ist.

Ich starre sie an, höre für einen Moment lang auf zu atmen, ja mir kommt es sogar so vor, als ob ich den Bruchteil einer Sekunde gar nicht mehr existiere. Dann ist mir klar, dass sie genau das ausgesprochen hat, was ich schon seit vielen Monaten als diffuse Angst in meinem Unterbewusstsein mit mir herumtrage.

»Aber das kannst du doch nicht tun!«, platze ich heraus.

»Und du, Yara, du *musst* mich verstehen«, geht sie über meine Empörung hinweg. »Robert will meinen Weg nicht mitgehen. Ihm fehlt jeglicher Sinn für meine spirituelle Entwicklung. Ich habe es so sehr versucht, aber Bhajiu-Ra hat ja schon von Anfang an gemeint ...«

»Von Anfang an?«, unterbreche ich sie. »Wie lange kennst du ihn überhaupt schon?«

»Eine ganze Weile«, sagt Mam. »Seitdem ich meditiere ...«

»Aber das sind fast zehn Jahre!«, falle ich ihr erneut ins Wort.

»Ja.«

»Und ich dachte ...«

»Bhajiu-Ra hat mich in die Meditation eingeführt.« Sie legt ihre Hand auf meinen Oberschenkel und sieht mich durchdringend an. »Yara, es ist ein Segen, dass ich ihn getroffen

habe. Erst seitdem ich ihn kenne, weiß ich, wer ich wirklich bin.«
Ich starre sie an. »Wie meinst du das?«
Meine Mutter senkt den Blick. Allerdings nicht, weil sie verlegen ist, sondern weil sie nach den passenden Worten sucht. »Es mag sich alles ein wenig ungewöhnlich anhören«, beginnt sie schließlich. »Ich habe dir ja schon gesagt, dass Bhajiu-Ra ein ganz besonderer Mensch ist.« Sie schüttelt unwillig den Kopf. »Ach was, Mensch. Er ist, und davon bin nicht nur ich zutiefst überzeugt ...« Sie schaut mich an, als ob sie mich beschwören wollte, »... die Reinkarnation von Babaji.«
»Was?«
»Yara«, sagt sie ungeduldig. »Jetzt stell dich bitte nicht dümmer als du bist. Ich habe dir schon mehr als nur einmal erklärt, woran Bhajiu-Ra, woran wir alle glauben ...«
»An Wiedergeburt, ja«, sage ich. »Daran glaube ich ja auch. Also zumindest kommt es mir schlüssig vor, dass man nach dem Tod nicht einfach verschwindet ... Aber dieser Bhajiu-Ra kann unmöglich ein Avatar sein.«
»Ach ja? Und warum nicht?«
Darauf weiß ich natürlich auch keine Antwort. Was meine Mutter richtig glücklich zu machen scheint, denn jetzt lacht sie, reißt mich geradezu in ihre Arme. »Ach, mein Engelchen, ich habe es ja gewusst!«
»Was?«, frage ich und versuche mich zu befreien. »Mam, was hast du gewusst?«
»Dass dich dein Herz schon längst zu ihm hinzieht«, sagt sie selig. »Du weißt es nur noch nicht.«

3

Bis zum frühen Morgen kriege ich kein Auge zu. Zuerst starre ich so lange auf den Zettel mit Jaspers Anschrift und seiner Handynummer, bis sie sich für alle Ewigkeit in meine Gehirnzellen eingebrannt hat. Dann schiebe ich ihn zwischen die Seiten von *Meine fremde Freundin* und lösche das Licht.

»Jasper Bergels, Hexhoffstraße 23, 0173-45633408«, murmele ich vor mich hin, während ich nun gegen die halbdunkle Zimmerdecke starre. »Mam, ich glaube nicht, dass du dir eine andere Wohnung suchst. Ich glaube nicht, dass du Paps wirklich verlässt.«

Ich kann es mir einfach nicht vorstellen.

Vielleicht hat sie es mir nur gesagt, weil sie hofft, dass ich mit ihm rede. Dass ich ihn bitte, sie zu verstehen, zu unterstützen, wenigstens ein bisschen so zu denken und zu fühlen wie sie. Es ist ja nicht gefährlich, es ist nicht verwerflich, im Gegenteil, im Grunde will Mam niemandem etwas Böses. Auch mir nicht.

Sie möchte, dass ich ihren Bhajiu-Ra kennenlerne, weil sie fest daran glaubt, dass er ein Segen für die Menschen ist, weil er ihnen die Augen, oder besser gesagt die Herzen, öffnet und sie so in ein glückliches und erfülltes Leben führt. Angeblich soll er sehen können, welcher Weg einem vorbestimmt ist. Irgendwie finde ich so etwas natürlich schon cool, wenn man sich bei wichtigen Entscheidungen einfach an so einen Typen wenden kann. Andererseits kann ich mir kaum vorstellen, dass es tatsächlich Leute gibt, die über das Schicksal aller Menschen informiert sind.

Weil ich Mam aber ohnehin keinen Wunsch abschlagen kann, werde ich ihr den Gefallen tun und beim nächsten Mal zu einem ihrer Eso-Treffs mitkommen. Wahrscheinlich wird sich dort sehr schnell herausstellen, dass dieser Bhajiu-Ra niemals davon gesprochen hat, dass er mich sehen will. Garantiert hat Mam sich das einfach nur sehr gewünscht und verwischt nun Vorstellung und Wirklichkeit miteinander – unabsichtlich natürlich.

Ach, verdammt, eigentlich habe ich überhaupt keine Lust, darüber nachzudenken. Ich ziehe das jetzt durch und fertig. Schwieriger ist da schon die Sache wegen Paps. Warum soll ausgerechnet ich mit ihm reden und ihm erzählen, was Mam vorhat? Eigentlich ist es doch ganz allein ihre Sache. Andererseits will ich aber auch nicht, dass sie sich trennen. Rebekka würde niemals damit klarkommen. Sie liebt Paps über alles, was meine Mutter auch nicht so wahrhaben will. Aber ich weiß, dass meine Schwester unendlich leiden würde, wenn sie sich zwischen unseren Eltern entscheiden müsste – oder noch schlimmer, die beiden sich um sie streiten würden.

Nein, nein, ich muss mit ihm reden. Ich würde es mir nie verzeihen, wenn ich diese Chance ungenutzt ließe. Trotzdem weiß ich nicht, wie ich es anstellen soll. Gute Gelegenheiten sind selten. Wenn er nach Hause kommt, bin ich oftmals nicht da, oder er beschäftigt sich gleich mit Rebekka. Sie machen zusammen Hausaufgaben und reden über das, was sie erlebt hat. Mam hat ja nicht viel Zeit für diese Dinge. Dreimal die Woche arbeitet sie für ein paar Stunden bei *Pro Familia*. Meine Mutter hat Psychologie studiert mit dem Schwerpunkt Familientherapie. Allerdings hat sie nie in einer Praxis gearbeitet, weil sie es immer wichtiger fand, sich um Rebekka, Paps und mich zu kümmern und das Leben zu genießen. Na ja, und das besteht inzwischen in der Hauptsache darin, mit ihren Freundinnen zusammenzuhocken und sich mit ihnen über, wie sie es ausdrückt, wirklich wichtige Angelegenheiten auszutauschen.

»Rebekka schafft das schon«, sagt sie lächelnd, wenn mein Vater ihr Vorwürfe macht. »Ich vernachlässige sie nicht. Das würde ich meinen Kindern niemals antun. Ich weiß nur einfach besser, was gut für sie ist als du, denn ich richte mich nicht nach gesellschaftlichen Vorgaben, sondern versuche alles aus dem Ganzen heraus zu erfassen. Aber das kannst du natürlich nicht verstehen, solange du nicht bereit bist, dich dieser Sichtweise zu öffnen. Zum Glück haben die Mädchen weniger innere Widerstände. Zumindest stehen sie sich selbst nicht so sehr im Weg wie du.«

Bis vor einem halben Jahr hat Paps noch versucht, dagegen zu argumentieren, irgendwann hat er resigniert und mittlerweile beschränkt er sich darauf, Rebekka zu beschützen und ab und zu einen Tobsuchtsanfall zu bekommen.

Wie er mich sieht, weiß ich nicht. Vielleicht hat er das Gefühl, dass ich total eng mit Mam bin und er sowieso nicht mehr dazwischenpasst. Vielleicht weiß er auch einfach nicht, worüber er mit mir reden soll. Klar fragt er manchmal wegen der Schule und mit wem ich was unternehme, aber das ist es

dann auch schon. Ich habe echt absolut keine Ahnung, was er wirklich über mich denkt oder ob er sich überhaupt für mich interessiert. Manchmal macht mich das fertig, aber ich weiß natürlich auch: Je weniger ich mich an ihn binde, umso weniger Stress habe ich mit meiner Mutter.
Gähnend lasse ich meinen Blick dem Lichtkegel eines vorbeifahrenden Autos folgen, der erst langsam und dann allmählich schneller werdend über meine Zimmerwände zieht. Trotz aller Müdigkeit bin ich innerlich hellwach.
Ich ziehe die Hand unter der Steppdecke hervor und taste nach dem Schalter des Schirmlämpchens, das ich am Bettpfosten befestigt habe. Vielleicht hilft es, wenn ich noch ein paar Seiten lese. Das Buch ist zwar nicht wirklich spannend, aber interessant genug, um mich ein wenig abzulenken. Ich nehme es vom Nachttisch und schlage es auf. Der Zettel mit Jaspers Adresse segelt auf mich herab.
Ich nehme ihn auf und starre ihn an.
Na klar, das ist es doch! Ich schreibe ihm eine SMS. Das ist wunderbar verbindlich unverbindlich. Wenn er sich nicht zurückmeldet, kann ich das mit mir alleine ausmachen. Komisch, dass ich da nicht gleich drauf gekommen bin.
Ich springe aus dem Bett, fische mein Handy aus der Umhängetasche und schlüpfe unter die Decke zurück.

hallo jasper,
ich hätte mich gerne noch etwas länger mit dir unterhalten.
aber vielleicht lässt sich das ja nachholen.
yara, tippe ich ein und schicke die Nachricht an seine Nummer.

Inzwischen ist es fünf Minuten vor zwei, vollkommen blödsinnig also, auf eine schnelle Antwort zu hoffen. Trotzdem lege ich das Handy eingeschaltet neben mich auf die Bettdecke und greife dann wieder nach dem Buch. Ich schaffe es gerade mal drei Sätze zu lesen, da kündigt das Handy bereits eine frisch eingegangene Nachricht an.
Mein Puls schnellt sofort in die Höhe. Mit fahrigen Fingern taste ich nach dem Mobilteil. Die SMS ist tatsächlich von Jasper. Ich hole sie aufs Display und schließe die Augen. Bitte, bitte, bitte!

woher kennst du meinen namen?, lese ich, nachdem ich die Augen wieder geöffnet habe.

von manuel, schreibe ich hastig zurück.

und der hat dir auch meine nummer gegeben?

deine ganze adresse sogar.

komisch, hat er mir gar nicht erzählt ... ☺

na ja, es war ja auch meine freundin francine, die ihn danach gefragt hat.

wie soll ich das verstehen? willst du mich treffen oder will sie es?

ich

du, yara ...?

ja, ich, yara ... Plötzlich fällt mir etwas ein: Weißt du überhaupt, wer ich bin?, schreibe ich. Womöglich ist das Ganze ein Missverständnis – oder noch schlimmer: Jasper spielt ein Spiel mit mir. Einfach so, weil ihm langweilig ist und er auch nicht schlafen kann.

klar, du bist yara

das weißt du, weil ich meine erste sms mit diesem namen unterschrieben habe

nein, das weiß ich, weil ich dich auf manus party gesehen habe, weil wir dort miteinander geredet haben. du bist dunkelblond und grünäugig und ... na ja ...

was na ja?

sehr nett ... glaube ich.

danke ☺, tippe ich, obwohl ich eigentlich gehofft hatte, dass er etwas anderes meint.

wissen kann ich das allerdings erst, wenn ich dich ein- oder zweimal wiedergesehen habe.

O Mann, ich könnte ausflippen vor Freude!

du willst dich also wirklich ein- oder zweimal mit mir treffen?, vergewissere ich mich.

mindestens

Ich schnelle in die Höhe, stoße einen Jubelschrei aus und hoffe, dass ich weder Rebekka noch meine Eltern damit aufgeweckt habe.

okay, wann?

Diesmal dauert es etwas länger, bis ich eine Antwort bekomme, und ich fange schon an mich damit abzufinden, dass das Ganze doch bloß eine Verarsche war, da summt die nächste SMS rein.

ich hoffe, du verstehst mich jetzt nicht falsch, lese ich.
Mein Herz klopft mich fast um den Verstand. Er will also nicht, dass ich die falschen Schlüsse ziehe. Er findet mich nett. Nett genug, um ein bisschen mit mir zu flirten. Vielleicht ist er sogar auf einen One-Night-Stand aus ... Mehr aber nicht. Ist es das, was er mir sagen will? In meinem Bauch bildet sich ein dicker Kloß und plötzlich hab ich richtig Schiss, weiterzulesen.

ich würde dich wirklich wahnsinnig gern gleich morgen schon wiedertreffen, aber leider habe ich ja nicht damit rechnen können, dass ich dir heute begegne und dass du dich tatsächlich und dann auch noch so schnell bei mir melden würdest ...

blöderweise habe ich die nächsten drei tage keine zeit, jedenfalls nicht wirklich.
aber wie wär's mit mittwochabend? Wir könnten eine pizza zusammen essen ... wenn du magst ...

... Wenn ich mag?
Natürlich mag ich! Aber das sollte ich vielleicht lieber nicht so euphorisch rüberbringen. Er ist zurückhaltend, also bin ich es besser auch.
Ich stehe vom Bett auf und laufe einige Male hin und her. Jasper soll ruhig ein bisschen zappeln, auch wenn ich mich gerade nur schwer im Zaum halten kann. Und meine Rechnung geht auf. Bereits zwei Minuten später kommt die nächste Nachricht von ihm.

yara, bist du noch da?

sorry, ich musste nur mal nachschauen, ob mittwoch schon was anliegt.

und?

ich schätze, ich habe dann hunger auf pizza

super!!!! ich freu mich!

ich mich auch, tippe ich, lösche es aber gleich wieder und schreibe stattdessen: gut, bis Mittwoch dann. wo und wann treffen wir uns?

um halb sieben bei alfonso in der schmiedegasse. kennst du den?

Nein, aber ich werde ihn ganz sicher finden!

※

Als ich aufwache, fühle mich wie gerädert.
»Hat Mama es dir auch schon erzählt?«, fragt Rebekka.
Erschrocken fahre ich herum, denn ich habe nicht bemerkt, dass sie bei mir auf der Bettkante sitzt. Mit einem Schlag bin ich hellwach. »Was meinst du?«
»Sie hat also nicht.« Rebekka lässt sich neben mich aufs Kopfkissen fallen, schlüpft unter die Decke und drückt ihren Hintern in meinen Bauch. Ich werfe einen Blick auf den Wecker und stelle fest, dass es erst Viertel vor sieben ist.
»Willst *du* es mir nicht sagen?«, frage ich leise.
Rebekka schweigt.
»Ich bleibe bei Papa«, sagt sie schließlich. »Da kann Mama machen, was sie will.«
Ich fasse meine Schwester an der Schulter und versuche ihr ins Gesicht zu sehen. »Was redest du denn da?«
»Mama sucht sich eine eigene Wohnung. Dort will sie wohnen und arbeiten, ohne dass Papa ihr ständig reinredet. Und sie will, dass wir mitkommen.«
Ich starre das Herzchenmuster auf Rebekkas Nachthemd an und weiß nicht, was ich zuerst denken soll. Eigentlich geht das, was Mam da gemacht hat, gar nicht. Sie kann uns doch

nicht so unter Druck setzen. Andererseits bewundere ich sie dafür, dass sie so klar ist und meine Schwester und mich von Anfang an an ihren Plänen teilhaben lässt.

»Hat sie dir wirklich noch nichts gesagt?«, fragt Rebekka leise.

»Doch«, sage ich. »Gestern Abend. Aber ehrlich gesagt, habe ich das nicht richtig ernst genommen.«

»Was Mama sagt, meint sie immer ernst«, entgegnet meine Schwester empört.

»Ja, ich weiß. Ich werde mit Paps reden.«

»Denkst du, er weiß es schon?«

»Keine Ahnung«, sage ich seufzend. Wie ich meine Mutter einschätze, packt sie irgendwann klammheimlich die Koffer und verschwindet einfach.

»Aber sie hat nicht gesagt, dass wir es ihm nicht sagen dürfen«, meint Rebekka. Sie sieht mich aus ihren hellbraunen Augen sehr ernst an. »Vielleicht will sie sogar, dass wir es tun.«

»Keine Ahnung«, wiederhole ich, drücke ihr einen Kuss auf die Schläfe und steige über sie hinweg.

»Willst du schon aufstehen?«, fragt sie erstaunt.

»Meinst du, ich kann jetzt noch schlafen?«

»Aber es ist erst sieben.«

»Ich weiß«, sage ich und greife nach meiner Jeans.

Rebekka mustert mich von Kopf bis Fuß.

»Du siehst schön aus«, sagt sie.

Verrückterweise macht mich ihr Kompliment verlegen. Vielleicht, weil es so süß und unvermittelt rüberkommt. »Ja klar, total verwuschelt wahrscheinlich.«

»Sehr hübsch verwuschelt«, sagt Rebekka und grinst. »Wieso hast du eigentlich keinen Freund?«
Ich zwinkere ihr zu. »Vielleicht hab ich ja einen.«
»Einen Geheimfreund?«
Ich zucke mit den Schultern. »Noch, ja? Noch darfst du Mam und Paps nichts davon erzählen, okay?«
Rebekka stützt ihren Kopf auf und nickt feierlich.
»Wann redest du mit Papa?«, fragt sie dann.
»Keine Ahnung«, sage ich zum dritten Mal und mustere nachdenklich ihr Gesicht. Eigentlich sieht sie gar nicht besonders geknickt aus. Offenbar ist sie viel klarer und gefestigter, als ich dachte.

Bis Montagabend ergibt sich keine Gelegenheit, meinen Vater zu einem ungestörten Gespräch zu bitten. Und so begnüge ich mich damit, ihn erst einmal nur zu beobachten. Eigentlich wirkt er so wie immer, zwar eher ernst als fröhlich, aber durchaus nicht so, als ob er eine Katastrophennachricht mit sich herumträgt.
Vielleicht hat Mam es ja doch nicht so ernst gemeint – an diesem Gedanken halte ich mich fest. Und da Rebekka nicht mehr nachhakt, halte ich die Sache plötzlich auch nicht mehr für so wahnsinnig drängend.
Außerdem hält mich Francine mit ihrer eigenen Geschichte auf Trab.
»Stell dir mal vor, laut Adoptionspapieren ist nur meine Mutter bekannt«, erzählt sie mir. »Dabei haben meine El-

tern immer von leiblicher Mutter *und* leiblichem Vater gesprochen.«
»Vielleicht haben die Leute von der Behörde einfach vergessen, ihn einzutragen«, erwidere ich.
»Oder es ist irgendwas mit ihm.«
»Du meinst, er könnte tot sein oder so etwas?«
»Ja, vielleicht.«
»Okay, und wie heißt deine Mutter?«
»Merlee. Merlee Odinga.«
»Das ist ein hübscher Name«, sage ich.
Francine nickt und lächelt. »Find ich auch.«
»Und weißt du auch, wo sie lebt?«, erkundige ich mich.
Sie schüttelt den Kopf.
»Dann ist sie also umgezogen?«
Francine sieht mich an. »Yara, wo lebst du eigentlich?«
»Wieso?«, frage ich und es fällt mir schwer, nicht eingeschnappt zu klingen.
»Es gibt nicht überall auf der Welt Meldeämter«, erklärt sie mir.
»Das weiß ich auch«, sage ich. »Aber zumindest muss deine Mutter doch irgendwie registriert worden sein, als sie dich an ein deutsches Ehepaar abgegeben hat.«
»Ja.« Francine nickt. »Mit ihrem Namen.«
»Aber dann findest du sie ja nie!«, platze ich heraus.
»Wieso?«, sagt Francine. »Ich habe doch mein ganzes Leben lang Zeit.«
Ich senke den Kopf. Natürlich muss ich sofort an meine Mutter denken und daran, wie wichtig es ist, klare Familienverhältnisse zu haben. Dass es so existenziell für Francine

ist, ihre Wurzeln zu finden, kann ich trotzdem nur schwer nachvollziehen. Sie lebt hier in Deutschland, seitdem sie denken kann. Als ihre Mutter sie weggab, war sie noch ein winziges Baby. Sie hat doch überhaupt keine Erinnerung an ihre ersten Lebenswochen.

»Die Erinnerungen sind ja auch nicht hier«, sagt Francine und tippt auf ihre Stirn, »sondern hier.« Sie legt die Hand auf ihre Brust und sieht mich eindringlich an. »Ich glaube das, was man als Ungeborenes und später als Säugling erlebt, ist prägender als alles, was danach geschieht.«

»Das hast du gelesen«, sage ich.

»Ja. Aber ich weiß auch, dass es so ist. Ich trage das alles hier drin«, betont sie und klopft nun mit der Hand auf ihr Brustbein. »Und selbst, wenn ich das Geheimnis um meine Eltern niemals lüfte, muss ich irgendwie mit diesem Gefühl, dieser Schwerelosigkeit, diesem Undefinierten klarkommen, Yara, verstehst du das?«

Logisch verstehe ich das.

»Undefiniert sind wir doch alle«, entgegne ich. »Oder glaubst du, ich weiß so genau, was ich will, was ich kann, wie ich mal leben oder wirklich sein werde?«

Francine zuckt mit den Schultern. »Ich will ja gar nicht sagen, dass ich schlechter dran bin als du, ich denke aber trotzdem, dass es einen Unterschied gibt.«

Den kann ich im Augenblick nicht sehen. Im Gegenteil, Francine ist doch so viel klarer als ich. Sie hat einfach ein Gespür für die Dinge. So eine Art innere Stimme, die ihr sagt, was richtig ist. Okay, die hilft ihr bestimmt nicht immer, denn auf jeden Fall ist es ziemlich blöd, wenn man das Gefühl haben muss, dass einen niemand wirklich bei sich haben will. Aber die Tatsache, dass Francines Adoptiveltern sie in ein Internat gegeben haben, hat ja nichts mit ihr direkt zu tun, sondern mit ihren gesamten Lebensumständen. Und irgendwie hat es doch auch was von ewiger Klassenfahrt, wenn man mit einem Haufen Gleichaltriger zusammenleben kann.

»Sag mal ...«, fällt mir in diesem Zusammenhang ein. »Was hat meine Mutter eigentlich deiner Betreuerin erzählt?«

»Ach, dir ist das Thema wohl unangenehm?«, meint Francine grinsend.

»Nein, ich habe bloß keine Lust, mit dir zu streiten«, sage ich.

»Wir streiten doch nicht«, meint sie und seufzt leise. »Vielleicht kann ich mit solchen Dingen einfach besser umgehen als du.«

»Sag ich doch.«

»So etwas hat eben eine Menge mit Bauchgefühl zu tun«, erwidert Francine.

Ganz genau! »Und das hab ich nicht?«, frage ich.

»Bestimmt hast du's. Aber offenbar willst du dich nicht darauf einlassen.«

»Und du willst doch streiten«, sage ich.

»Mensch, Yara.« Francine schüttelt den Kopf. »Was ist denn los mit dir?«

»Ach, ich weiß auch nicht«, sage ich. »Meine Mutter ist irgendwie seltsam drauf. Und deshalb interessiert es mich auch so brennend, wie sie deine Verspätung entschuldigt hat.«

Francine mustert mich mit ernster Miene, aber dann grinst sie mit einem Mal wieder und sagt: »Keine Ahnung.«
»Wie keine Ahnung?«, frage ich. »Du hast doch danebengestanden, oder nicht?«
»Klar«, sagt Francine und fährt dann achselzuckend fort: »Aber irgendwie hat sie gar nicht viel gesagt. Ich weiß auch nicht, wie deine Mutter das hingekriegt hat. Sie hat eben so eine verzaubernde Art. Die Susanne, also meine Betreuerin, war jedenfalls so sanft wie ein Lämmchen. Auch hinterher noch, als ich wieder mit ihr allein war.«
Durch Magie ... Ts!
Mein Zeigefinger befindet sich bereits auf dem Weg zu meiner Schläfe, doch dann ist mir plötzlich ganz komisch im Bauch und ich habe keine Lust, noch weiter über meine Mutter zu reden oder nachzudenken.
»Soll ich dir mal was sagen«, meint Francine. »Ich glaube, du hast dich echt verliebt.«
Ich lasse meine Hand sinken und produziere etwas, das sich wie ein Lächeln anfühlt.
»Oh, ich glaube, jetzt sind wir endlich beim richtigen Thema!«, freut sie sich und schlingt mir den Arm um die Schultern. »Ich hoffe, du hast ihn angerufen.«
Ich nicke.
»Und?«
»Wir treffen uns übermorgen Abend zum Pizzaessen.«
Francine macht einen Luftsprung. »Ist ja super!«
»Auf jeden Fall bin ich schon mal drei Schritte weiter als du mit Manuel«, necke ich sie.
»Das stimmt«, sagt Francine. »Und ehrlich gesagt, bin ich

mir inzwischen gar nicht mehr so sicher, ob er mich überhaupt noch interessiert.«

»Muss ich das jetzt verstehen?«, frage ich erstaunt.

»Na ja … Er hat nicht auf den Glückskekszettel reagiert«, meint sie zögernd. »Genau genommen, hat er mich überhaupt nicht beachtet.«

»Ach ja? Wann soll er dich denn beachtet haben?«

»Zum Beispiel in der großen Pause, als du auf dem Klo warst«, sagt Francine.

»Du hast ihn also gesucht?«

»Logisch hab ich das. Und ich habe ihn auch ziemlich schnell gefunden«, fährt sie fort. »Er hat mich bemerkt, angesehen und demonstrativ wieder weggeguckt. Das fand ich ziemlich deutlich.«

»Okay, aber …«, beginne ich, werde jedoch gleich wieder von ihr unterbrochen.

»Ja, okay, kann sein, dass ich nicht richtig verliebt in ihn war«, gibt sie zu und über ihre dunklen Augen zieht ein noch dunklerer Schatten. »Es ist nur … Ich hätte so gerne jemanden, zu dem ich gehöre, der immer für mich da ist.«

4

»Morgen ist es endlich so weit«, begrüßt Mam mich überschwänglich, als ich nachmittags von der Schule nach Hause komme. Sie hilft mir aus der Jacke und hängt sie an die Garderobe.

Ich sehe sie verständnislos an.

»Ein bisschen hübsch machen solltest du dich natürlich«, fährt sie fort. »Und diese Jeansjacke ist vielleicht auch nicht das Richtige. Am besten ist es, ich leihe dir eine von mir.«

»Ach, du meinst meine Verabredung mit Jasper«, sage ich und ticke im selben Moment, dass sie davon überhaupt nichts wissen kann.

»Deine Verabredung mit wem?«, fragt sie auch gleich. Ihre Miene signalisiert eindeutig Missbilligung.

»Jasper«, sage ich, obwohl mir längst klar ist, dass ich sowieso schon verloren habe.

»Darf ich fragen, wer das ist?«, erkundigt sich meine Mutter, während sie mir zum Esstisch folgt.

»Ich habe ihn auf Manuels Party kennengelernt und bin morgen Abend mit ihm zum Pizzaessen verabredet«, antworte ich.

Mam schüttelt lächelnd den Kopf. »Das bist du nicht«, sagt sie, drückt mich auf meinen Stuhl und füllt Reis auf meinen Teller.

»Aber du kennst ihn doch gar nicht!«, sage ich empört. »Wieso verbietest du mir, ihn zu treffen?«

»Aber das tue ich doch gar nicht«, erwidert sie und lächelt noch ein wenig sanfter. »Der Punkt ist der, dass du morgen Abend keine Zeit für eine solche Verabredung hast.«
»Und warum nicht?«, frage ich empört.
»Weil du mit mir nach Lengsberg rausfährst. Zu Bhajiu-Ra«, sagt Mam, während sie Paprikagemüse über meinen Reis gibt und anschließend nach ihrem Teller greift.
»Was? Morgen?«
»Ja, morgen.«
»Aber Mam«, protestiere ich. »Das läuft mir doch nicht weg! Ich komme einfach das nächste Mal mit.«
»Ganz sicher nicht, mein Schatz«, erwidert sie und lächelt immer noch. »Bhajiu-Ra wartet nun schon so lange auf dich.«
»Aber ... Dann kommt es auf dieses eine Mal doch auch nicht mehr an«, versuche ich sie zu überzeugen.
»Doch, das tut es«, erwidert meine Mutter bestimmt. »Und deshalb wirst du dein Date mit diesem Jasper einfach um einen Tag verschieben. Wenn ihm wirklich etwas an einem Treffen liegt, wird er das verstehen.«
Ich starre sie an und weiß nicht, was ich sagen soll.
»Musst du immer über mich bestimmen?«, presse ich schließlich hervor.
»Aber Engelchen!« Meine Mutter lacht. »Das käme mir ja gar nicht in den Sinn. Es ist nur so«, fährt sie in sanftem Tonfall fort. »Diese Dinge kann man in den seltensten Fällen selber entscheiden. Man muss schon sehr klar mit sich sein, um zu erkennen, was gut und richtig für einen ist. Du siehst ja an mir, wie lange ich dazu gebraucht habe.«

Irgendwie kann ich nicht glauben, was ich da höre. Mag ja sein, dass ich in der Regel immer etwas zögerlich bin, aber in diesem Fall weiß ich eigentlich ziemlich genau, was ich will, nämlich Jasper treffen. Aber das scheint für Mam überhaupt keine Bedeutung zu haben.

»Entscheidend ist nicht dein Ego«, erklärt sie mir. »Das ist nämlich viel zu eng mit deinem Willen und deinen Emotionen verknüpft. An die aber darf man sich auf keinen Fall binden.«

»Hä?«, frage ich erstaunt. »Wie soll das denn gehen?«

»Na ja«, sagt meine Mutter, während sie das Paprikagemüse unter ihren Reis rührt. »Zum Menschsein gehören sie natürlich dazu. Und über lange Zeit brauchen wir sie auch, um uns in ihnen zu erfahren. Wir verstricken uns so lange darin, bis wir erkennen, dass sie uns nicht weiterbringen. Wenn wir an diesem Punkt angelangt sind, haben wir oftmals ein Schlüsselerlebnis. Entweder begegnen wir unserem Lehrer oder wir wissen plötzlich aus uns selbst heraus, dass wir für eine höhere Aufgabe bestimmt sind.«

»Aber Mam!«, rufe ich. »Das ist doch totaler Stuss!«

»Findest du?« Meine Mutter legt ihr Besteck auf den Tellerrand und betrachtet mich mit todernster Miene. »Yara, mein Engel, deine Zweifel in allen Ehren, aber du wirst jetzt tun, um was ich dich bitte. Du verschiebst das Treffen mit diesem Jasper und fährst mit mir zu Bhajiu-Ra. Was glaubst du eigentlich, was los ist, wenn ich ohne dich dort auftauche? Bhajiu-Ra und alle anderen werden daran zweifeln, dass ich wirklich in meiner Kraft bin. Das wirft mich um Jahre zurück, Yara. Du bist meine Tochter. Das wirst du mir unmöglich antun wollen.« Sie redet sich derartig in Rage, als ob ihr Leben von diesem einen Abend abhinge. »Bitte, Yara, der Junge läuft dir schon nicht weg«, fleht sie mich an. »Glaub mir doch endlich, dass das Ganze auch für dich eine Prüfung sein könnte. Wer weiß, was passiert, wenn du Bhajiu-Ras Bitte nicht Folge leistest«, fügt sie in dunklem, unheilschwangerem Tonfall hinzu.

Ich starre sie an. Das kann unmöglich dein Ernst sein, will ich erwidern. Aber ich sehe an ihren Augen, dass es genau so ist. Wahrscheinlich ist ihr noch niemals zuvor irgendetwas dermaßen ernst gewesen. Und plötzlich ist mir richtig übel. Was, wenn sie recht hat. Wenn ich diejenige bin, die verbohrt ist? Was vergebe ich mir schon, wenn ich mir ihren Guru mal anschaue? Außerdem interessiert es mich mittlerweile selber, ob Jasper es mir übel nimmt, wenn ich ihn versetze.

»Also gut«, sage ich. »Ich fahre mit zu deinem Bhajiu-Ra.« Augenblicklich entspannen sich Mams Gesichtszüge. Sie schlingt ihre Arme um mich und drückt mich herzlich und warm.

»Nimm es als Prüfung«, wiederholt sie leise und eindringlich in mein Ohr. »Wirklich, Yara. Gehe in dich und frage dein Herz. Ich bin sicher, du wirst die richtige Antwort erhalten.«

※

Natürlich weiß ich sofort – auch ohne in mich zu gehen – wie die richtige Antwort lautet. Wenn ich mir Mams Lamentiererei ersparen und sie zukünftig – zum Beispiel, was Jasper, Partys und Ähnliches angeht – auf meiner Seite haben will, bleibt mir gar nichts anderes übrig, als mitzufahren. Ich habe es ihr ja ohnehin versprochen, und je eher ich ihr diesen Gefallen tue, umso schneller werde ich auch wieder Ruhe vor diesem Thema haben.

Schweren Herzens frage ich Jasper via SMS nach einem anderen Termin.

schade, dass es morgen nicht klappt, schreibt er zurück.
ich habe mich so auf unser treffen gefreut!m
aber am donnerstagabend schmeckt uns die pizza bestimmt genauso gut.

Ich schwebe auf Wolken, nachdem ich das gelesen habe, und tanze ein paar Runden durch mein Zimmer. Dann rufe ich Francine an und erzähle ihr alles.

»Weißt du was«, sagt sie fast ein bisschen schüchtern. »Ich würde auch gerne mitkommen – wenn ich darf.«

Mam ist von Francines Idee geradezu begeistert. »Natürlich kann sie mitkommen. Bhajiu-Ra empfängt jeden mit offenen Armen.«

»Und was ist mit Paps?«, frage ich.

»Dem erzählst du am besten gar nichts davon«, meint Mam. »Du kennst ihn ja. Er regt sich nur wieder unnötig auf.«

Zu Recht oder zu Unrecht? Ich habe keine Ahnung. Ein schlechtes Gewissen habe ich trotzdem. Ich fühle mich, als würde ich ihn hintergehen.

»Rebekka muss es übrigens auch nicht wissen«, sagt meine

Mutter und sieht mich beschwörend an. »Sie ist noch nicht so weit, um all das zu verstehen.«
»Sie hat Angst, dass ihr euch trennt. Paps und du.«
»Das ist doch ganz normal«, sagt Mam. »Aber noch ist es ja nicht so weit.«
»Was meinst du damit? Dass du noch keine Wohnung gefunden hast?«
»Nein, damit meine ich, dass ich mir nicht wirklich sicher bin. Vielleicht braucht er mich noch. Vielleicht muss ich ihm ganz einfach noch eine Weile vorleben, wie sein Weg aussehen könnte.«
Ich sehe sie an und begreife immer weniger. Was ist nur mit meiner Mutter los?
»Liebst du ihn eigentlich noch?«, frage ich.
»Ach, Yara, mein Engel, darum geht es doch gar nicht.« Meine Mutter schüttelt lachend den Kopf. »Liebe ist etwas Universelles. Das, was uns an einzelne Menschen bindet, sind nur unsere Emotionen. Sie machen uns abhängig, nehmen uns unsere Selbstbestimmung und unsere Freiheit. Wirklich glücklich mit jemandem zusammen sein können wir nur, wenn wir keine egoistischen Ansprüche an den anderen und keine Ängste mehr haben« Sie macht eine abwiegelnde Handbewegung. »Aber das habe ich dir doch schon alles erklärt.«

᪉

In dieser Nacht verspüre ich zum ersten Mal eine ungreifbare, diffuse Angst. Ich habe das Gefühl, dass mir die Dun-

kelheit, die sich von draußen zu mir ins Zimmer schiebt, die Luft abdrückt. Ich will nicht, dass meine Eltern sich trennen und zugleich sehne ich es fast herbei. Ich will nicht zu Bhajiu-Ra und dennoch will ich nichts mehr als das, einfach um es ganz schnell hinter mir zu haben.
Zum ersten Mal in meinem Leben habe ich Angst, einen Fehler zu machen, eine falsche Entscheidung zu treffen und ins Bodenlose zu fallen.
Diese Gedanken – oder sind es Gefühle … Emotionen? – sind absurd. Sie nähren sich aus diesem Ungreifbaren, aber gerade deshalb lassen sie sich nicht abschütteln.
Ich fange an zu zittern, mein Herz schlägt wie verrückt und plötzlich kriecht die nackte Panik in mir hoch.
Ich springe aus dem Bett und laufe auf und ab, versuche ruhig zu atmen und an was anderes zu denken. Prompt fällt mir Jasper ein. Ob der wohl auch wieder nicht schlafen kann?
Ich hole mein Handy hervor und schalte es ein. Meine Finger fliegen über die Tasten.

ich liebe dich

Fast schicke ich es ab.
Liebe ist etwas Universelles, höre ich meine Mutter sagen.
Ich lösche die Nachricht und schalte das Handy wieder aus.
Langsam lasse ich es in meine Tasche zurückgleiten.
Vielleicht ist es ja so, dass man zunächst ins Chaos stürzt, wenn man beginnt, sich von seinen Emotionen zu lösen. Vielleicht habe ich nur deshalb diese schreckliche Angst.

Zitternd sinke ich auf die Bettkante und schlinge die Bettdecke um mich herum. Und vielleicht habe ich Jasper getroffen, damit ich genau das erfahren und lernen kann.

※

Francine ist total aufgekratzt. Schon vormittags in der Schule hat sie nur ein Thema. Ihre Begegnung mit Bhajiu-Ra. Sie überlegt, wie er aussieht und wie er gekleidet ist und ob er irgendwie eine besondere spirituelle Ausstrahlung hat.
»Irgendwie stelle ich ihn mir genau so wie diesen Babaji auf dem Foto in deinem Zimmer vor«, sagt sie. »Ihre Namen ähneln sich schließlich auch.«
Fast erzähle ich ihr, was meine Mutter glaubt, nämlich dass Bhajiu-Ra Babajis Reinkarnation ist, aber ich habe keine Lust, mich in diese Sache hineinzusteigern. Außerdem bin ich hundemüde und irgendwie schlecht ist mir auch.
Im Gegensatz zu Francine hoffe ich auf einen endlos langen Schultag, der mit etwas Unvorhergesehenem endet, mit irgendetwas Unausweichlichem, das mich daran hindert, Mam heute Abend zu begleiten. Ich denke sogar daran, dass Rebekka vom Pferd fallen könnte. Dann müsste Mam sich um sie kümmern. Ganz bestimmt würde sie es nicht ertragen, meine kleine Schwester in einem solchen Zustand alleine, beziehungsweise meinem Vater zu überlassen. Losgelassene Emotionen hin oder her, aber meine Mutter ist doch kein Roboter!
Als mir klar wird, dass ich mich gerade doch in diese Sache

hineinsteigere, versuche ich sofort, wieder runterzukommen und cool zu bleiben.

Ich fahre heute Abend zu einem Guru, der darauf brennt, mich kennenzulernen. Na und? Tu ich ihm halt den Gefallen. Auch ein Guru ist nur ein Mensch. Vielleicht sitzen in seiner Gruppe ausschließlich Herrschaften in fortgeschrittenem Alter und er hat einfach mal Lust, ein paar Worte mit einem jungen Mädchen zu wechseln. Umso mehr wird er sich freuen, dass er es gleich mit zweien zu tun hat. Wahrscheinlich ist er ganz locker, flachst mit Francine und mir herum und der Abend vergeht wie im Flug. Morgen treffe ich dann Jasper und das Leben geht weiter.

Während der zweiten großen Pause bekommt Francine eine SMS von ihrer Betreuerin.

frau schellmann hat mich angerufen.
du kannst bei yara zu mittag essen.
gegen halb elf heute abend bringt sie dich zum internat.
hab einen schönen tag

»Ich wüsste wirklich zu gern, was meine Mutter ihr so erzählt hat«, sage ich kopfschüttelnd.
»Vielleicht die Wahrheit«, schlägt Francine vor.
»Glaubst du, deine Betreuerin glaubt an solche Dinge?«
»Nein, eigentlich nicht«, sagt Francine. »Aber ich glaube, dass deine Mutter irgendwas Besonderes hat.«

»Wie meinst du das?«

»Na ja, so eine Art, mit Menschen umzugehen und sie dazu zu bringen, Dinge zu tun, die sie eventuell gar nicht wollen«, erwidert sie und ihr Blick wird beinahe schwärmerisch. »So, als ob sie ebenfalls übersinnliche Fähigkeiten hätte.«

»Hoffst du etwa, dass in dir auch so etwas schlummert?«

»Du nicht?«

»Nein«, sage ich. »Ich glaube, das wäre mir eher unheimlich. Außerdem möchte ich niemanden manipulieren.«

»Wenn es aber zu seinem Besten ist?«, hält Francine dagegen. »Wie viele Menschen stehen anderen im Weg und hindern sie daran, das zu tun oder zu bekommen, was sie wirklich weiterbringt? Meistens geschieht das aus reinem Egoismus. Also, ich kann wirklich nicht sehen, was daran so verkehrt sein soll. Solange man niemandem schadet, sondern ihn nur auf einen besseren, friedlicheren und menschlicheren Weg bringt.«

»Kann es sein, dass du dabei an deine Adoptiveltern denkst und an die Behörden und so?«

»Ja, an die auch«, sagt Francine. »Vor allem aber möchte ich wissen, warum meine Mutter mich weggegeben hat.«

Ich nicke. »Ohne sie wärst du jetzt nicht hier.«

»Ich hätte dich nicht kennengelernt«, fügt Francine hinzu, »und würde auch heute nicht mit dir und deiner Mutter zu diesem Bhajiu-Ra fahren. Wer weiß, vielleicht ist das alles gar kein Zufall«, fährt sie mit leicht verklärtem Blick fort, »sondern ein ewiger Kreislauf.«

»Toll«, sage ich. »Kreisläufe führen im Kreis. Sie haben keinen Anfang und kein Ende, also auch kein Ziel.«

»Der Weg ist das Ziel«, rezitiert Francine einen Spruch von Konfuzius.

»Immer noch toll«, sage ich. »Es geht nämlich immer noch im Kreis herum.«

»Das ist doch vollkommen egal«, meint Francine. »Ob du nun eine gerade oder eine kreisrunde Strecke zurücklegst, hat überhaupt nichts mit den Erfahrungen zu tun, die du dabei machst.«

»Ach ja?« Ich boxe sie neckisch gegen den Oberarm. »Und woher weißt du das schon wieder?«

»Das denk ich mir halt«, erwidert sie ein wenig patzig. »Außerdem muss man ja vielleicht gar nicht alles verstehen. Es gibt eben Dinge, die selbst für den hoch entwickelten menschlichen Horizont nicht fassbar sind. Schließlich nutzen wir nur einen winzigen Teil unseres Gehirns. Wer weiß, welches Potenzial da noch lauert.«

»Vielleicht hast du recht«, versuche ich sie versöhnlich zu stimmen. »Und vielleicht gehört dieser Bhajiu-Ra ja tatsächlich zu den Menschen, die in der Lage sind, aus diesem Restpotenzial zu schöpfen.«

»Und uns womöglich zu sagen, wie das geht«, erwidert Francine. »Vielleicht könnte ich dann ganz einfach *sehen*, wer meine Mutter ist und wo sie lebt.«

Diesen letzten Gedanken finde ich ziemlich absurd, doch das spreche ich nicht aus. Die Hoffnungen, die meine Klassenkameradin aus der bevorstehenden Begegnung mit einem Guru schöpft, sind für mich so bizarr und gleichzeitig aber auch wieder so nachvollziehbar, dass ich nicht daran rühren mag.

5

Zum Glück scheint Francine sich nicht zu trauen, meine Mutter mit denselben Fragen und Spekulationen zu löchern wie mich. Vielleicht hat sie auch einfach zu viel Respekt vor ihr, oder besser gesagt Ehrfurcht. Ja, ich glaube, das trifft es. Die Blicke, mit denen sie Mam begegnet, drücken ganz unverhohlen aus, wie hoch Francine sie achtet. Meine Mutter! Ich fass es nicht. Und ich hoffe wirklich sehr, dass dieser Spuk bald vorbei ist.

Nach dem Mittagessen machen wir uns sofort an die Hausaufgaben. Francine fällt es allerdings schwer, sich zu konzentrieren, immer wieder bleiben ihre dunklen Augen gedankenverloren auf meinem Babaji-Bild kleben. Schließlich steht sie auf, nimmt es aus dem Regal und stellt es neben sich auf den Tisch.

»Du hast doch nichts dagegen, oder?«

»Nein«, presse ich hervor.

Ich kann mich kaum noch beherrschen. Am liebsten würde ich das Bild samt Rahmen gegen die Wand klatschen. Doch ich reiße mich zusammen. Meine Mutter würde sowieso nur Stress machen, womöglich sogar behaupten, dass Jasper mich aus dem Gleichgewicht gebracht hätte, und mir den Umgang mit ihm komplett verbieten.

»Ich habe das Gefühl, dass ich viel klarer denken kann, wenn ich ihn ansehe«, sagt Francine. »Du nicht?«

»Nein«, sage ich. »Hatte ich noch nie.«

»Wahrscheinlich liegt es daran, dass du ihn immer um dich hast«, erwidert sie nachsichtig und öffnet langsam ihre Arme. »Seine Energie füllt das ganze Zimmer aus. Du merkst es gar nicht mehr, weil du dich längst daran gewöhnt hast.«

»Hm«, mache ich und wende meine Aufmerksamkeit wieder dem Englischtext zu. Auf einen solchen Schwachsinn will ich gar nicht antworten.

⁂

Als Mam um kurz vor halb sechs zum Aufbruch mahnt, schreibe ich gerade den letzten Satz in meine Biomappe. Francine ist natürlich nicht fertig geworden, da sie ständig das Bild in die Hand genommen und angestarrt hat.

»Kein Problem«, meint sie. »Englisch mach ich heute Abend im Bett und Bio morgen in der dritten.«

»Da haben wir Reli«, sage ich.

»Eben«, sagt Francine und grinst. »Laberfach.«

Hastig packen wir alles zusammen und laufen nach unten. Meine Mutter mustert uns angespannt, doch schließlich lächelt sie wieder ihr unübertroffenes Lächeln. »Eure Haare könnt ihr ja im Auto noch in Ordnung bringen.«

Meine Haare sind in Ordnung, liegt es mir auf der Zunge zu sagen, doch ich verkneife es mir.

Wir schlüpfen in unsere Sandalen und folgen meiner Mutter zum Auto. Der türkisblaue Lack des Criusers leuchtet in der Sonne. Während Francine und ich uns auf der Rückbank die Gurte anlegen, programmiert sie ihren Navigator. Dabei

müsste sie die Strecke, so oft wie sie sie schon gefahren ist, mittlerweile eigentlich im Schlaf beherrschen.
Die Fahrt nach Lengsberg dauert eine gute Dreiviertelstunde, und je kleiner die Kilometerangaben auf den Autobahnschildern werden, umso nervöser werde ich. Auch Francine rutscht unruhig auf ihrem Sitz hin und her.
»Das ist ganz normal!«, ruft meine Mutter uns durch den Rückspiegel zu, als könne sie meine Gedanken lesen. »Unbewusst wartet ihr schon so lange auf diesen Abend und die Begegnung mit Bhajiu-Ra, dass ihr die besondere Energie seiner Aura bereits spüren könnt. Noch einmal verstärken sich eure Zweifel und Widerstände gegen den neuen Lebensabschnitt, den ihr damit einleitet. Ich kenne niemanden, dem es nicht so ergangen ist. Es handelt sich dabei um einen ganz normalen Reinigungsprozess«, fügt sie noch einmal bestärkend hinzu.
Blablabla, denke ich, wild entschlossen, das hier so schnell wie möglich hinter mich zu bringen.
Und dann sind wir da.
Das Haus befindet sich ungefähr drei Kilometer von der Autobahnabfahrt entfernt am Ortsrand. Und es ist auch kein Haus, sondern eine richtig pompöse Villa mit Türmchen und Erkern, goldgelb getüncht mit weißen Verzierungen und blitzenden Fensterscheiben. Außerdem gibt es eine breite Toreinfahrt und einem Garten, der mit dem großen Teich und den vielen Büschen und Bäumen eher an einen Park erinnert. Die Villa liegt am Ende der Straße und damit ein wenig abseits von den restlichen Nobelhäusern.
Meine Mutter parkt den Wagen neben unzähligen anderen

auf einem großen Platz vor der Toreinfahrt. Francine springt sofort heraus und stürzt auf den mannshohen Schmiedezaun zu. »Wahnsinn! Das ist ja absolut irre!«

»Ich dachte eigentlich, dass solche Gurus heutzutage nicht so weltlich leben«, sage ich.

»Bhajiu-Ra ist kein Guru, sondern ein Avatar«, klärt Mam mich auf, nachdem sie den Wagen abgeschlossen hat. »Dafür, dass er seine Aufgabe auf der Erde mit vollkommener Hingabe erfüllt, wird er von Gott belohnt.« Sie legt ihren Arm um meine Schulter und zieht mich an sich. »Jedem von uns steht dieser materielle Reichtum zu. Nämlich genau in dem Maße, in dem er seinen inneren Reichtum nach außen trägt.«

Ich schiebe mich unter ihr weg, denn plötzlich kann ich weder ihre körperliche Nähe ertragen noch das, was sie sagt. Es hört sich so geschwollen an, so triefend schwer, dass ich Beklemmungen davon kriege.

Meine Mutter lacht. Es klingt spöttisch und auch ein wenig überheblich. Mit schnellen Schritten geht sie auf das Tor zu und drückt auf die Klingel.

Durch den Lautsprecher meldet sich eine glockenhelle Stimme.

»Ja, bitte?«

»Stella, mein Engel, ich bin's, Thalé.«

Ein Summer ertönt, Mam drückt das Tor auf und wir betreten den Kiesweg.

Die winzigen Steine knirschen unter meinen Schuhsohlen, und in meinen Augen rauscht das Blut wie ein Sturmwind. Am liebsten würde ich umdrehen und diesem ganzen blöden

Esokram ein für alle Mal den Rücken kehren. Doch meine Mutter, der meine innere Revolte bestens bekannt ist, hält sich unmittelbar hinter mir und lässt eine solche Flucht nicht zu. Ich höre, wie das Tor ins Schloss fällt, beiße die Zähne zusammen und hake mich bei Francine unter.
Der Eingang der Villa liegt an der Seite. Vier Stufen führen zu einer Doppelflügeltür hinauf, die unter einem Vordach liegt, welches von zwei Jugendstilsäulen getragen wird.
Eine der beiden Türen wird von einem Mädchen aufgehalten, das nicht viel älter zu sein scheint als ich. Sie hat einen zierlichen Körper, kaum Busen und feine dunkelblonde Haare, die ihr lockig und weich auf die Schultern fallen. Aus dunklen Augen sieht sie uns bemüht freundlich entgegen.
»Stella, mein Engel!«, ruft meine Mutter noch einmal. Sie läuft an mir vorbei die Stufen hinauf und umarmt das Mädchen überschwänglich.
»Thalé, meine Liebe«, sagt diese, während sie mit schmalen Händen sanft über Mams Rücken streicht. »Wann wirst du endlich begreifen, dass der Name Stella, Stern, der das Licht zu den Menschen trägt, bedeutet?«
»Ach, das hab ich doch längst«, erwidert meine Mutter lachend. Sie löst sich aus der Umarmung und strahlt Stella an. »Für mich bist du trotzdem ein Engel.«
»Wie du meinst«, sagt das Mädchen nachsichtig und richtet ihren Blick nun auf mich. »Ist das deine Tochter?«
»Ja, mein Schatz, das ist Yara«, bestätigt Mam. »Und ihre Freundin Francine haben wir auch gleich mitgebracht.«
»Hallo, Francine«, sagt Stella. Ihre Miene hellt sich auf. Sie

nimmt Francines Hände und zieht sie in ihre Arme. »Ich freue mich sehr, dass du zu uns gefunden hast.«
»Ja, ... äh ... hallo«, stottert Francine. Die spontane Umarmung macht sie sichtlich verlegen.
»Ich hoffe, wir sind nicht wieder die Letzten«, sagt meine Mutter.
»Natürlich. Wie immer.« Stella gibt Francine frei und bedenkt Mam mit einem Lächeln, in dem ein eiskalter Vorwurf liegt. Dann wendet sie sich mir zu. »Meine Liebste. Wie schön! Ich nehme an, du weißt, wie lange Bhajiu-Ra schon auf dich wartet.«
Wieder dieser Vorwurf und wieder dieses eiskalte Lächeln.
»Tut mir leid, ich hatte keine Ahnung«, erwidere ich schnippisch.
Stella lacht auf. Es wirkt genauso aufgesetzt wie alles an ihr. Sie versucht auch mich in ihre Arme zu ziehen, doch ich wehre mich erfolgreich dagegen und husche schnell an ihr vorbei und hinter Francine her ins Haus.
Der geräumige Eingangsbereich ist in einem kräftigen Apricot gehalten. Pfirsichfarbene Wände und Decke, weiße Türrahmen, weinroter Teppichboden, Sessel, deren Polster an sonnengereifte Aprikosen erinnern, eine goldene Garderobenleiste, ein großer Spiegel, ebenfalls im Goldrahmen und Bilder, auf denen indische Götter dargestellt sind.
Neben einer offenen Doppelflügeltür wacht ein mannsgroßer Ganesha aus Messing, und die warme Raumluft ist von einem schweren sandelholzartigen Duft durchzogen.
»Oje, sie sind ja alle schon drin«, wispert Mam.

»Natürlich«, wispert Stella zurück. »Den meisten ist es sehr unangenehm, unseren Meister warten zu lassen. Eure Schuhe könnt ihr dort in dem Gang neben dem Spiegel abstellen«, fährt sie an Francine und mich gerichtet hinzu. »Du setzt dich bitte auf einen freien Platz in den hinteren Reihen«, weist sie meine Freundin an. »Und du kommst mit mir.«

Sie fasst mich am Ellenbogen und zieht mich energisch an der Ganesha-Statue vorbei in den angrenzenden Raum. Er ist riesig, mindestens zehnmal so groß wie unser Wohnzimmer daheim und eher länglich als quadratisch.

Das Apricot an Decke und Wänden ist das gleiche wie das in der Diele, einen Tick heller vielleicht, außerdem ist der Teppichboden hier ebenfalls pfirsichfarben, was ein seltsam schwebendes Gefühl in mir auslöst.

Gut Dreiviertel des Raumes ist mit Menschen gefüllt. Sie sitzen aufgereiht wie Perlen auf Meditationskissen, links nur Frauen, jeweils neun in einer Reihe, rechts ausschließlich Männer – ich zähle genau vier – und alle mit dem Rücken zu uns.

Das hintere Viertel ist durch einen hauchzarten weißen Vorhang abgeteilt, hinter dem schemenhaft einige Möbel zu erkennen sind.

»Da«, raunt Stella und bedeutet Francine auf einem hellen Kissen in der vorletzten Reihe Platz zu nehmen. Mich postiert sie am Ende des Ganges zwischen der Frauen- und der Männergruppe.

»Halte deinen Kopf gesenkt, wenn du auf ihn zugehst«, haucht sie mir ins Ohr. »Knie dich auf das Kissen zu seinen Füßen und richte deinen Blick in seine Augen.«

Ich starre sie an.

»Sobald er dir den Darshan gegeben hat, setzt du dich auf das freie Kissen neben mich.«

»Welchen Darshan?«, flüstere ich.

Stella lächelt nachsichtig. »Du wirst dich erinnern«, wispert sie, dann lässt sie mich stehen und geht hoch erhobenen Hauptes mit anmutigen Schritten und wiegenden Hüften auf den Vorhang zu. Bevor sie ihre weißen Hände darin versenkt, neigt sie den Kopf zu Boden.

Trommelmusik ertönt und erst jetzt bemerke ich, dass die Männer in der vordersten Reihe Bongos, Tamburine und andere akkordeonartige Instrumente vor ihren Füßen stehen oder liegen haben. Und während Stella ihre Hände in den Vorhang schiebt, beginnen alle, sich im Rhythmus dieser Instrumente zu bewegen. Auch Mam, die sich inzwischen neben Francine niedergelassen hat und ihr etwas zuflüstert.

Die Frauen fangen leise an zu singen, die Männer stimmen ein und allmählich kristallisiert sich ein immer lauter werdendes Lied heraus, dessen Worte sich fortwährend wiederholen, so dass sie auch in meinen Ohren schon bald nicht mehr fremd klingen.

»Om namah shivay, om namah shivay, om namah shivaya namah om ... Om namah shivay ...«

Langsam zieht Stella den Vorhang auf. Es ist, als ob die Bühne für ein Theaterstück freigegeben wird – ein Theaterstück, in dem ich eine der beiden Hauptrollen spielen soll.

Ich fange an zu schwitzen und mein Herz hämmert wie verrückt. Der große rote Sessel in der hinteren rechten Ecke ist zu weit entfernt, als dass ich den Mann, der darin sitzt, wirklich erkennen kann. Ich sehe nur die Konturen seines Gesichts, den Kinnbart und die kurzen braunen Haare, dann das weiße Gewand, in dem er steckt, und den Bauch, der sich darunter wölbt.

Dieser Typ will die Reinkarnation eines indischen Avatars sein!, ist der erste Gedanke, der mir durch den Kopf schießt. Ausgeschlossen! Andererseits ist es ja nur das Äußere, was ich da sehe, das augenscheinlich Offensichtliche, welches mich natürlich auch täuschen könnte ... Verdammt, irgendetwas Besonderes muss doch an ihm sein, wenn all die Menschen in diesem Raum ihn auf solch eine Stufe heben. Schließlich können sie unmöglich alle einen Hau weg haben! Im Grunde sehen die meisten von ihnen ganz normal und durchaus nett, intelligent und vernünftig aus. O Mann, vielleicht muss ich einfach nur aufhören zu denken und mich auf das hier einlassen ... Was soll mir schon groß passieren? Eigentlich bin ich doch ein freier Mensch.

Ich schließe die Augen und beginne widerstrebend, mich zu der Trommelmusik und dem Gesang zu wiegen. Eigentlich will ich nicht, aber ich weiß, wenn ich es nicht wenigstens versuche, wird Mam mir nur wieder Vorwürfe machen und Weltuntergangsstimmung verbreiten. Ich spüre, wie feine Schweißtropfen meinen Nacken entlangperlen und unter meinem T-Shirt verschwinden. Mir ist heiß, so schrecklich heiß! Der schwere Sandelholzduft, die vielen Leute machen die Luft schwer und stickig, so dass ich kaum noch atmen kann und mein Gehirn sich mittlerweile anfühlt wie ein zäher träger Klumpen. Aber das Wiegen tut gut. Ein bisschen fühlt es sich so an wie Baden in warmem weichem Wasser.

Es ist ein vertrautes Gefühl, etwas, dem ich mich hingeben kann, so wie in einer Meditation, und allmählich zieht mich der hypnotische Om-Namah-Shivay-Gesang tatsächlich in seinen Bann. Mit geschlossenen Augen setze ich einen Fuß vor den anderen und gehe langsam nach vorn. Ich ertappe mich sogar dabei, dass ich lautlos mitsinge. Ein kurzer Schreck, dann wieder ein: Na und? Was soll mir schon passieren, ich kann jederzeit gehen – wenn ich will.
Om Namah Shivaya.
Herr, dein Wille geschehe.
Plötzlich erinnere ich mich, dass Mam es mir gesagt hat. Sie hat mir gesagt, dass es das bedeutet. Es sind Babajis Worte gewesen. Om Namah Shivaya ist, was er gelebt und vorgelebt hat. Er hat daran geglaubt, dass das Leben dir schenkt, was Gott dir zugedacht hat. Du brauchst es nicht mal zu erkennen, du musst es nur zulassen.
Ich senke den Kopf und sehe kurz zu Mam hin, während ich langsam an ihr und den anderen vorbeigehe. Sie schaut nicht auf, auch die anderen nicht. Es ist, als ob niemand es wagt, mich anzusehen.
Wieso singen sie alle für mich?
Ich fixiere den apricotfarbenen Teppichboden, spüre den weichen Flor unter meinen Fußsohlen und gehe auf den Altar zu, über dem ein riesiges Babaji-Bild hängt, in einem goldenen Rahmen, zwischen zwei überdimensionalen Kerzen, ein Meer von Blumen unter sich.
Es gibt auch ein Christuskreuz, rechts neben dem Altar, und eine Buddhastatue, rund und ruhig in der linken Ecke.
Ich bleibe stehen und sehe dem Babaji-Bild in die Augen. Sie

sind groß und dunkel und so warm, dass ich mich darin versenken möchte. Der ganze Raum ist von Gesang erfüllt. Er durchdringt mein Gehör, mein Gehirn, meine Poren ... sogar mein Herz schlägt im Rhythmus seiner Melodie.
»Om namah shivay, om namah shivay, om namah shivaya namah om ... Om namah shivay ...«
Ich wende mich nach rechts und gehe auf Bhajiu-Ra zu. Es geschieht wie von selbst, ich kann gar nichts anderes tun. Ich sehe das Kissen, auf dem er seine nackten Füße abgestellt hat, und davor das Kissen, auf das ich vor ihm niederknien soll.
Ich tue, was Stella mir gesagt hat.
Ich knie nieder vor diesem Mann.
Ich hebe meinen Kopf und sehe ihm in die Augen.
Es sind helle, klare grüne Augen, umrahmt von einem Kranz dunkler Wimpern. Der Blick aus diesen Augen scheint mich zu durchdringen, noch immer kann ich das Gesicht dieses Mannes nicht klar erkennen. Seine Augen halten mich gefangen.
Er streckt mir seine Hand entgegen und berührt mit den Fingerspitzen mein Brustbein. Ganz sanft nur, und trotzdem liegt eine unglaubliche Intensität darin.
Mir wird schwindelig, doch der Blick aus den grünen Augen zwingt mich, ihn weiter anzusehen. Nach einer Ewigkeit Schwindel, Sandelholzduft und Om-Namah-Shivay-Gesang lässt er mich endlich los. Ich taumele zurück, senke den Kopf, dann stehe ich hastig auf und flüchte mich auf das Kissen, das Stella mir zugewiesen hat.
Ich schlage die Beine untereinander und versuche, mich zu

beruhigen. Doch das ist völlig unmöglich, denn ich bin total aufgewühlt. Unter meinem Brustbein, dort, wo Bhajiu-Ras Fingerkuppen mich berührt haben, brennt es wie Feuer. Und dieses Feuer breitet sich in meinem ganzen Körper bis hinunter in meine Fingerspitzen aus. Nur meine Füße sind eiskalt.

Um sie zu wärmen, lege ich meine glühenden Hände darum. Es ist, als würde ich damit einen Kreis schließen. Die Hitze in meinem Körper beginnt zu fließen: von meinem Herzen in Rumpf und Beine, zum Herzen zurück, durch meinen Kopf und wieder zum Herzen. Der monotone Rhythmus der Trommeln und der Gesang lullen mich ganz und gar ein. Ich schließe die Augen und wiege meinen Oberkörper hin und her, als würde ich ein Kind schaukeln. Die Hitze lässt allmählich nach, eine wohlige Wärme bleibt und bringt mir endlich die ersehnte Ruhe.

Plötzlich verstummt der Gesang.

Verwirrt öffne ich die Augen.

Der Mann in dem roten Sessel – Bhajiu-Ra – hat seinen Kopf in den Nacken gelegt und beginnt nun unzusammenhängendes Zeug zu murmeln. Fluten und Feuer, eine sich selbst erstickende Erde, Menschen, die dahinsiechen, verbrennen oder von reißenden Flüssen verschluckt werden. Mit vagen Andeutungen malt er eine Apokalypse, wie sie erschreckender kaum sein kann.

Schließlich verstummt auch er so plötzlich wie zuvor schon der Gesang. Er erhebt sich aus seinem Sessel und geht zum Altar, entzündet etwas in einer goldenen Schale. Schwarzer Rauch steigt auf. Es riecht nach Kampfer.

Bhajiu-Ra hält die Schale hoch, schwenkt sie ein wenig herum und wedelt mit der anderen Hand Rauch in unsere Richtung.

»Gesegnet seid ihr, Träger des Lichts. Befreit seid ihr von hunderttausenden Jahren Karmas. Gehet dahin und erfüllet eure Arbeit in Demut und Hingabe.«

Das sind die letzten Worte aus seinem Mund, bevor Stella von ihrem Kissen aufsteht und den Vorhang wieder zuzieht.

Absolute Stille breitet sich aus. Alle um mich herum scheinen tief in sich versunken zu sein. Ich frage mich, warum es bei mir anders ist. Wieso ich plötzlich so wach und klar bin. Was ist mit mir passiert? Ist überhaupt etwas mit mir passiert? Und was sollte diese Ankündigung einer bevorstehenden Katastrophe? Kann Bhajiu-Ra das alles sehen?

Ich weiß überhaupt nicht mehr, was ich denken soll und richte meinen Blick auf Stella, die mitten im Gang vor dem Vorhang stehen geblieben ist. Sie sieht mich ebenfalls an. Ihr Gesicht ist vollkommen ausdruckslos. Ganz unvermittelt macht sie einen Schritt auf mich zu, lässt sich auf die Knie fallen und beugt sich so tief vor mir herab, dass ihre Stirn den Boden berührt. Als sie sich nach einigen Sekunden wieder erhebt, liegt ein seliges Lächeln in ihren hellen Augen.

Sie steht auf und huscht den Gang entlang in den hinteren Teil des Raums. Ich auch, denke ich. Alles, was ich will, ist hier rausgehen und nie mehr wiederkommen. Doch da ist schon die Nächste, die vor mir auf die Knie sinkt. Es ist eine elegant gekleidete ältere Dame.

»Bitte«, krächze ich. »Tun Sie das nicht.«
Abwehrend hebe ich meine Hände. Da schnellt sie hoch, ergreift sie und küsst sie inbrünstig.
»Ich freue mich so, dass du endlich zu uns gekommen bist, Yara«, sagt sie. »Der große Meister hat dich angekündigt. Er sah dich kommen und er sah dich wunderbare Dinge vollbringen. Ich bin überglücklich, dass ich das noch erleben darf.«
Noch einmal drückt sie meine Hände, dann steht sie auf und – meine Mutter fällt vor mir auf die Knie.

6

»Das war der Hammer gestern«, sagt Francine am nächsten Morgen, als sie sich auf ihren Platz neben mich fallen lässt. »Ich hätte nie gedacht, dass ich so etwas mal erlebe.«
Ich auch nicht, aber im Gegensatz zu ihr bin ich alles andere als euphorisch deswegen. Die Rückfahrt haben wir schweigend verbracht. Mam hatte die ganze Zeit über ein geradezu beseeltes Lächeln auf den Lippen, und Francine war von den Ereignissen in dieser Villa offenbar so beeindruckt, dass es ihr glatt die Sprache verschlagen hatte.
»Ich fahre jetzt immer mit«, eröffnet sie mir, während sie ihre Englischunterlagen auf den Tisch klatscht.
»Was?«, sage ich und starre sie an. Natürlich habe ich genau verstanden, was sie meint, aber irgendwie kapiere ich es nicht.
»Na, zu Bhajiu-Ra. Zu seinen Darshans. Und eine Ausbildung mache ich auch«, sagt sie entschieden.
»Was für eine Ausbildung?«
»Zur Seherin.«
»Hä?«, mache ich. »Was redest du denn da?«
Francine zuckt die Schultern. »Na ja, es ist eben nicht jeder so naturbegabt wie du.«
»Könntest du mich vielleicht mal aufklären?«, zische ich ihr leise ins Ohr, denn ich habe bereits das Gefühl, dass alle zu uns rüberglotzen. Noch nie habe ich mir die tranige Wilser und den Beginn der Englischstunde so sehr herbeigesehnt.

»Deine Mutter hat mir alles erklärt«, sagt Francine.

»Meine Mutter?« Ich schüttele den Kopf. »Wann?«

»Heute morgen schon«, sagt Francine. »Stell dir vor, sie hat mich angerufen!« Es klingt beinahe so, als würde sie die Ankunft des Messias verkünden.

»Und?«, frage ich.

»Na ja, sie hat mir angeboten, die Patenschaft für mich zu übernehmen«, erzählt Francine.

»Was für eine Patenschaft?«

»Na, eine Patenschaft eben«, antwortet sie ungeduldig. »Das muss man doch nicht erklären.«

»Okay«, sage ich. »Und was bist du dann? Ich meine, wem gehörst du an?«

»Niemandem. Nur mir selbst und der Aufgabe, der ich mich verpflichtet habe.« Francine seufzt leise. »Mann, du hast doch selber gesehen, dass Bhajiu-Ra zu keiner Kirche gehört. Er steht für den Frieden in der Welt, für den Frieden unter den Religionen. Warum sonst sollte er sich ein Christuskreuz, einen Buddha und einen Hindu-Gott in seine Räume stellen!«

»Das ist ja alles schön und gut«, wispere ich. »Aber warum zur Hölle kann ausgerechnet meine Mutter diese Patenschaft übernehmen? Sie hat doch überhaupt keine Ahnung, welche Aufgabe du in der Welt erfüllen sollst.«

Francine kneift die Augen zusammen. »Du bist doch nicht etwa eifersüchtig, oder?«

»Wie bitte?«

»Immerhin ist sie deine Mutter. Du musst sie schon mit Rebekka teilen. Da könnte es doch sein, dass ...«

»Jetzt hör aber auf!«, sage ich, werfe einen Blick auf meine Armbanduhr und stelle fest, dass die Wilser bereits acht Minuten Verspätung hat. »Ich glaube, sie ist krank«, murmele ich.
»Wer? Deine Mutter?«
»Quatsch, Frau Wilser.«
»Wie kommst du denn da drauf?«, erwidert Francine. »Die hat sich doch schon öfter mal verspätet. Wahrscheinlich ist wieder Stau vor dem Kopierer.«
Schon möglich.
Der Lärmpegel im Raum hat sich inzwischen jedenfalls verdreifacht. Die wenigsten meiner Klassenkameraden sitzen noch auf ihren Plätzen, sondern haben sich zu anderen auf die Tische gepflanzt, um zu quatschen, Hausaufgaben abzuschreiben oder irgendwelche albernen Spielchen zu machen. An Francines und meinem Gespräch scheint zum Glück keiner mehr interessiert zu sein.
»Es ist ja nur, weil ich mir diese Seher-Ausbildung sonst nicht leisten könnte«, fängt Francine wieder mit dem Patenschaftsthema an. »Wenn man einen Paten hat, kostet es nur ein Viertel.«
»Aha«, sage ich und habe das Gefühl, rein gar nichts mehr zu begreifen. Und ich will es auch nicht. Die ganze Sache ist mir einfach nicht geheuer. Und peinlich noch dazu. Nie wieder möchte ich erleben, dass meine eigene Mutter vor mir auf die Knie fällt.
»Ich fahr da jedenfalls nicht mehr hin«, sage ich entschlossen.
Francine sieht mich an. Dann lacht sie los.

»Guter Witz«, sagt sie. »Echt, Yara, du bist vielleicht ein Scherzkeks.«

»Das war kein Witz«, erwidere ich harsch. »Das meine ich vollkommen ernst.«

Francine starrt mich an. Offenbar weiß sie nicht, ob sie noch einmal laut loslachen oder für immer schweigen soll.

»Du nimmst mich auf den Arm, oder?«, fragt sie schließlich.

»Wieso sollte ich? He? Ich finde diese ganze Gruppe ziemlich ätzend. Meine Mutter übrigens eingeschlossen. Und Bhajiu-Ra ist der hässlichste Typ, den ich jemals gesehen habe«, bricht es aus mir hervor.

»Ts.« Francine schüttelt den Kopf. »Ich hätte nie gedacht, dass du so oberflächlich bist. Obwohl deine Mutter mir erklärt hat, dass du wahrscheinlich genau so reagieren würdest.«

»Sag mal, worüber habt ihr eigentlich noch gelästert?«, fahre ich sie an.

In diesem Moment wird die Klassentür aufgerissen und ein kleiner hagerer Typ mit Ritter Eisenherzfrisur und schwarzer Kastenbrille rauscht herein.

»Guten Morgen, mein Name ist Herrschwitz. Ich muss Ihnen leider mitteilen, dass Frau Wilser plötzlich erkrankt ist«, leiert er herunter, während er den Lehrertisch ansteuert. »Mir ist die ehrenvolle Aufgabe zugefallen, Sie beaufsichtigen zu dürfen.« Er lässt sich auf den Stuhl fallen, holt eine Astronomiezeitschrift heraus und stellt seine Tasche neben dem Tisch ab. »Bitte setzen Sie sich auf Ihre Stühle und verhalten Sie sich den Umständen angemessen ruhig.«

Kester meldet sich. »Dürfen wir reden?«
»Sicherlich«, erwidert der seltsame Herrschwitz. »Aber wie schon gesagt, bitte in angemessener Lautstärke.«
»Du hast es gewusst«, murmelt Francine. Sie drückt mir ihren Ellenbogen in die Seite. »Das ist der Beweis.«
»Wovon redest du?«
»Davon, dass du gewusst hast, dass die Wilser krank ist«, sagt sie. »So was kann man nicht wissen. Zumindest nicht als normaler Mensch.«
»Ach, das ist doch Blödsinn«, erwidere ich. »Es war nur so ein Gefühl. Weißt du: So ähnlich wie wenn das Telefon klingelt und du weißt, wer dran ist.«
»*Ahnst*«, korrigiert Francine mich.
»Eben«, sage ich.
»Aber das mit der Wilser hast du nicht einfach nur geahnt«, erwidert sie eindringlich. »Du hättest mal hören sollen, wie du es gesagt hast. Yara, verstehst du denn nicht? DU HAST ES GEWUSST!«
»Und wenn schon«, brumme ich.
»Du bist etwas Besonderes, Yara. Eine Auserwählte.«
»Du spinnst doch«, sage ich. »Ich bin Yara und weiter niemand. Und jetzt will ich nichts mehr davon hören. Kapiert?«
Francine nickt. »Schon okay.«
Tatsächlich lässt sie mich für den Rest des Schulvormittags mit diesem Thema in Ruhe. Doch die Art und Weise, wie sie mich von nun an ansieht, ist eine andere – eine völlig andere als bisher.

Kurz bevor ich zu Hause ankomme, erreicht mich eine SMS von Mam.

Bitte sei so gut und hol Rebekka von der Schule ab. Kartoffelsalat steht im Kühlschrank. Macht euch ein paar Würstchen dazu warm.
ihdl

»Das heißt hdl«, murmele ich, schicke ein o.k. zurück, drehe mich um und hetze zur Grundschule an der Woltkestraße. Natürlich ist meine Schwester nicht mehr dort. Also renne ich wieder nach Hause. Unterwegs treffe ich Rebekka allerdings auch nicht. Okay, denke ich, dann wird sie wohl bei Lily sein. Immerhin ist sie fast zehn Jahre alt und alles andere als auf den Kopf gefallen. Sie wird sich schon zu helfen wissen.
Ich stelle meine Schuhe unter die Garderobe, werfe einen Blick in den Kühlschrank und beschließe, keinen Hunger zu haben. Vielleicht verdrücke ich nachher noch eine Banane. Das muss reichen. Schließlich steht mir heute Abend noch ein schönes Essen bevor.
Plötzlich bin ich wahnsinnig aufgeregt! Manuels Party, Jasper und all das kommt mir mit einem Mal so unwirklich vor. So als ob ich all das überhaupt nicht erlebt hätte. Sicherheitshalber hole ich Jaspers Kurznachrichten aus dem Speicher und lese sie noch einmal durch.

schade, dass es morgen nicht klappt, ich habe mich so auf unser treffen gefreut! aber am donnerstagabend schmeckt uns die pizza bestimmt genauso gut.

Das ist die letzte SMS, die ich von ihm bekommen habe. Das war am Dienstag, es scheint mir jedoch Jahre her zu sein.

bleibt es dabei?, frage ich vorsichtig an.

Es dauert keine zwanzig Sekunden und die Antwort klingelt rein.

klar bleibt es dabei
ich freue mich wahnsinnig!!!!! ☺

»Ich mich auch«, wispere ich, schließe die Augen und drücke das Handy gegen meine Brust. Ich versuche mir Jaspers Gesicht vorzustellen, doch ich kriege es nicht hin. Ich weiß nur noch, dass er mir irre gut gefallen hat.
»Träum nicht, mach!«, ermahne ich mich, öffne die Augen wieder und renne nach oben in mein Zimmer.
Das Babaji-Bild steht noch immer auf meinem Schreibtisch, dort, wo Francine es zuletzt hingestellt hat. Ich drehe es um und setze mich an die Hausaufgaben. Englisch. Bio und Chemie. Dann lese ich noch den Bericht über Sekten, den uns Herr Lemgy in Reli ausgeteilt hat. Es ist das Übliche. Alles, was man schon weiß. Über die Zeugen Jehovas, Scientology, Moon und und und. Dass sie zu bestimmten Dingen gezwungen werden, Gehirnwäschen durchmachen und von ihren Freunden und Familien getrennt werden, sofern die nicht ohnehin schon einer solchen Psychogruppe angehören.
Ich denke an Mam und daran, dass sie sich eine eigene Wohnung suchen will, und wie sehr sie sich in der letzten

Zeit verändert hat. Dabei fällt mein Blick auf den Rücken des Babaji-Bildes. Nein, nein. Energisch schüttele ich den Kopf. Indische Avatare sind nicht mit irgendwelchen selbsternannten Gurus gleichzusetzen. Sie werden als Erleuchtete erkannt und verehrt und gefeiert, benennen sich aber nicht aus eigenem Antrieb so. Außerdem: Meine Mutter und in einer Sekte ... Nein, dieser Gedanke ist wirklich blödsinnig.
Energisch schiebe ich ihn beiseite und widme mich stattdessen meinem Kleiderschrank. Hübsch aussehen will ich heute Abend und für das Herrichten werde ich entsprechend viel Zeit investieren. Nachdem ich ein paar Teile ausprobiert habe, entscheide ich mich für meine dunkle Lieblingsröhre, ein Ringeltop, eine geraffte Bluse und die hübsche Indiokette, die Paps mir vor zwei Jahren von einer Geschäftsreise nach Südamerika mitgebracht hat. Außerdem suche ich frische Unterwäsche heraus und steuere anschließend mit meinem Klamottenstapel auf das Badezimmer zu.
Während ich heißes, mit Mangoöl aromatisiertes Wasser in die Wanne laufen lasse, putze ich mir ausgiebig die Zähne. Ich habe noch nie richtig geküsst. Der einzige Kontakt, den ich in dieser Hinsicht bisher mit einem Jungen hatte, ist vor gut anderthalb Jahren auf einer Schulfete gewesen. Damals hatten alle meine Klassenkameraden Knutschfreunde. Ich habe dem in nichts nachstehen wollen und mich bis zu den Brustwarzen von Richie aus der b abschlecken lassen. Danach habe ich mich so vor mir selbst geekelt, dass ich diesem Erlebnis nur begrenzten Einzug in mein Langzeitgedächtnis gewährt habe. Die Technik des Zungenkusses gehörte nicht dazu.

Ich stecke die Zahnbürste auf ihre Ladestation zurück, stopfe meine Sachen in den Wäschesack und lasse mich ins duftende Mangobad gleiten.

Mit geschlossenen Augen mache ich einige tiefe Atemzüge. Mein Körper schwebt im Wasser, und obwohl ich schrecklich aufgeregt bin, fühle ich mich wunderbar entspannt.

Plötzlich ertönt ein Poltern im Flur und die Stimme meiner Mutter ertönt. »Rebekka?«

Ach du liebe Güte, meine Schwester! Die habe ich ja vollkommen vergessen.

»Rebekka? Bist du zu Hause? – Yara?«

»Ich bin im Bad!«, rufe ich.

Im nächsten Moment wird bereits die Tür aufgerissen und Mam stürzt wie eine Furie auf mich zu. »Was machst du denn da?«

»Baden«, sage ich erschrocken. »Das siehst du doch.«

»Mitten am Tag?«

»Wieso nicht?«

Meine Mutter schüttelt den Kopf. »Wo ist deine Schwester?«, fährt sie mich an. »Hast du sie von der Schule abgeholt?«

»Deine SMS kam zu spät«, sage ich. »Natürlich bin ich gleich hin, aber Rebekka war nicht mehr da.«

Mam kneift die Augen zusammen. »Was soll das heißen? Wo ist sie denn?«

»Woher soll ich das wissen?«, erwidere ich, ein wenig sauer darüber, dass sie mir die Schuld für Rebekkas Verschwinden aufdrücken will. »Ich hab doch keine Ahnung, was du mit ihr verabredet hast.«

»Ich wollte mich mit ihr in der Stadt treffen«, sagt meine

Mutter. »Sie braucht dringend neue Sportschuhe. Vorher war ich noch bei Brigitte ...«
»Ihr habt euch verquatscht ...«
»Natürlich nicht«, widerspricht sie empört. »Brigitte hat doch diese Angstzustände. Ich habe die Ausleitungstechnik bei ihr angewendet, die Bhajiu-Ra uns im letzten Seminar gezeigt hat.«
Ich verdrehe die Augen, achte allerdings darauf, dass Mam es nicht merkt.
»Das hat ein wenig länger gedauert«, fährt sie fort. »Aber der Brigitte ging es hinterher zum Glück wieder richtig gut.«
»Wie schön«, sage ich. »Und was war dann mit Rebekka?«
»Die habe ich nicht erreicht.« Meine Mutter stöhnt. »Wahrscheinlich war ihr Akku wieder mal leer. Na ja, und da habe ich eben dir diese Nachricht geschickt.« Sie sieht mich an und in ihrem Blick breitet sich Verzweiflung aus. »Was machen wir jetzt bloß?«
»Gar nichts«, sage ich.
»Gar nichts?« Mam schaut ein wenig irritiert auf mich herab. »Aber ...«
»Rebekka ist natürlich wie verabredet in die Stadt gefahren«, sage ich. »Irgendwann hat sie gemerkt, dass du nicht zum Treffpunkt kommst. Sie hat sich in die Straßenbahn gesetzt und wird wahrscheinlich in den nächsten Minuten hier ankommen.«
Ich habe den Satz kaum ausgesprochen, da ertönt das Schlagen der Haustür.
»Mama?«, höre ich meine Schwester rufen. »Mama, bist

du da? ... Hallo? Warum bist du nicht in die Stadt gekommen?«
Meine Mutter starrt mich an. »Das ist unglaublich!«, stößt sie hervor. »Du hast es gewusst.«
»Ich habe es nicht gewusst, sondern bin einfach mit Logik an die Sache rangegangen«, widerspreche ich und tippe mir gegen die Schläfe.
»Ja, aber der Zeitpunkt ... Rebekka ist auf die Sekunde genau hier eingetroffen.«
»Zufall«, winke ich ab.
»Das denkst du nur«, sagt Mam. »Und zwar, weil es für dich ganz normal ist, solche Dinge zu wissen.« Sie tippt sich ebenfalls an die Schläfe. »Mit oder ohne Logik. Das wirst du schon noch merken. Du musst einfach bloß mehr darauf achten.«
Seufzend lasse ich mich unter Wasser gleiten. Ich habe keine Lust, auf *solche Dinge* zu achten. Im Gegenteil: Ich will nicht das Geringste darüber wissen.
Als ich wieder auftauche, ist meine Mutter verschwunden und die Badezimmertür geschlossen. Ich shampooniere mir die Haare ein und lasse danach noch eine Glanzkur einwirken. Eine halbe Stunde später bin ich eingecremt, geföht und geschminkt. In Hemdchen, BH und Panty schlüpfe ich in den Flur und steuere auf mein Zimmer zu, da spricht Mam mich von der Wohnzimmertür her an.
»Warte doch mal.«
»Gleich. Ich will mich erst anziehen«, sage ich und laufe weiter, da spüre ich ihre warme Hand auf meiner Schulter.
»Ich hab dir was mitgebracht.«

»Was? Von Brigitte?«, frage ich verwundert.

»Nein, ich habe es heute früh schon besorgt.« Sie zieht eine längliche flache Schachtel hinter ihrem Rücken hervor und hält sie mir lächelnd entgegen. »Für dich, mein Engel.«

»Was ist das?«

»Mach es doch einfach auf.«

Mams Augen funkeln erwartungsvoll.

»Aber wieso?«, frage ich. »Ich habe weder Geburtstag noch ...«

»Genau!«, ruft Rebekka und zwängt sich an meiner Mutter vorbei auf den Flur. »Mir hast du gar nichts mitgebracht«, sagt sie vorwurfsvoll. »Nicht mal an unsere Verabredung hast du gedacht. Dabei brauche ich die Sportschuhe super dringend.«

»Du bekommst sie ja auch«, erwidert meine Mutter sanft. »Morgen.«

»Und was ist mit Opa?«, ruft meine Schwester. »Den will ich auch endlich mal besuchen.«

Mams Gesicht versteinert sich schlagartig. »Opa geht's nicht gut«, presst sie hervor. »Den können wir im Moment nicht besuchen.«

»Wann dann?«, drängelt Rebekka.

»In ein paar Tagen ... Vielleicht.«

»Und wenn er stirbt?«

»*Ich* werde ihn besuchen«, höre ich mich sagen, weil ich nicht will, dass diese merkwürdige Stille entsteht, wie immer, wenn auf eine so existenzielle Frage nicht gleich eine Antwort gefunden werden kann. »Und ich werde ihn fragen, ob er dich sehen will.«

»Siehst du«, sagt Rebekka und stapft davon.
Meine Mutter schließt kurz die Augen und seufzt. »Das nächste Mal nehme ich sie mit zum Darshan«, sagt sie leise. »Vielleicht findet sie dadurch ein bisschen Ruhe.«
Rebekka ist doch noch ein Kind, will ich sagen. Wie soll sie die Dinge, die um Bhajiu-Ra passieren, einordnen, wenn ich es nicht einmal richtig kann? Doch ich verkneife es mir, weil ich weiß, dass es sinnlos ist, mit Mam über diese Dinge zu streiten. Außerdem hat Paps da schließlich auch noch ein Wörtchen mitzureden. Mir traut er ein eigenes Urteilsvermögen vielleicht zu, Rebekka ganz sicher nicht. Und deshalb wird er sein Veto einlegen, darauf kann ich mich ganz sicher verlassen.
»Willst du die Schachtel nicht endlich aufmachen?«
»Was?«, frage ich irritiert, da erst merke ich, dass ich das Überraschungsgeschenk meiner Mutter in der Hand halte. Widerstrebend öffne ich das Schleifenband und hebe den Deckel an. Auf einem fliederfarbenen Samtgrund liegt eine zarte silberfarbene Kette mit neun unterschiedlich großen Sternenanhängern, in die funkelnde violette Steine eingearbeitet sind.
»Mam!«, rufe ich.
Die Kette ist ein Traum, trotzdem wehrt sich alles in mir, sie anzunehmen.
»Amethyst«, sagt meine Mutter lächelnd. »Der äußere Ausdruck deines allmählich sichtbar werdenden inneren Reichtums.« Sie nimmt die Kette aus der Schachtel und legt sie mir um den Hals. Dann dreht sie mich zu sich herum, umfasst meine Schultern und sieht mich eindringlich an. »Hör

zu, Yara«, sagt sie sehr leise und beschwörend. »Ich weiß, dass dein Körper nach sexuellen Erfahrungen verlangt. Dagegen ist auch nichts einzuwenden ...«

»Mam ...!«

Das Thema ist mir schrecklich unangenehm. Ich habe keine Lust, ausgerechnet mit meiner Mutter darüber zu reden. Mir ist ja nicht mal richtig klar, wie ich selber dazu stehe. Von *Verlangen* nach sexuellen Erfahrungen, wie sie das ausdrückt, kann jedenfalls keine Rede sein. Ich freu mich auf das Treffen mit Jasper, das ist alles im Moment. Ich habe kein Verlangen. Ich bin ... vielleicht ... ein bisschen verliebt. Keine Ahnung. Es ist schließlich das erste Mal, dass ich so etwas erlebe.

Doch meine Mutter kennt kein Erbarmen.

»Das Einzige, worauf du achten solltest, ist, dass du dich nicht verlierst. Yara, verstehst du. Du bist außerordentlich zart und schön, eine Engelsgestalt. Die jungen Männer finden Mädchen wie dich sehr anziehend. Wenn du nicht Acht gibst und dich emotional an sie bindest, werden sie deine Schönheit missbrauchen, dein aufflammendes Licht ersticken und dich womöglich um Jahrtausende zurückwerfen.«

Als ich eine gute Stunde später zur Tür hinausschlüpfe, fühle ich mich noch immer wie eingestampft. Mams Worte liegen wie Bleibrocken auf meiner Seele. Es ist, als ob ich Schuld auf mich geladen hätte, ohne überhaupt etwas getan zu haben.

Ich soll mich in Acht nehmen, emotional nicht binden. Verdammt nochmal, was bedeutet denn das? Etwa, dass ich mich nicht mehr freuen darf? Auf andere Menschen, auf Jasper ... ?
Wenn es so sein sollte, dann ist es ihr gelungen, mir diese Freude zu verderben. Stattdessen habe ich ein schlechtes Gewissen, weil ich mich trotz dieser Standpauke mit ihm treffe.
Ich muss einfach.
Ich kann ihm nicht absagen.
Irgendwas in mir zieht mich geradezu magnetisch zu ihm hin. Etwas, das ich nicht fassen kann, das sich aber wichtig anfühlt. Wesentlich sogar.
Und so laufe ich in Richtung Bushaltestelle und versuche das dumme, schwere Gefühl abzustreifen. Bisher hat es mich doch auch nicht so wahnsinnig gekümmert, was Mam mir für Ratschläge mit auf den Weg gegeben hat. Ich habe immer sehr wohl gewusst, was richtig oder falsch für mich ist. Jetzt kommt es mir plötzlich so vor, als ob mir diese Fähigkeit abhanden gekommen wäre.
Ich laufe und laufe und höre mich keuchen, und verrückterweise bekomme ich dadurch wieder Bodenhaftung. Ich bin noch da, die Erde trägt mich, alles ist gut.
Ich lehne mich gegen die Wand des Wartehäuschens und verschnaufe. Zwei Minuten später kommt der Bus, und eine gute halbe Stunde später, pünktlich um halb sieben stehe ich vor der Pizzeria in der Schmiedegasse.
»Tut mir leid, dass ich mich verspätet habe«, sagt eine bekannte Stimme hinter mir. Ich wirbele herum und da steht

er: Jasper. Ein bisschen fremd, ein bisschen vertraut. Einen Kopf größer als ich, in Jeans und schwarzem Misfits-T-Shirt. Seine Augen lächeln und seine Zähne auch. »Eigentlich habe ich den Ehrgeiz, meine Verabredungen nicht warten zu lassen.«

»Oh«, sage ich. »Macht doch nichts.«

Verabredungen ... so, so!

»Jetzt denkst du bestimmt, ich hätte dauernd irgendwelche Dates«, sagt Jasper und verdreht die Augen. »Ich sollte besser darauf achten, was ich sage ... Aber ich bin wohl etwas aufgeregt.« Er zuckt mit den Schultern. »Das nur zu meiner Verteidigung.«

Ich merke, dass ich rot werde, und wende mich schnell der Tür zu.

»Sollen wir ...«

»... uns draußen hinsetzen?« Jasper deutet auf eine umrankte Toreinfahrt. »Dort gibt es auch noch so eine Art Biergarten.«

»Klar«, sage ich zögernd, denn eigentlich habe ich Hunger.

»Er gehört zur Pizzeria«, sagt Jasper.

Ich lächle. »Ach so.«

Seine Hand berührt flüchtig meinen Rücken. Ich zucke zusammen.

»Alles in Ordnung mit dir?«

»Ja, ja«, sage ich. Ich bin wohl auch etwas aufgeregt.

Wir gehen nebeneinander her den Torweg entlang, an dessen Ende sich ein außerordentlich romantischer Biergarten auftut. Unter einer riesigen Linde stehen Holztische und

Eisenstühle, die durch dreiarmige Straßenlaternen und berankte Gitter oder große Blumenkübel voneinander getrennt sind. Wir haben Glück und finden einen freien Tisch in einer Nische zwischen zwei üppig bewachsenen Schnörkelwänden.

»Das ist ja wie ...«

»... bei Dornröschen«, sagt Jasper. Er zieht einen der Stühle hervor, damit ich mich hinsetzen kann. »Nur mit dem Unterschied, dass du leider nicht schläfst.«

»Wieso leider?«

»Weil ich dich dann nicht wachküssen könnte.«

Verschämt senke ich den Kopf.

»Entschuldige bitte, ich bin ein Idiot«, sagt Jasper. Er hat sich ebenfalls gesetzt. Seine Fingerspitzen berühren meinen Oberarm. »Es tut mir leid. Es ist mir einfach so herausgerutscht. Du wirst es mir bestimmt nicht glauben, aber normalerweise passiert mir so etwas nie.«

Ich sehe ihn an.

»Ich würde dir jetzt wirklich gerne hoch und heilig versprechen, dass ich dich niemals küssen werde«, fährt er stockend fort, »aber seit Manus Party, seitdem du aus meinem Blickfeld warst, seitdem ich dachte, ich würde dich nie wiedersehen, und seitdem ich weiß, dass ich dich doch wiedersehe, denke ich an nichts anderes mehr.« Er fährt sich durch die Haare. »Vergiss es, ich rede nur Blödsinn.«

Zum Glück kommt ein Kellner. Er zündet das Windlicht auf unserem Tisch an, reicht uns die Speisekarten und fragt, was wir trinken wollen.

»Möchtest du Wein?«, fragt Jasper.

Ich schüttele den Kopf. »Lieber eine Cola.«

»Gut, dann nehme ich auch eine.«

Der Kellner bedankt sich und wir schlagen die Karten auf. Eine Weile blättern wir schweigend darin herum, dann sagt Jasper: »Es tut mir wirklich leid. Wenn ich es jetzt vermasselt habe, bin ich selber schuld.«

»Am besten sagst du gar nichts mehr«, erwidere ich grinsend. »Bald kann ich ja schon gar nicht mehr anders, als zu glauben, dass das, was du da veranstaltest, bloß eine Masche ist.«

Jasper sieht mich ernst an.

Okay, denke ich, war wohl nicht so gut. Ein blöder, unpassender Scherz, der natürlich nicht bei ihm angekommen ist.

»Ich nehme eine Quattro Formaggio«, meint Jasper schließlich, und danach gibt er tatsächlich keinen einzigen Ton mehr von sich. Wortlos verzehren wir unsere Pizzen, eine Zabaione zum Nachtisch und zu guter Letzt noch einen Latte Macchiato. Hin und wieder sieht Jasper zu mir hin, während ich die meiste Zeit über in die Flamme des Windlichts auf unserem Tisch starre und mir das Hirn zermartere, wie ich meinen dummen Patzer wieder ausbügeln kann. Doch leider bin ich in seiner Gegenwart völlig unfähig zu denken. Mein Kopf fühlt sich an wie ein dicker alter Puddingklumpen.

Um kurz vor halb zehn bestellt Jasper die Rechnung. Nachdem er bezahlt hat, steht er auf und lächelt mich an.

Ich erhebe mich ebenfalls und folge ihm durch den Torweg auf die Straße hinaus. Mein Herz klopft wie verrückt.

Keine Ahnung, was jetzt passiert. Ich kann überhaupt nicht

einschätzen, ob ich Jasper mit meiner Bemerkung beleidigt oder sogar verletzt habe. Vielleicht nickt er mir gleich noch einmal zu und verschwindet dann für immer aus meinem Leben.
Vielleicht sagt er aber doch noch etwas zum Abschied und ich habe eine Chance, ihm zu sagen, dass ich es nicht böse, sondern eher ironisch gemeint habe.
Zögernd trete ich auf den Bürgersteig. Jasper bleibt stehen. Wir sehen uns an. Er zuckt mit den Schultern und ich registriere seine Hände, die seltsam hilflos neben seinen Oberschenkeln baumeln. Mit einem Mal fühlt sich mein Hals wie zugeschnürt an. Selbst wenn ich versuchen würde, etwas zu sagen, es käme wahrscheinlich nur unverständliches Gekrächze dabei heraus.
Also beschränke ich mich auf ein missglücktes Lächeln. Dann wende ich mich ab und setze mich in Richtung U-Bahn in Bewegung.
Meine Augen brennen. Um nicht loszuheulen, gehe ich schneller, immer schneller.
Hinter mir ertönen Schritte auf dem Gehwegpflaster. Schnelle Schritte. Und dann ist Jasper plötzlich neben mir.
Seine Hand schiebt sich in meine.
Zusammen laufen wir weiter.
Schulter an Schulter sitzen wir in der U-Bahn und anschließend im Bus.
»Hier wohnst du also«, sagt er leise, nachdem wir ausgestiegen sind und der Bus weitergefahren ist.
Ich schlucke. »Danke, dass du mich nach Hause gebracht hast«, sage ich ebenso leise.

»Das würde ich gerne wieder und wieder und wieder mal tun«, sagt Jasper. Seine Hand ruht in meiner, mit der anderen streicht er mir eine Strähne aus dem Gesicht. »Du bist so unwirklich«, flüstert er. »Ich kann gar nicht fassen, dass du da bist. Und dass ich hier bei dir bin.«

Ich kann kaum noch atmen, so sehr sehne ich mich danach, dass er mich endlich in den Arm nimmt. Das Blut rauscht in meinen Ohren. Ich habe das Gefühl, nichts existiert mehr außer uns beiden.

»Jasper ...«, höre ich mich krächzen, dann spüre ich seine Lippen.

Vor Schreck schließe ich die Augen und stehe da wie erstarrt. Jaspers Lippen liegen einfach auf meinen, sanft und fest zugleich. Erst als ich nach ihm taste, ihn zu schmecken versuche, legt er seine Arme um mich und küsst mich wieder. Er küsst meinen Mund, meine Augen, meine Ohren, meinen Hals, meine Haare, meine Schultern und wieder meinen Mund. Ewig und ewig und ewig.

Und noch bevor er sich von mir löst und mit dem nächsten Bus in die Stadt zurück verschwindet, weiß ich, dass ich rettungslos verliebt in ihn bin und nie wieder ohne ihn sein will.

7

»Für dich«, sagt Mam, als ich am nächsten Tag von der Schule zur Haustür reinkomme. »Er hat schon dreimal vergeblich angerufen.«
»Wer?«
»Dein Lehrer.«
»Welcher?«
Meine Mutter reicht mir lächelnd den Hörer. »Bhajiu-Ra natürlich.«
»Was?«
Ich starre das Funkteil an, als ob es jeden Augenblick explodieren könnte.
»Nun nimm«, sagt Mam. »Er wird dir schon nicht den Kopf abreißen.«
Warum sollte er auch?, denke ich und kriege prompt ein schlechtes Gewissen.
Zögernd greife ich nach dem Hörer und führe ihn an mein Ohr. »Ja ...?«
»Du bist ein bisschen spät dran«, sagt Bhajiu-Ra. »Aber offenbar hast du mich gehört, sonst wärst du womöglich noch länger mit diesem jungen Mann zusammengeblieben.«
Was? Entsetzt sehe ich meine Mutter an. Muss sie denn gleich alles ausplaudern?
»Thalé hat mir natürlich nichts erzählt«, sagt Bhajiu-Ra am anderen Ende der Leitung. Er lacht leise. »Das ist ja auch gar nicht nötig.«

Ich schlucke. Was will er mir damit andeuten? Etwa, dass er alles verfolgt, was ich tue, und ich somit ununterbrochen unter seiner Beobachtung stehe?

»Ich möchte dich gerne sehen«, sagt er. »Heute Abend.«

»Aber ...?«

»Oder hast du schon etwas Besseres vor?«

»Äh ... Nein, natürlich nicht.«

»Vielleicht kann deine Mutter dich fahren«, sagt Bhajiu-Ra. »Sonst kommst du halt mit dem Zug.«

»Ja«, sage ich wie ein Automat. »Wann?«

»Du brauchst kein Abendbrot. Zu essen bekommst du heute von mir.«

Es klackt in der Leitung und die Verbindung ist unterbrochen. Irritiert starre ich das Funkding an. Nicht einmal verabschiedet hat er sich.

»Bhajiu-Ra beschränkt sich auf das Wesentliche«, sagt Mam, als ob auch sie meine Gedanken lesen könnte. »Das liegt in der Natur der Sache.« Plötzlich lacht sie, schlingt die Arme um meinen Hals und drückt mich an sich. »Ach, Engelchen, ich freu mich ja so für dich!«

Ich werde fast erdrückt von ihrem Gewicht.

»Ich fahr da nicht hin«, murmele ich. Und ich will auch nichts mehr von ihrem Gelaber hören, das macht mich völlig konfus.

»Ach, Engelchen. Du bist wirklich niedlich«, sagt meine Mutter. Sie löst sich von mir und schaut mir direkt in die Augen. »Ich kann verstehen, dass du aufgeregt bist, vielleicht sogar Angst hast. Du bist noch so jung, du kannst gar nicht wissen, welche Aufgaben da jetzt auf dich zukommen. Aber du kannst mir glauben: Du wirst alles meistern. Du musst dich einfach nur auf deinen Lehrer und Meister einlassen. Er ist der Einzige, dem du wirklich blind vertrauen kannst. Er würde dir nie etwas zumuten, was du nicht tragen kannst. Andererseits ist er allerdings auch ungeduldig. Die Zeit drängt. Viel zu viele Menschen leben noch im Dunkeln, gefangen in der Materie und ihren irdischen Bedürfnissen. Es ist so wichtig, dass du dein Licht ausbreitest und alle erhellst, die du damit auch nur irgendwie erreichen kannst.«

»Mam«, sage ich. »Mam.«

Ich sehe den Ausdruck in ihren Augen. Dieses echte, ungetrübte Glück.

»K-Kannst du das auch alles sehen?«, stottere ich.

»Nicht so gut wie du«, erwidert sie. »Ich muss noch sehr viel lernen. Aber das werde ich tun. Das nächste Seminar startet am nächsten Wochenende.«

»Aber Mam!«, rufe ich. »Ich sehe gar nichts!«

»Das ist nicht wahr. Du bist dir dessen nur noch nicht bewusst«, sagt sie und streicht mir, ähnlich sanft wie Jasper es gestern getan hat, eine Strähne aus dem Gesicht. »Das sind die Blockaden, mit denen du deine erdgebundenen Wünsche zu schützen versuchst und die Angst, dich vollständig in allem, was du bist, zu zeigen. Aber diese Angst wird Bhajiu-Ra dir nehmen.«

※

Die äußerst kniffligen Mathehausaufgaben helfen mir leider auch nicht dabei, Bhajiu-Ras Anruf und die anschließenden

Ergüsse meiner Mutter in den Hintergrund zu drängen. Francine bin ich heute in der Schule so oft wie nur irgend möglich aus dem Weg gegangen, weil sie mittlerweile überhaupt kein anderes Thema mehr drauf hat, als immer nur dieses Esogedöns.

Eigentlich müsste ich Bhajiu-Ras Anruf ignorieren und dürfte gar nicht erst zu ihm fahren. Aber ich weiß, dass Mam keine Ruhe geben wird. Sie wird wahnsinnig enttäuscht sein, wenn ich es nicht tue. Bestimmt würde sie mir vorwerfen, dass ich mich verweigere, dass ich meine Kraft vergeude und mein Lebensziel aus den Augen verliere. Und vielleicht hätte sie sogar recht damit. Das Problem ist, dass ich einfach keine Ahnung von all diesen Dingen habe. Genau genommen sind sie mir unheimlich. Und wenn Mam behauptet, dass ich besondere Fähigkeiten habe, die ich selber gar nicht wahrnehme, dann macht mir das Angst, weil ich dadurch das Gefühl bekomme, dass etwas Fremdes, Unberechenbares in mir ist. Womöglich bricht es eines Tages völlig unkontrolliert aus mir hervor. Und dann? – Dann habe ich außer ihr und Bhajiu-Ra niemanden, an den ich mich wenden kann. Diese Vorstellung lähmt mich. Sie macht, dass ich nicht wirklich nein sagen kann. Ich weiß einfach nicht mehr, was richtig ist und was nicht. Auch ohne diesen ganzen Spirikram finde es schon schwierig genug, mich selbst zu verstehen. Besonders jetzt, wo es Jasper gibt. Er ist zwei Jahre älter als ich. Erwachsen. Er ist klüger und erfahrener. Bereits jetzt, nachdem ich ihn nur einen knappen Tag lang nicht gesehen habe, kommt mir unser gestriges Treffen so irreal vor, als ob ich es nur geträumt hätte.

Ich versuche gerade für die Aufgabe Nummer zwei einen Funktionsgraphen zu zeichnen, da meldet mein Handy eine eingehende SMS.
Ich schaue aufs Display und erkenne Jaspers Nummer.
Mein Herz macht einen Satz.

sehen wir uns heute?

tut mir leid, schreibe ich zurück.
aber heute kann ich nicht.

du vermisst mich also nicht?

doch!!!!!

und wie?

doll! antworte ich und sende gleich noch ein absolut!!! hinterher.
Jasper schickt mir ein ☺
Und was ist mit dir?, denke ich. Freust du dich oder machst du dich nur über mich lustig? Verdammt, diese Spielchen machen mich unsicher. Oder bin ich einfach zu unerfahren und naiv, um zu begreifen, was er von mir will? Verdammt, ich wusste doch, dass es nicht richtig passt!

yara?

ja?

soll ich dir ein geheimnis verraten?

ja ...?, frage ich und habe plötzlich schreckliches Herzklopfen.

ich bin so sehr verliebt in dich, dass ich dich spätestens morgen wiedersehen muss.

O Mann, ich glaube es nicht! Was bin ich bloß für ein Torfkopf? Jasper ist tatsächlich genauso sehr verliebt in mich, wie ich in ihn. Dieser verrückte Kerl!

yara, hallo??? bitte melde dich!
sehe ich dich morgen?
(((j)))

Ich starre auf das Display und plötzlich schiebt sich Mams Gesicht darüber. Vor Schreck fällt mir das Handy aus der Hand. Ausgeschlossen, denke ich. Das kann nicht sie, das muss eine Halluzination gewesen sein. Mit zittrigen Fingern nehme ich das Mobilteil wieder auf. Meine Mutter ist verschwunden, Jaspers Nachricht aber auch. Und plötzlich habe ich einen seltsamen Gedanken. Vielleicht ist Jasper so eine Art Versuchung. Jemand, der mich davon abhalten soll, meiner wahren Bestimmung zu folgen. Es gibt so viele Dinge zwischen Himmel und Erde, die wir nicht sehen, geschweige denn verstehen können. Das meiste, von dem, was wir heute wissen, haben wir erst entdeckt, nachdem wir entsprechende Geräte entwickelt haben. Und es ist vermutlich nur ein Bruchteil von dem, was tatsächlich existiert. Theoretisch können wir uns mittlerweile eine Menge erklären, die Entwicklung des Universums sogar bis zu einem unter den Astronomen nach wie vor umstrittenen Urknall zurückrechnen, aber wir haben noch immer keine Vorstellung davon, welche Zustände davor herrschten. Wie ich aus dem Physikunterricht weiß, nennt die Wissenschaft diesen Zustand Singularität. Das ist eine Ebene, auf der man die bekannten physikalischen Gesetze nicht anwenden kann. Warum soll man diese Ebene nicht als Gott bezeichnen? Mich zumindest beruhigt die Vorstellung, dass unser Planetensystem, unsere Erde, Pflanzen, Tiere und vor allem wir Menschen nicht zufällig entstanden sind, sondern eine Sinnhaftigkeit darin verborgen liegt.

yara, bitte melde dich!

Vielleicht gibt es wirklich Menschen, die eine so enge Verbindung mit dem Wissen um den Ursprung aller Dinge haben, dass sie den Sinn dahinter erkennen. Und wenn das so ist, was spricht dann dagegen, dass Bhajiu-Ra ein solcher Mensch ist? Warum erwarten wir, dass solche Menschen ein schönes oder gar perfektes Äußeres haben?
Vielleicht ist das ja auch wieder nur eine Prüfung. Ja, ist es nicht sogar irgendwie logisch, dass in einer Zeit, in der wir nach immer schöneren materiellen Dingen lechzen, die Wahrhaftigkeit menschlichen Lebens in Gestalt eines äußerlich ganz und gar unperfekt erscheinenden Wesens erscheint?

Liegt nicht vielleicht genau darin die Erkenntnis?

yara, muss ich mir sorgen machen?

Ich bin vollkommen benebelt von diesen Gedankengängen. Noch nie habe ich es geschafft, einen solchen Bogen von der Physik ins Philosophische zu schlagen. Und ausgelöst wurde das Ganze durch das Bild meiner Mutter auf dem Handydisplay. Als Warnung meines Unterbewusstseins ... Oder sollte ich es lieber Überbewusstsein nennen, das sich bereits mit diesem kosmischen Urwissen verbunden und es einfach angezapft hat?

Ein Schauer jagt mir über den Rücken. Die Vorstellung, dass ich sozusagen aus mir selbst heraus unbemerkt Kontakt zu einer Art universellen Wissen aufgenommen haben könnte, finde ich fast schon ein bisschen gruselig. Wer weiß, was da alles in mich einströmt. Vielleicht sind sogar Energien oder Schwingungen dabei, die alles andere als gut für mich oder diejenigen sind, die mich umgeben.

Von Leuten, die in die Zukunft schauen und irgendwelche schrecklichen Ereignisse voraussehen können, hat man ja schon oft genug gehört. Und auch die haben diese Fähigkeiten oftmals nicht wirklich unter Kontrolle, sondern fallen in Trance oder werden einfach aus heiterem Himmel von irgendwelchen Bildern überrannt.

Bei der Vorstellung, dass mir das ebenfalls passieren könnte, steigt Panik in mir auf. Ich springe vom Bett und beginne im Zimmer auf und ab zu wandern. Ich bin einfach nicht der Typ für so was. Ich könnte nicht mal Cannabis rauchen, weil ich zu viel Schiss hätte, die Kontrolle über mich zu verlieren.

Vielleicht ist es ja ein Segen, dass ich Bhajiu-Ra getroffen habe. Und vielleicht hat Mam wirklich recht mit all dem, was sie sagt. Wenn sie auch schon diesen Blick für die Gesamtzusammenhänge hat, wenn sie weiß, was gerade mit mir passiert, kann sie mich schützen. Dann dürfte ich nicht gegen sie kämpfen, sondern müsste ihr vertrauen.

Plötzlich dudelt mein Handy los. Erschrocken wirbele ich herum. Jemand versucht mich anzurufen.

Ich gehe aufs Bett zu und ergreife das Handy.

Es ist Jasper ... Natürlich!

»Warum meldest du dich nicht?«, fragt er sofort, nachdem ich die Verbindungstaste gedrückt habe.

»Entschuldigung«, murmele ich.

»Hast du geschlafen?«

»Nein, nein ...«

»Was ist denn los, Yara?

»Nichts«, sage ich. »Es ist alles in Ordnung.«

Jasper schweigt. Mein Herz klopft und ich weiß nicht mal so recht, warum. Weil ich seine Stimme höre? Weil ich mich freue, dass er so besorgt um mich ist? Oder weil ich Angst habe, auf die *Versuchung* hereinzufallen?

»Dann sehen wir uns also morgen?«

»Wahrscheinlich«, sage ich zögernd.

»Oder hast du da auch schon was vor?«, will er wissen.

»Nicht direkt«, drucke ich. »Ich muss nur etwas klären.«

»Aha«, sagt Jasper. »Nicht dass ich neugierig bin, aber würdest du mir vielleicht erzählen, um was es sich handelt?«

»Nein«, sage ich, woraufhin Jasper ein undefinierbares Schnaufen von sich gibt. »Also, es ist nichts, worüber ich im Augenblick sprechen kann«, füge ich hastig hinzu. »Und es hat nichts mit dir zu tun. Jedenfalls nicht direkt.«
»Na, du machst es ja spannend.«
»Jasper, es tut mir leid, aber ...«
»Schon gut, Yara«, sagt er leise. »Ich wollte dich nicht bedrängen. Vielleicht geht dir das alles viel zu schnell. Es war ein Fehler von mir zu denken, dass du ...« Er bricht ab.
»Dass ich was?«
»Nichts«, sagt er. »Schick mir eine SMS, sobald du weißt, ob und wann du mich sehen willst. Bis bald, Yara. Ich freu mich auf dich.«
»Bis bald«, sage ich, aber da ist Jasper schon gar nicht mehr da. »Ich will dich ja sehen«, murmele ich.
Ich weiß nur überhaupt nicht mehr, ob es gut für mich ist.
Eine beklemmende Traurigkeit überkommt mich, und mit einem Mal kann ich es kaum noch abwarten, Bhajiu-Ra zu treffen. Er wird, er muss mir Antworten auf meine vielen Fragen geben.

Um kurz vor halb sechs fahren wir los. Paps hat noch mitbekommen, wie wir uns zurechtgemacht haben. Natürlich wollte er wissen, wohin die Reise geht, doch meine Mutter hat nur mit den Schultern gezuckt.
»Du ziehst doch jetzt nicht etwa auch noch die Kinder da mit rein«, hat er gefragt.

»Ich gehe meinen Weg«, hat Mam ganz kühl geantwortet. »Mehr brauchst du nicht zu wissen.«
»Und wo ist Rebekka?«, hat Paps erwidert, woraufhin meine Mutter wieder nur ihr berühmtes Lächeln gelächelt hat. »In ihrem Zimmer. Wo sonst? Vielleicht kannst du ihr bei den Hausaufgaben helfen.«
»Und wann kommt ihr zurück?«
»Das wirst du schon sehen«, sind ihre letzten Worte gewesen, kurz darauf waren wir im Wagen.
»Du solltest ihm besser nichts davon erzählen«, sagt sie, als wir aus der Stadt raus sind. Mam legt eine CD mit Bajans ein, die die Inder zu Ehren Babajis gesungen haben, und lehnt sich entspannt zurück.
»Warum nicht?«, frage ich, obwohl ich die Antwort bereits kenne.
»Yara!« Sie lacht. »Er wird es nicht verstehen. Er wird versuchen, dir einzureden, dass es so etwas nicht gibt.«
»Mach dir keine Gedanken«, sage ich. »Ich hätte ohnehin keine Lust, mich deswegen mit Paps herumzustreiten.«
»Kluges Mädchen.« Meine Mutter nickt und lächelt. »Aber wen wundert's? Deine innere Führung wird immer klarer und ausgeprägter.«
Meine innere Führung ... Was soll das sein? Meine innere Stimme? Intuitiv zu wissen, was richtig oder falsch für mich ist?
»Ich finde es nicht okay, dass Bhajiu-Ra dich nicht mit eingeladen hat und die ganze Zeit vor der Tür warten lässt«, sage ich. »Du weißt ja nicht mal, wie lange es dauert.«
Meine Mutter lacht. »Das Essen, mein Engel, ist natürlich

kein gewöhnliches Essen. Dieser Abend ist speziell auf dich ausgerichtet. Und ich werde auch nicht vor der Tür stehen und auf dich warten, sondern Kalié-Ra besuchen. Sie und ich haben gemeinsame Pläne.«

»Aha«, sage ich. »Hat das etwas mit deiner Wohnungssuche zu tun?«

»Ja, mein Engel, das hat es«, bestätigt Mam. »Ich habe beschlossen, meine berufliche Tätigkeit zumindest teilweise in eine andere Stadt zu verlegen.«

Die Frage, ob sie vorhat, täglich fünfzig Kilometer zu pendeln oder plant, ihren Wohnort gleich mitzuverlegen, spare ich mir. Im Grunde kann ich mir die Antwort denken.

»Und woher weißt du, wann ich fertig bin? Soll ich dich anrufen ... oder ...?«

»Dein Lehrer gibt mir Bescheid«, sagt Mam.

»Via Gedankenübertragung?«

Sie lacht. »Nein, so weit bin ich noch nicht.«

Den Rest der Fahrt verbringen wir schweigend. Als wir die Autobahn verlassen und meine Mutter in die Ringstraße einbiegt, die auf die Villensiedlung zuführt, fange ich an nervös zu werden. Die Vorstellung, dass ich zwei oder mehr Stunden mit Bhajiu-Ra allein verbringen soll, löst eine fast schmerzhafte Beklemmung in mir aus, und als Mam den Wagen schließlich vor dem Eisentor der Jugendstilvilla stoppt, kann ich kaum noch atmen.

»Gibst du mir bitte dein Handy?«, sagt sie und öffnet ihre Hand.

»Wieso?«

»Wegen der Strahlen«, erwidert Mam. »Sie belasten deine

Aura. Außerdem ist es wichtig, dass du heute keine Verbindung mehr zur Außenwelt hast.«
»Hat Bhajiu-Ra das gesagt?«
Meine Mutter nickt. »Du bekommst es nachher zurück«, sagt sie und klopft mir gegen den Oberarm. »Es ist gleich sechs. Du solltest auf keinen Fall unpünktlich sein. Das mag er gar nicht.«
Okay, okay. Ich atme tief durch.
»Bis nachher«, sage ich dann und öffne die Beifahrertür.
Mam beugt sich zu mir rüber, küsst mich auf die Wange und umarmt mich flüchtig. »Ich bin so stolz und dankbar, dass ich dich gebären durfte und du mich auf meinem Weg begleitest.«
Ich will das alles nicht hören und sehe zu, dass ich aus dem Wagen komme. Meine Mutter wendet und fährt langsam davon. Und ich bleibe mutterseelenallein vor dem großen Eisentor zurück.
Ein dumpfes, steinhartes Gefühl breitet sich in meiner Magengegend aus und meine Finger zittern wie verrückt, als ich auf die Klingel drücke.
Eine Zeitlang passiert gar nichts und ich will gerade ein zweites Mal läuten, da sehe ich, dass jemand im Eingangsportal erscheint. Es ist Stella. Im nächsten Moment ertönt der Summer. Ich drücke das Tor auf und laufe über den knirschenden Kies auf sie zu.
»Hallo, meine Liebste!«, begrüßt Stella mich und küsst mich überschwänglich auf beide Wangen. »Du bist ein wenig spät dran. Hattet ihr einen Stau?«
»Nein«, sage ich. »Es tut mir leid.«

Sie lächelt und nickt. Der Blick aus ihren dunklen Augen ist eiskalt.

»Bhajiu-Ra erwartet dich oben«, sagt sie und führt mich an der Garderobe vorbei in einen schmalen Gang, der mir beim letzten Mal gar nicht aufgefallen ist.

Am Ende des Ganges bleiben wir vor einer mit dunkelrotem Samt bezogenen Schiebetür stehen. Stella drückt auf einen Knopf und die Tür gleitet zur Seite.

»In diesem Haus gibt es keine Treppen mehr, sondern nur noch den direkten Weg nach oben«, meint Stella lächelnd. Mit sanfter Bestimmtheit schiebt sie mich in den Fahrstuhl. Die Samttür schließt sich hinter uns, und der Lift setzt sich sofort in Bewegung.

»Bist du auch dabei?«, frage ich. »Bei dem Essen und so …?«

»Natürlich nicht«, antwortet Stella. »Bhajiu-Ra empfängt uns immer einzeln und holt jeden dort ab, wo er steht.« Sie streichelt mir über die Wange. »Du bist wirklich so schön, wie er gesagt hat. Er wusste schon vor einem Jahr, dass du jetzt bereit bist und kommen würdest. Wir haben alle so sehr auf dich gewartet. Denn erst jetzt, da du da bist, werden sich auch die anderen Lichtfrauen zu erkennen geben.«

Verständnislos sehe ich sie an. Doch bevor ich nachfragen kann, geht ein Ruck durch den Aufzug und die Tür öffnet sich wieder. Stella legt die Hände über der Brust zusammen, verbeugt sich tief und verharrt in dieser Haltung, bis ich den Lift verlassen habe.

Der Raum, in dem ich nun stehe, ist vollkommen rund. Die

Decke ist leicht gewölbt und in ihrer Mitte hängt ein Kristallleuchter, in dem unzählige Kerzen brennen.
Auch hier gibt es eine Buddhastatue und den Hindu-Gott Shiva, außerdem je ein Bild von Babaji und Jesus, aufgestellt in goldfarbenen Haltern. Davor Blumen und zwei riesige, brennende Kerzen.
Bhajiu-Ra, der einen tiefroten Kimono trägt, sitzt in der Mitte des Raumes auf einem Kissen. Vor ihm steht ein flacher Tisch, der mit Tellern und Schalen voller exotischer Speisen und Früchten gefüllt ist.
Zögernd gehe ich auf ihn zu.
Bhajiu-Ra sieht auf. Der Ausdruck in seinem Gesicht ist wächsern, nur seine hellgrünen Augen leuchten. Er erhebt sich von seinem Kissen und neigt sich vor mir nieder. Dann deutet er auf ein zweites Kissen, das neben seinem liegt.
Ich setze mich darauf, schlage die Beine untereinander und schaue auf den Tisch. Bhajiu-Ra redet kein Wort, also sage ich auch nichts. Er stellt sich hinter mich, so dicht, dass ich den Druck seiner Knie in meinem Rücken spüre. Dann macht er irgendwas über meinem Kopf. Das Ganze kommt mir absolut abstrus und unwirklich vor.
Nach einer Ewigkeit lässt der Druck in meinem Rücken nach und Bhajiu-Ra setzt sich neben mich. Mit den Fingern nimmt er etwas Grünes aus einer der Schalen und hält es mir vor den Mund.
Ich schüttelte irritiert den Kopf, aber er lächelt nur. Ich finde es schrecklich peinlich, aber was bleibt mir übrig? Langsam öffne ich den Mund und Bhajiu-Ra legt mir das Grüne auf die Zunge. Es schmeckt erfrischend pfefferminzig. Als ich es

heruntergeschluckt habe, wählt er etwas gelbes Fruchtiges aus und danach noch etwas Krümeliges, das so scharf ist, dass mir für ein paar Sekunden der Atem wegbleibt.

Bhajiu-Ra setzt mir seine Fingerspitzen auf die Brust und die Schärfe verschwindet allmählich. Ich sehe ihn an und tauche ein in seinen grünen Blick, bis mir schwindelig wird.

»Schließ deine Augen«, sagt er leise. »Und spüre die Energie, die über mich in dich einfließt. Lasse es zu, dass sie dich vollkommen ausfüllt. Sie wird deine Zweifel verbrennen und du wirst erkennen können, wer du wirklich bist. Ya-Ra, Bewahrerin des Lichts. Möge die Sehnsucht in dir heranwachsen, dich dieser Aufgabe zu stellen und sie voller Demut zu erfüllen.«

Er zieht die Finger weg und ich öffne die Augen wieder. Bhajiu-Ra hebt den Deckel einer Schale ab und nimmt eine Kette heraus, an der ein Christuskreuz aus Bergkristall hängt und legt sie mir um den Hals. Anschließend überreicht er mir ein Foto von Babaji in einem goldenen Rahmen.

»Dieses Bild hat eine besondere Energie, die speziell auf deinen derzeitigen Entwicklungsprozess abgestimmt ist. Hänge es übers Kopfende deines Bettes«, sagt er. »Und nun schließe noch einmal die Augen.«

Ich halte das Bild in meinen Händen und denke, dass er das unmöglich ernst meinen kann. Nie und nimmer werde ich so was über mein Bett hängen. Wenn Jasper es sieht, denkt er doch, dass ich total durchgeknallt bin.

»Ängstige dich nicht«, höre ich Bhajiu-Ra murmeln. »In den nächsten Wochen werden sich deine Widerstände noch verstärken. Das ist ein wenig unangenehm, im Grunde aber ein ganz normaler Prozess. Das Licht zu bewahren hast du dir selbst zur Aufgabe gemacht. Nur darum bist du auf diese Welt gekommen. Sei also unbesorgt, dass du letztendlich dieser Bestimmung folgen wirst. Ich stehe dir zur Seite, werde dich begleiten und immer bei dir sein.«

Eine dumpfe Beklemmung umschließt meine Brust. Am liebsten würde ich aufstehen und wegrennen. Doch ich fühle mich gefangen.

»Ich sprühe nun die Essenz der Göttlichen Mutter in deine Aura«, fährt Bhajiu-Ra fort. »Spüre, wie sie deinen Lichtkörper erfüllt und zum Strahlen bringt.«

Ein Sprühgeräusch ertönt über meinem Kopf und ein feiner feuchter Regen nieselt auf meine Stirn herab. Es duftet zart nach Jasmin. Soll das der Duft der göttlichen Mutter sein? Wer ist diese Frau überhaupt? Ist nicht Gott derjenige, der über allem steht? Wieso kann es dann eine göttliche Mutter geben? Oder ist damit vielleicht Maria gemeint? Ich habe keine Ahnung, aber ich traue mich auch nicht, danach zu fragen. Allein schon bei der Vorstellung fühle ich mich klein und entblößt, und ich hoffe inständig, dass Bhajiu-Ra in diesem Moment gerade nicht allzu tief in mich hineinschaut.

»Von nun an bist du über deine Emotionen erhaben«, sagt er, und jetzt klingt seine Stimme sehr viel eindringlicher als sonst. »Deine Liebe wird nie mehr einem Einzigen gelten, sondern allen Menschen dieser Erde. Du hast das Licht für sie bewahrt, schon bald wird der Zeitpunkt kommen, es über sie zu ergießen. Es gibt allerdings etwas, das du jetzt schon tun kannst: Nutze deine göttlichen Fähigkeiten, den

Menschen, die sich suchend an dich wenden, mit Rat zur Seite zu stehen. Denn nur du kennst den nächsten Schritt, den sie tun müssen, um ihr Seelenheil zu erlangen.«
Ich sehe ihn an. »Aber wie kann ich das wissen?«, frage ich.
Bhajiu-Ra lächelt: »Du weißt es durch Gott. Anders als allen anderen ist dir diese Fähigkeit von Geburt an in den Schoß gelegt. Höre auf dein Herz, Ya-Ra, Bewahrerin des Lichts. Om Namah Shivay.« Er fasst mir unters Kinn und hebt meinen Kopf leicht an. »Und nun lass uns unsere Lichtqualitäten miteinander vereinen.«
Ehe ich kapiere, was er damit meint, liegen seine Lippen bereits auf meinem Mund. Sein Kuss kommt total überraschend und obwohl er nicht übermäßig intim ist, erfüllt er mich mit Ekel. Trotzdem wage ich nicht, mich dagegen zu wehren und lasse es wie eine Marionette über mich ergehen.

Als ich eine Viertelstunde später neben meiner Mutter im Auto sitze und die schöne Jugendstilvilla im Außenspiegel immer kleiner werden sehe, schwöre ich mir, nie wieder hierherzukommen.
Mam scheint meine Beklemmung zu spüren. Schweigend lenkt sie den Wagen in Richtung Autobahn und fängt erst an zu reden, als wir schon fast zu Hause sind.
»Bestimmt denkst du jetzt, dass das alles nicht leicht werden wird, Engelchen ...«

»Nicht leicht?«, brause ich auf. »Mam, ich darf ja gar nichts mehr!«

Sie wirft mir einen erstaunten Blick zu. »Was meinst du damit?«

»Na ja, ich soll nur noch meine Aufgabe erfüllen«, sage ich. »Freunde, Familie, Gefühle ... All das soll nicht mehr wichtig sein.«

»Aber das ist doch Unsinn!«, ruft meine Mutter. Sie legt mir eine Hand auf den Oberschenkel und lächelt mich von der Seite an. »Natürlich wird all das auch weiterhin eine Rolle spielen. Francine ist und bleibt deine Freundin.«

»Und was ist mit Jasper?«

Mam wiegt den Kopf hin und her. »Nun ja, das wird sich zeigen. Je mehr du deine wahre Bestimmung lebst, je kraftvoller du deinen inneren Reichtum nach außen bringst, umso strahlender wirst du sein«, ist ihre Antwort.

»Was willst du damit sagen?«, fahre ich sie an. »Dass Jasper vielleicht nicht bei mir bleibt? Weil er das nicht aushält?«

Mam zuckt mit den Schultern. »Das ist eine Möglichkeit«, sagt sie.

»Und welches ist die andere? Dass *ich* die Beziehung zu ihm beende?«

Meine Mutter schweigt.

»Aber das kann ich nicht!«, rufe ich.

Mam legt ihre Hand aufs Lenkrad zurück. »Diesen Satz, Engelchen, solltest du ab sofort nicht einmal mehr denken«, sagt sie streng.

Ich presse die Lippen aufeinander. Am liebsten würde ich sie anschreien. Aber ich weiß ja, dass sie recht hat. Wenn all das stimmt, wenn ich tatsächlich eine Art auserwählte Seele bin, dann werde ich irgendwann kein normales Leben mehr führen können. Und trotzdem!

»Willst du eigentlich gar nicht wissen, was bei Bhajiu-Ra passiert ist?«, presse ich hervor.

Mams Gesicht entspannt sich und plötzlich lächelt sie wieder. »Aber Engelchen, das weiß ich doch. Bhajiu-Ra macht kein Geheimnis daraus, mit welchen Ritualen die achtzehn Lichtfrauen initiiert werden.«

»Dann weißt du also auch, dass er mich geküsst hat?«

Meine Mutter drosselt die Geschwindigkeit, lenkt den Wagen auf den Seitenstreifen und hält ihn an. Sie stellt den Motor ab, schlingt die Arme um mich herum und drückt mich zärtlich an sich.

»Ach, meine Süße«, murmelt sie in meine Halsbeuge. »Ich hab mir schon gedacht, dass dich das belasten würde. Aber glaub mir, dieser Kuss ist das Ehrenvollste, was er dir zuteil werden lassen konnte. Wir alle warten so ungeduldig darauf, dass Bhajiu-Ra seine Energien endlich mit den unseren verbindet. Und jetzt bist du die Erste, die er dazu auserwählt hat.«

An diesem Abend komme ich nicht zur Ruhe. Mein Herz rast so schnell, als ob es vor etwas wegrennen wollte. Etwas Unbekanntem, das tief in mir rumort. Etwas, das mit aller Macht aus mir raus will, aber den Ausgang nicht findet.

Ich renne im Zimmer auf und ab, mein ganzer Körper zittert

und meine Haut ist nass von kaltem Schweiß. Ich umklammere das Kreuz auf meiner Brust und zwinge mich, an Bhajiu-Ra zu denken, doch alles in mir wehrt sich dagegen.
Häng das Bild auf.
Nein!
Häng es auf!
Nein. Nein. Nein!
Ich nehme das Bild aus meiner Tasche und stelle es auf die Kopfkante meines Bettes, knapp fünfzig Zentimeter oberhalb meines Kissens, und starre es an. Babaji ist ein schöner Mann gewesen, ja. Aber er hat nicht bei uns in Europa gelebt, sondern in Indien. Er hatte nie eine Bedeutung für mich. Und jetzt ist er tot. Schon so lange tot.
Bhajiu-Ra ist hässlich. Er hat nicht die geringste Ähnlichkeit mit Babaji. Seine Lippen waren fett und feucht und dreist.
Es können keine göttlichen Lippen gewesen sein.
Niemals der Kuss eines Gottes.
Und trotzdem. Je länger ich das Bild ansehe, desto ruhiger schlägt mein Herz. Desto klarer wird alles in mir. Und desto aufgehobener fühle ich mich. Vielleicht habe ich genau danach gesucht, es nur nicht gewusst.
Ich habe mir nicht zugetraut, so viel Verantwortung zu übernehmen. Und ich traue es mir auch jetzt noch nicht zu. Das wird es sein, was mich daran hindert, zu glauben, dass ich jemand so Besonderer sein soll.
Doch wie lange darf ich noch zweifeln? Wie lange, wie stark darf ich zweifeln, ohne Schaden anzurichten? Wenn man sich seiner Verantwortung nicht stellt, ist das Verwei-

gerung. Und was passiert, wenn zum Beispiel eine Mutter sich weigert, sich um ihr Kind zu kümmern, sieht man fast wöchentlich im Fernsehen. Was aber geschieht, wenn ein Mensch, der dazu geboren ist, andere zu leiten, sich dieser Aufgabe nicht stellt? Was weiß ich, wie viele verlorene Seelen dann umherirren und ihren Weg nicht finden. – Und ich wäre schuld.

»Babaji, bitte hilf mir«, höre ich mich murmeln. »Ich will ja alles tun, was ich tun muss, um die Erwartungen, die Bhajiu-Ra, meine Mutter, Francine und so viele andere an mich haben, zu erfüllen.«

Den Gedanken, dass ich mir dieses alles angeblich sogar selbst zur Lebensaufgabe gemacht haben könnte, wische ich rasch beiseite. Es wäre kein Trost und auch keine Ermutigung, es schon irgendwie zu schaffen. Im Gegenteil: Je mehr ich mir vorstelle, dass meine Seele einen festen Plan mit mir hat, einen Plan, den ich nicht kenne, desto panischer werde ich.

Vielleicht hat Mam recht. Vielleicht muss ich wirklich bloß meine inneren Widerstände aufgeben und damit aufhören, mir die Dinge herauszupicken, die ich nicht verstehe. Was kann mir denn schon passieren, wenn ich mich voll und ganz auf diese Sache einlasse? Zunächst einmal ändert sich so gut wie gar nichts. Wenn ich anderen Menschen bei ihren Problemen helfen kann, ist das doch eigentlich eine super Sache. Und wer weiß, vielleicht findet das sogar auch Jasper toll und unterstützt mich darin. Denn Hand aufs Herz: Dass es mir vor anderen und besonders natürlich vor ihm peinlich ist, einen Guru zu haben, ist mein ganz persönliches Problem und letztendlich vielleicht auch wieder nichts anderes als eine Prüfung. Tatsächlich verwirren mich meine eigenen Gedanken und Widerstände in letzter Zeit weitaus mehr als die Babaji-Bilder. Und wenn ich mir meine Mutter ansehe, die so lebendig und strahlend wirkt und total klar und zielstrebig ihren Weg geht, dann wünsche ich mir geradezu, dass ich mich von all meinen Vorurteilen und Ängsten endlich lösen kann.

※

Tatsächlich geht es mir am nächsten Tag schon wieder besser. Ich habe zwar nicht viel geschlafen, doch das hat meiner Erscheinung offenbar nicht geschadet. Mam strahlt mich an.
»Du siehst aus wie ein Schmetterling, der aus dem Kokon geschlüpft ist«, begrüßt sie mich.
»In der Tat.« Mein Vater, der seine Tasse gerade mit Kaffee füllt, zwinkert mir zu. »Kann es sein, dass du dich verliebt hast?«
»Unsinn«, wiegelt Mam sofort ab. »Ya-Ra doch nicht.«
»Offensichtlich halte ich das für weit weniger abwegig als du«, erwidert Paps ungewohnt kühl. »Dabei sind es doch eigentlich die Väter, die eifersüchtig auf die Liebhaber ihrer Töchter sind.«
»Liebhaber!«, braust meine Mutter auf. »Wie du dich ausdrückst! Ya-Ra ist gerade mal sechzehn! Außerdem hat sie weiß Gott Wichtigeres im Sinn, als sich auf irgendeinen Jungen einzulassen.«

»Mama!«, ruft Rebekka. »Ich finde Joel auch ziemlich gut.«
Meine Mutter sieht mich irritiert an. »Joel? Ich dachte, er heißt Jasper.«
»Es gibt also tatsächlich irgendeinen Jungen«, stellt mein Vater zynisch fest.
»Zwei«, sagt Rebekka. »Der von Yara heißt Jasper und meiner Joel. Das ist ein französischer Name. Wenn ich mal ein Kind kriege, nenne ich das auch so.«
»Was redest du denn da, meine Maus!«, sagt Mam zu ihr. »Du bist doch noch viel zu jung, um über solche Dinge nachzudenken.«
»Also, ich finde, man kann gar nicht früh genug damit anfangen, sich ein Bild über sein Leben zu machen«, hält mein Vater dagegen. »Pläne und Träume sind die Keime, die den Lebensbaum zum Wachsen bringen. Je breiter das Fundament, umso reichhaltiger die Ernte.«
»Du glaubst also zu wissen, wovon du sprichst?«, erwidert meine Mutter geradezu feindselig.
»Das glaube ich nicht nur, das weiß ich«, sagt Paps. »Zumindest stehe ich auf festem Boden und renne nicht irgendwelchen absurden Theorien eines geschäftstüchtigen Idioten hinterher.«
Es ist wie ein Schlag in die Eingeweide. Zum ersten Mal verstehe ich, wie meine Mutter sich fühlt. Verstohlen werfe ich ihr einen Blick zu, und sehe, wie sie ihr Lächeln lächelt. Und in diesem Moment wird mir klar, wie überlegen sie ihm ist. Paps hat wirklich keine Ahnung. Er fühlt sich hilflos, weil er nicht mitreden kann. Und deshalb ist er auch so verletzend.

»Warum fährst du nicht einfach mal mit?«, rutscht es mir heraus. »Dann könntest du Mam vielleicht endlich besser verstehen.«

Er starrt mich an. Ich spüre geradezu körperlich, wie er mich mit seinem Blick durchbohrt.

»Was soll das heißen?«, fragt er schließlich. »Dass du deine Mutter neuerdings verstehst?« Er macht eine wütende, ausschweifende Geste. »Dass dich diese ganzen Heiligenbilder in unserem Haus plötzlich nicht mehr stören? Und du nun ebenfalls diesem Guru hinterherläufst?«

Jetzt richtet auch Mam ihre Augen auf mich. Ich bin zwischen ihren Blicken eingeklemmt wie in einen Schraubstock.

»Ja«, sage ich todesmutig.

»Ja?«, braust mein Vater auf. »Was heißt denn hier ja? Dass sie dich stören oder dass sie es nicht mehr tun?«

»Warum brüllst du denn so?«, fährt Rebekka ihn an.

»Am besten, du gehst mal für ein paar Minuten in dein Zimmer«, sagt Paps.

»Aber ich habe Hunger«, protestiert meine Schwester.

»Dann nimmst du dein Müsli eben mit«, erwidert er.

»Das ist kein Müsli, das sind Cornflakes.«

»Herrgott nochmal, Rebekka!«

Er schreit so laut, dass wir alle zusammenzucken. Meine Mutter und ich sehen einander an. Eine Sekunde nur. Aber es ist eine Sekunde vollkommenen Einklangs. Noch nie habe ich mich so tief mit ihr verbunden gefühlt.

Rebekka fängt an zu weinen.

»Siehst du«, sagt Mam. Sie hebt den Kopf und sieht meinen

Vater von oben herab an. In ihrer Stimme schwingt so etwas wie Genugtuung. »Du bist einfach nicht in der Lage, deine Konflikte friedlich zu lösen. Jetzt müssen sogar die Kinder schon darunter leiden.«

Paps öffnet den Mund, sagt aber nichts, sondern atmet einfach nur tief durch. »Okay«, sagt er und wendet sich wieder mir zu. »Vielleicht hast du recht, Yara. Vielleicht sollte ich mir diesen Guru wirklich einmal persönlich anschauen.« Wieder atmet er tief und geräuschvoll ein und aus, bevor er die nächste Frage aus sich herauskämpft. »Ich nehme an, du hast es bereits getan?«

Ich versuche seinem Blick standzuhalten und nicke.

»Okay. Und deshalb kannst du deine Mutter jetzt besser verstehen?«

Seine Stimme zittert.

Ich nicke abermals. Mein Herz klopft und mein Kopf glüht.

Mam sagt nichts. Paps auch nicht.

Rebekka schluchzt immer noch, und ich ertappe mich dabei, dass auch ich meinem Vater die Schuld dafür gebe.

8

Wenn man die Spannungen zwischen meinem Vater und meiner Mutter außer Acht lässt, vergehen die folgenden Wochen ruhig und ohne besondere Vorkommnisse. Ich denke nicht mehr viel über all das nach, sondern überlasse mich mehr und mehr dem Augenblick und den positiven Erlebnissen. Mein Vater mit seiner Antihaltung gehört leider nicht dazu, aber schließlich weiß ich nur zu gut, dass man niemanden dazu zwingen kann, seine Widerstände aufzugeben. Wenn er Mams und meinen Weg nicht mitgehen will, dann ist das sein Ding. Ich werde auf keinen Fall zulassen, dass er mich wieder runterzieht und neue Verwirrung in meine Gefühle bringt.
Denn im Augenblick läuft wirklich alles superrund.
Ich treffe mich mit Jasper und es geht mir gut. Ich quatsche mit Francine und es geht mir gut. Ich schreibe Klausuren und es geht mir gut. Ich bin mit Mam und Rebekka zusammen und es geht mir gut. Es geht mir erst recht gut, wenn ich zu Bhajiu-Ras Treffen fahre.
Allmählich wachsen mir die Leute dort richtig ans Herz. Es gibt eine Riege älterer Damen, die mich umschwärmen wie Motten das Licht, es sich andererseits aber nicht nehmen lassen, mir Lebensratschläge zu erteilen.
»Ich weiß ja, dass du es besser weißt als ich«, wird die knapp achtzigjährige Edelgund nicht müde immer wieder zu beteuern, »aber du darfst dich niemals davon abbringen lassen,

deinem Herzen zu folgen. Wenn du deinem Herzen folgst, kannst du gar nichts falsch machen. Du wirst die Aufgabe, den Dienst, in den deine Seele dich gestellt hat, ohne Anstrengung erfüllen und dafür von Gott reich belohnt werden. Allein deine Schönheit ist schon ein Geschenk für uns alle.«

Ich fühle mich natürlich geschmeichelt und es entgeht mir nicht, dass die meisten der wenigen männlichen Mitglieder mir heimlich sehnsüchtige Blicke zuwerfen oder mich sogar ganz unverhohlen mustern.

»Du bist ein Geschenk für alle, auch für dich selbst«, sagt Bhajiu-Ra zu mir. »Achte auf dich und lass dich nicht für irdische Begierden missbrauchen. Du bist für etwas Großes bestimmt, das sich dir schon sehr bald offenbaren wird.«

Auch wenn ich noch immer nicht verstehe, was er damit meint, beruhigt es mich, dass er inzwischen ganz normal mit mir redet. Sein Blick ist warm und gütig und auf eine faszinierende Weise wissend. Überhaupt beeindruckt es mich, wie Bhajiu-Ra mit den Leuten redet. Es gibt nicht eine Frage, die er nicht beantworten kann, seine Kenntnisse, auf welchem Gebiet auch immer, scheinen unerschöpflich zu sein. So viel kann ein Mensch seines Alters unmöglich gelernt haben. Die Vorstellung, dass es irgendwo im Kosmos eine Art Informationsspeicher gibt, den man anzapfen kann, kommt mir mittlerweile überhaupt nicht mehr abwegig vor, denn das würde erklären, warum mehr oder weniger alle Menschen immer mal wieder Dinge wissen, die sie eigentlich gar nicht wissen können. Und Bhajiu-Ra behauptet ja auch, dass er uns allen zur Verfügung steht und dass es immer wieder Kulturen gegeben hat, die sich daraus bedient haben. Die Rede ist von Atlantis und Lemurien, aber auch die australischen Aborigines werden in diesem Zusammenhang erwähnt.

Mir schwirrt der Kopf von all dem Neuen und ich bin sehr froh, dass ich mit Mam und besonders mit Francine alles besprechen kann.

»Seitdem Bhajiu-Ra dir diese Initiation gegeben hat, bist du wie ausgetauscht«, sagt sie an einem Freitag, als wir uns nach der Schule noch in ein kleines Café setzen.

Ich bestelle für Francine eine heiße Schokolade mit viel Sahne und für mich einen Pfefferminztee. »Findest du?«

»Du nicht?«, erwidert sie grinsend und pikst mich in den Oberarm. »Du musst doch selber auch merken, dass du nicht mehr so durch den Wind bist.«

»Ja, schon«, sage ich schulterzuckend. »Alle sind so nett zu mir. Mam überschüttet mich mit kleinen Geschenken. Jeder will mit mir reden. Sogar unsere Nachbarn.«

»Da kannst du mal sehen«, sagt Francine.

»Was meinst du damit?«

»Du bist etwas Besonderes. Eine Auserwählte«, sagt sie eindringlich. »Jeder sieht das. Bewusst oder unbewusst. Sie spüren deine Leichtigkeit und irgendwie scheinen sie instinktiv zu wissen, dass du ihnen guttust oder sogar helfen kannst. Es ist nicht anders als mit all den anderen Avataren, die von den Menschen ringsherum erkannt werden.«

»Aber ich bin doch kein Avatar!«, rufe ich. »Francine, denk doch mal nach ...«

Sie lacht. »Natürlich bist du das! Und für mich ist es eine absolute Ehre, mit dir befreundet zu sein. Durch dich und alles, was in der letzten Zeit passiert ist, weiß ich, dass in meinem Leben gar nichts mehr schiefgehen kann.«

»Heißt das, du hast aufgegeben, nach deinen Eltern zu suchen?«, frage ich.

»Ja. Zumindest aktiv.« Francine breitet die Arme aus. »Wenn ich sie in diesem Leben wiedertreffen soll, dann wird es geschehen. So oder so. Verstehst du, Ya-Ra, wir müssen uns nicht anstrengen.«

»Ich glaube, du verpeilst da was«, erwidere ich. »Wenn wir nur rumsitzen und nichts tun außer warten, passiert überhaupt nichts.«

»Es geht doch nicht ums Rumsitzen!« Francine verdreht die Augen. »Gerade du müsstest das eigentlich wissen.« Sie wartet, bis die Kellnerin uns unsere Getränke hingestellt hat, dann wirft sie mir einen verschmitzten Blick zu. »Wahrscheinlich willst du mich bloß testen.« Ich versuche zu protestieren, doch Francine lässt mich nicht zu Wort kommen. »Also gut, Ya-Ra«, fährt sie fort, wobei sie meinen Namen mittlerweile auf die gleiche Art und Weise betont wie Bhajiu-Ra, »das kannst du haben: Rumsitzen und Warten ist schließlich irgendwie mit einer Absicht verbunden. Man wünscht sich, dass man etwas Tolles bekommt, ohne etwas dafür leisten zu müssen. Aber das ist der falsche Weg. Denn das Entscheidende ist die Absichtslosigkeit, die schlichte Hingabe an das Leben. Das ist dann so, als ob man einfach nur IST, das pure SEIN sozusagen. Man ist in seiner Kraft und weil man dort ist, merkt man gar nicht mehr, dass man etwas tut. Das Leben oder eben Gott versorgt einen mit allem, was man braucht. Das materielle Dasein mit dem ständigen Streben nach mehr und immer mehr, verliert endgültig seine Berechtigung. Wir erkennen, dass es sich nur um ein Trugbild handelt, hinter dem die Wahrheit verborgen ist wie hinter einem Schleier.«

»Wow!«, sage ich, ehrlich überwältigt von Francines Erguss.

»Vielen Dank«, sagt sie und grinst. »Ich habe den Test also bestanden?«

»Jetzt hör schon auf damit«, erwidere ich, aber Francine scheint noch nicht fertig zu sein. »Ähnlich wie mit materiellen Dingen verhält es sich auch mit Beziehungen. Eltern, Freunde und so weiter«, setzt sie hinzu. »Mit dem simplen Unterschied, dass es hier um emotionale Abhängigkeiten geht.«

»In der Tat«, spotte ich. »Ein simpler Unterschied!«

Francine boxt mir gegen die Schulter. »Du willst es aber wissen, was?«

»Äh ...?«

»Glaub mir, ich habe es kapiert«, sagt sie. »Die Sache mit meinen Eltern und mit Manuel.«

»Äh ... Francine ...?«

Eigentlich dachte ich, dass sie Manuel längst abgehakt hätte.

»Schon gut, Ya-Ra«, sagt sie nun. »Ich verspreche dir ja, dass ich versuchen werde, sie zu lieben, ohne das Gleiche von ihnen zu erwarten«, beteuert Francine, »ich weiß im Moment nur noch nicht, ob ich das hinkriege.«

»Aber ...?«

»Es ist die größte Prüfung, die wir zu bestehen haben«, sagt Francine. »Das ist mir absolut bewusst.« Sie klopft mir sachte gegen die Schulter, so als ob sie mich beschwichtigen wollte. »Und ich habe vor, sie zu bestehen. Ehrlich, Ya-Ra, ich werde dich nicht enttäuschen! Ich weiß es über alle Maßen zu schätzen, dich und deine Mutter kennengelernt zu haben. Ihr seid mein Schicksal. Das größte Glück in meinem Leben.«

»Jetzt übertreibst du aber!«

»Nein, das tue ich nicht«, widerspricht sie mir energisch. »Ohne dich und Thalé hätte ich nie kapiert, dass ich mich aus diesen Abhängigkeiten lösen muss, wenn ich mich selbst finden will. Was habe ich schon groß davon, wenn ich herausfinde, wo meine Mutter lebt und warum sie mich weggegeben hat? Sie hat mich geboren und mir damit dieses Leben ermöglicht. Das zu wissen, reicht völlig aus. Das Leben geht nach vorn und nicht zurück.«

»Und was ist mit Manuel?«, frage ich.

»Gar nichts«, sagt Francine.

»Heißt das, er interessiert dich definitiv nicht mehr?«, bohre ich nun doch ein bisschen energischer nach.

»Ach, diese albernen Gefühle blockieren mich doch nur!«, entgegnet sie geradezu mürrisch. »Diesem Typen hinterherzuschmachten, bringt mich kein Stück weiter. Nein, Ya-Ra, ich konzentriere mich jetzt voll und ganz auf mich. Seitdem ich diese Ausbildung bei Bhajiu-Ra mache, geht es mir richtig gut. Ich fühle mich innerlich getragen.«

Francine löffelt sich einen Happs Sahne in den Mund und

lächelt mich an. Fast beneide ich sie dafür, dass sie all diese Dinge offenbar viel klarer sieht als ich.

Ihre These, dass Bhajiu-Ra nur eine Station ist, ein Helfer auf meinem Weg, erscheint mir plausibel. Er begleitet uns alle aus unseren Abhängigkeiten. Er will, dass wir unseren Ballast restlos abwerfen und vollständig frei werden. Die Hinweise, die er mir gibt, dienen also einzig und allein meinem Wohl. Genau wie Mam oder Francine kann ich mich wirklich glücklich schätzen, dass ich ihn getroffen habe!

»Ich hoffe, dass ich eine der achtzehn Lichtfrauen sein werde«, sagt Francine leise. »Glaubst du, ich habe eine Chance?«

»Klar«, sage ich. »Wieso nicht?«

»Thalé hofft natürlich auch«, meint sie und sieht nachdenklich in ihre Kakaotasse. »Und Stella ... Dabei hat sie es eigentlich am wenigsten verdient, finde ich.«

»Wieso nicht? Stella ist immer um ihn herum. Sie kümmert sich um die Abläufe und ...«

»Sie ist eine Dienerin!«, schnaubt Francine. »Eine, die sich einschleimt. Wenn sie nicht zufällig die Tochter von diesem Bankmensch wäre ...«

»Welchem Bankmensch?«

»Ach, keine Ahnung, wie der heißt. Ich meine diesen Typen, der immer Stoffhosen trägt und so graue Koteletten hat ...«

»Ich glaube, ich weiß, wen du meinst«, sage ich. »Der ist also Stellas Vater! Und er arbeitet in einer Bank?«

Francine nickt. »Er ist ein ziemlich hohes Tier bei der Commerz. Thalé hat mir erzählt, dass er schon lange mit Bhajiu-

Ra befreundet ist. Wahrscheinlich darf Stella nur deshalb all das für ihn tun.«

»Oder es ist einfach ihr Weg«, sage ich. »Jeder von uns ist anders. Jeder steht auf einer anderen Position und jeder hat andere Aufgaben zu erfüllen.«

Francine mustert mich geradezu hingebungsvoll. »Du hast ja so recht«, seufzt sie. »Bitte verzeih mir. Ich weiß auch nicht, wieso gerade die Pferde mit mir durchgegangen sind.« Sie hebt die Schultern. »Ich bin eben leider nicht so perfekt wie du. Aber ich werde lernen, Stella so zu akzeptieren, wie sie ist. Ich werde sie lieben und wie eine Schwester behandeln. Ja, das werde ich! Denn eigentlich ist sie mir ein Vorbild. Sie verrichtet demütig die ihr aufgetragenen Aufgaben. Spirituell gesehen ist sie wahrscheinlich schon viel weiter als ich. Ich muss noch lernen, über meinen Schatten zu springen und mein Opfer mit wahrhaftigem Herzen zu bringen.«

»Dein Opfer?«

»Ja, ich glaube schon, dass wir das müssen, wenn wir zum engsten Kreis um unseren Meister gehören wollen«, sagt Francine. »Es ist natürlich kein Opfer im herkömmlichen Sinn«, beeilt sie sich hinzuzufügen. »Und es ist auch überhaupt nicht negativ gemeint. Im Gegenteil: Auch hier geht es nur darum, dass wir uns von unnötigem Ballast lösen.«

Ich denke lange über Francines Worte nach. Natürlich ist mir sofort klar, dass ihr persönliches Opfer Manuel sein soll. Wahrscheinlich hat sie sich deshalb gar nicht erst auf

ihn eingelassen und würde es mittlerweile wohl nicht einmal mehr tun, wenn er sich ihr schmachtend vor die Füße schmeißen würde. Nein, Francine hat ihre Entscheidung längst getroffen. Sie verzichtet auf Manuel und damit wohl auch zukünftig auf jegliche Art von Zweisamkeit mit einem Typen. Sie verzichtet auf Liebe, Familie und persönliches Glück, das – wenn ich sie richtig verstanden habe – ohnehin nur ein trügerisches, verschleiertes Glück wäre.
Ihr Ziel ist der Innere Kreis um Bhajiu-Ra. Sie will von ihm lernen, sich ganz nach ihm und dem, was er verkörpert, ausrichten. Er, ich und die restlichen siebzehn Lichtfrauen sollen ihre neue Familie sein.
Ich denke an Jasper, und wieder einmal regt sich ein zarter Widerstand in mir. Ich frage mich, ob es das wirklich wert ist. Worauf beispielsweise würde meine Mutter verzichten? Auf Rebekka und mich? Oder auf Paps? Wäre die Trennung von ihm überhaupt ein Verzicht und damit ein ausreichendes Opfer? Oder wäre sie sowieso unvermeidbar und würde durch den Energieprozess, den das Auswählen der Lichtfrauen mit sich bringt, einfach bloß ein wenig beschleunigt? Dieser letzte Gedanke richtet mich innerlich sofort wieder auf. Und plötzlich weiß ich ganz tief in meinem Herzen, dass alles, was geschieht, vollkommen richtig ist.
Wenn ich mein derzeitiges Leben betrachte, habe ich nicht das Gefühl, auf irgendetwas, das mir wichtig ist, verzichten zu müssen. Klar, Mam nörgelt immer wieder rum, wenn ich mich mit Jasper treffe. Bhajiu-Ra hingegen, der ja eigentlich mein Lehrer ist, hat dazu bisher allerdings nie wieder etwas gesagt. Im Grunde müsste ich mein Opfer ja auch schon ge-

bracht haben. Ich wüsste also nicht, worüber ich mir Sorgen machen müsste.

Eigentlich bin ich glücklich. Alles läuft bestens. Ich fühle mich stark und gut. Dass ich mit Jasper über all diese Dinge nicht reden kann, ist nun einmal so.

Aber er muss ja auch nicht alles wissen.

※

Mitte Juli, kurz vor Ferienbeginn, schlägt das Wetter um. Der bisher so trockene heiße Hochsommer wird von einem skandinavischen Tiefausläufer verdrängt, was heftige Gewittergüsse zur Folge hat. Bereits am frühen Abend ist der Himmel stockdunkel, gleißend helle Blitze zucken über den Dächern und heftige Donnerschläge erschüttern die Stadt.

»Du willst doch wohl nicht bei diesem Unwetter nach Lengsberg rausfahren«, sagt Paps, als er heimkommt und Mam und mir im Flur direkt in die Arme läuft.

»Natürlich will ich das«, erwidert meine Mutter, nimmt ihre Jacke vom Haken und reicht mir meine. »Was meinst du, warum ich dich gebeten habe, ein wenig früher nach Hause zu kommen? Lily ist krank und deshalb muss Rebekka heute hier bleiben.«

»Aber das ist doch Wahnsinn!«, regt mein Vater sich auf. »Kannst du dieses Treffen unter diesen besonderen Umständen nicht ausnahmsweise einmal ausfallen lassen?«

»Welche besonderen Umstände?«, fragt Mam spitz.

»Das habe ich doch gerade gesagt!«, faucht er.

»Oh, du meinst das Gewitter?«, erwidert sie und holt ihren Knirps aus der Tasche. »Keine Angst, Ya-Ra und ich werden mit den paar Regentropfen schon klarkommen. Außerdem ist man bei Gewitter nirgends so sicher wie im Auto«, fährt sie allmählich ungeduldig werdend fort. »Oder hast du noch nie was vom Faradeischen Käfig gehört?«

»Es geht mir weniger um die elektrischen Entladungen«, fährt Paps sie an. »Sondern um die *paar Regentropfen*, wie du dieses Unwetter da draußen verniedlichst. Die haben die Straßen nämlich in spiegelglatte Flächen verwandelt.«

»Stell dir vor, ich habe bereits Erfahrung mit Aquaplaning«, erwidert meine Mutter. »Mach dir keine Sorgen. Ich werde selbstverständlich entsprechend umsichtig fahren.«

»Gut.« Die Miene meines Vaters verhärtet sich. »Für dich trägst du die Verantwortung selbst, aber Yara setzt du nicht einer solchen Gefahr aus. Sie bleibt hier.«

»Und das willst ausgerechnet du bestimmen?«, spottet Mam.

»Auch wenn du diesen Umstand mittlerweile für nicht mehr sonderlich relevant zu halten scheinst, aber immerhin ist sie auch meine Tochter.«

»Robert, sie ist sechzehn. Sie kann das ohne weiteres selber entscheiden.«

Ich hasse diese Streits, vor allem, wenn sie in meiner oder gar Rebekkas Gegenwart ausgetragen werden. Und noch mehr hasse ich sie, wenn ich der Gegenstand der Auseinandersetzung bin.

»Außerdem steht sie unter einem besonderen Schutz«, fügt meine Mutter zu allem Überfluss noch hinzu. Schließlich weiß sie genau, dass sie damit noch zusätzlich Öl ins Feuer kippt.

»Ach ja?«, höhnt mein Vater. »Etwa unter dem von diesem selbsternannten Guru? Allmählich staune ich wirklich, über welche Fähigkeiten er verfügt!«

»Und mich erstaunt tatsächlich immer wieder, wie kleingeistig du bist«, entgegnet Mam. Sie öffnet die Haustür, hält den Schirm raus und lässt ihn aufspringen. »Komm, Ya-Ra, das muten wir uns nicht länger zu.«

Er ist mein Vater, denke ich. Mein Vater. Eigentlich müsste ich etwas sagen. Aber was? Egal, was ich tue, ich stehe zwischen den Fronten. Mam möchte, dass ich mich für sie oder besser gesagt, für mich entscheide, aber damit vertiefe ich automatisch den Graben zwischen Paps und mir. Und das will ich nicht ausgerechnet heute tun. Am liebsten würde ich meine Jacke zurückhängen und daheimbleiben. Aber ich weiß, dass auch das völlig unmöglich ist.

Mam würde mir keine Ruhe lassen, und Bhajiu-Ra würde mich womöglich wieder zu einem Einzeldate bitten. Das möchte ich auf alle Fälle vermeiden.

Und so schlüpfe ich schnell, ohne meinen Vater noch einmal anzusehen oder Tschüs zu sagen, unter Mams Arm durch auf den Bürgersteig und in den prasselnden Regen hinaus. Ich höre, wie die Tür ins Schloss fällt, zwei Sekunden später ist meine Mutter neben mir und hält den Schirm schützend über mich.

Ich hake mich bei ihr unter und wir rennen zu ihrem Cruiser, der ein Stück die Straße runter in einer Parkbucht steht.

»Das hast du gut gemacht, Ya-Ra«, sagt sie, nachdem wir

eingestiegen sind und die Türen geschlossen haben. »So klar wie du möchte ich mich ihm gegenüber auch endlich verhalten können. Blöderweise lasse ich mich immer wieder auf Diskussionen mit ihm ein. Dabei sind sie vollkommen fruchtlos. Dein Vater wird seine Meinung nie ändern. Er will sich einfach nicht mit sich selbst auseinandersetzen. Er hat Angst vor seiner eigenen Stärke.« Sie wirft mir einen vielsagenden Blick zu. »Nun ja, so sind die meisten Männer eben. Beim nächsten Mal werde ich mir genauso wie du heute jeden Kommentar verkneifen und einfach gehen.«
Sie nickt einmal kräftig, steckt den Schlüssel ins Zündschloss, startet den Motor und fährt los.

Die Fahrt nach Lengsberg ist diesmal tatsächlich ein ziemlicher Horror. Streckenweise gießt es wie aus Kübeln, so dass Mam kaum schneller als dreißig fahren kann.
Natürlich kommen wir zu spät und natürlich empfängt Stella uns mit der entsprechenden Ungeduld.
»Du hast alles durcheinandergebracht, Liebe«, säuselt sie mir ins Ohr, während sie ihre Arme um mich schlingt. »Lima-Ya musste meinen Dienst übernehmen, damit ich dich persönlich begrüßen kann. Ehrlich gesagt, weiß ich gar nicht, warum du schon auf der inneren Lichtebene stehst, wo du doch so schrecklich undiszipliniert bist«, fügt sie anschließend dermaßen laut hinzu, dass es die paar, die sich noch im Vorraum befinden und gerade dabei sind, sich ihrer Schuhe zu entledigen, mitbekommen.

Eine Frau nickt beifällig, eine andere lächelt mich hingebungsvoll an.

»Jetzt reg dich doch nicht auf, mein Engel«, sagt meine Mutter zu Stella. »Ya-Ra kann gar nichts dafür, dass wir zu spät sind. Wenn schon, dann bin ich diejenige, die undiszipliniert ist. Heute lag es allerdings in der Hauptsache am Wetter.«

»So etwas kann man einkalkulieren«, erwidert Stella kühl. »Das Gewitter dauert ja nun schon seit ein paar Stunden an.«

Mam seufzt leise, doch Stella beachtet sie nicht weiter, sondern fasst mich am Ellenbogen und zieht mich auf die Tür zum Meditationsraum zu. »Beeil dich. Du gibst heute den Darshan.«

Ich erstarre auf der Stelle zu Stein. »Was? Ich?«

»Bhajiu-Ra muss sich auf seine Lecture vorbereiten«, erklärt Stella mir. »Das erfordert eine dreistündige Meditation.«

»Aber ich kann doch nicht …«, will ich protestieren, schließlich habe ich nicht einen Schimmer, was ich als Darshangebende zu tun habe. Bestimmt werden alle erkennen, dass ich in Wahrheit doch nicht so erleuchtet bin, wie unser Meister mich angekündigt hat.

»Natürlich kannst du«, zischt Stella mir ins Ohr. »Sogar ich könnte das.«

Es ist Neid, vielleicht sogar Hass, der mir da entgegenschlägt, und ich muss mich irrsinnig zusammennehmen, um nicht mit einem entsprechend giftigen Kommentar zu kontern.

Selbstlose Liebe ist das, was uns alle verbindet. Dazu gehört, dass wir uns bemühen, niemandem einen bösen Gedanken zukommen zu lassen, geschweige denn ein böses Wort oder gar eine solche Tat.

Liebe, Liebe, Liebe, denke ich und hülle mich schützend darin ein. Unwillkürlich taucht Jaspers Lächeln vor mir auf. Ich spüre seine Küsse auf meinen Lippen und eine Wahnsinnwärme durchflutet mich. Der Zorn auf Stella verblasst, und ich folge ihr hastig durch die Reihen der andächtig Sitzenden, schlüpfe durch den Vorhang und setze mich zögernd in Bhajiu-Ras Sessel.

Ich muss zugeben, es ist ein erhebendes Gefühl. Umso mehr wächst allerdings auch meine Angst, dieser unerwarteten Aufgabe nicht gerecht werden zu können.

Als Stella den Vorhang öffnet, schließe ich die Augen, in der Hoffnung, auf diese Weise meine Aufregung abmildern zu können. Doch es ist sinnlos, mein Herz klopf mich fast um den Verstand.

Die Trommeln setzen ein und der Om-Namah-Shivaya-Gesang beginnt. Neunmal läuft der Refrain durch, dann kniet die Erste vor mir, eine junge Frau, die ich bisher noch nicht hier gesehen habe. Sie hält mir ihr Baby entgegen.

Wie in Trance setze ich dem Winzling meinen Mittelfinger auf die Brust. Das Kleine verzieht sein Gesicht zu einer Grimasse. Bestimmt fängt es jeden Moment an zu heulen, womit meine Unfähigkeit natürlich sofort enttarnt wäre ... Doch wundersamerweise kriegt das Baby noch die Kurve, es lächelt und gluckst und schreit laut: »Mam! Mam! Mam!«

Seine Mutter lächelt mich dankbar an und ich setze auch ihr den Finger auf die Brust. Dabei denke ich an Bhajiu-Ra, an Babaji und an Gott und bitte sie, ihr durch diese Berührung das zukommen zu lassen, was sie braucht. Und plötzlich spüre ich den gleichen Schwindel und dieselbe heiße Energie, die mich durchflutet, wenn Bhajiu-Ra mir den Darshan gibt. Das Gesicht der Frau verschwimmt und ich sehe nur noch ihre Augen. Für einen unglaublichen magischen Moment gehören wir zusammen. Es ist, als ob unsere Körper und unsere Seelen miteinander verschmelzen. Für diesen Augenblick sind wir eins.

Es fällt mir schwer, mich von dieser Frau zu trennen, doch außer ihr und dem Baby sind noch mehr Mütter mit ihren Kindern da, die durch mich Energie empfangen wollen. Sie krabbeln oder tapsen auf mich zu und schenken mir ein süßes, offenes Lächeln. Anschließend sind Mädchen und Jungen in Rebekkas Alter dran und dann kommen die Erwachsenen. Alle lächeln mich an und alle danken mir nach dem Darshan mit einer hingebungsvollen Verbeugung. Ich bin geradezu beseelt von diesem Ereignis, fühle mich getragen von einer unsichtbaren Kraft, die mich berauscht und ein Glücksgefühl in mir auslöst, das ich bisher nicht einmal mit Jasper so stark empfunden habe. Und als nach meiner Mutter am Ende dann auch noch Bhajiu-Ra vor mir niederkniet und meinen Segen empfängt, bin ich so von Dankbarkeit erfüllt, dass ich sein Gesicht ergreife und ihm den Gotteskuss schenke.

Ich lege meine ganze Liebe hinein, öffne mich ihm endlich ohne jeden Vorbehalt und lasse zu, dass sich sein Sein in meine Mundhöhle ergießt. Es erschüttert meinen Körper, doch gleichzeitig hält es mich auch, und ich spüre, wie meine Glückseligkeit mit der seinen verschmilzt.

Nachdem wir uns wieder voneinander gelöst haben, winkt Bhajiu-Ra Stella zu sich heran und bittet sie ein großes Kissen neben seinen Sessel zu legen, auf dem ich nun Platz nehmen soll.
Er selbst lässt sich im Sessel nieder, schließt seine Augen und schweigt.
Die Trommeln verstummen und der Gesang ebenfalls.
Ich setze mich aufrecht in den Schneidersitz und lasse meinen Blick über die Menschen im Raum gleiten. Ich sehe ihre glühenden Gesichter und das selige Funkeln in ihren Augen, und allmählich komme ich wieder zu mir und kapiere, dass all das mir gilt. Dass ich diejenige gewesen bin, die sie heute glücklich gemacht hat.
Mam hat recht, Bhajiu-Ra hat recht, sie alle haben recht: Ich bin etwas Besonderes.
Ich bin auserwählt, ein Geschenk für die Menschen zu sein.
Ich bin dazu da, sie glücklich zu machen.
Und noch nie war mir so klar wie in diesem Moment, dass natürlich all meine persönlichen Interessen dahinter zurückzustehen haben.
Es dauert eine Weile, bis Bhajiu-Ra zu reden beginnt. Zuvor gibt er Stella ein Zeichen. Sie nimmt eine Glocke vom Boden auf und lässt sie leise klingeln. Wie auf Kommando erhöht sich die Konzentration im Raum, und die Aufmerksamkeit der Anwesenden richtet sich nun auf ihn.
»Meine Lieben, zuallererst möchte ich der gnadenvollen Ya-Ra für den göttlichen Darshan danken, den sie uns heute zuteil werden ließ«, sagt er in einem leisen, nur schwer ver-

ständlichen Singsang. »Es ist eine Ehre für uns alle, sie an einem Tag wie diesem in unserem Kreis zu haben. Wie ihr alle wisst, ist sie die Erste der achtzehn Lichtfrauen, die dazu ausgewählt sind, ihren Platz in der Welt einzunehmen und die großen Aufgaben zu erfüllen, die ihnen zugedacht sind. Es wird nicht leicht sein«, fährt er nun lauter und bedeutungsschwanger fort. »Pionierleistungen sind nie leicht, und diese Aufgabe ist einer der schwersten, die einem das Leben überhaupt stellen kann. Ya-Ra steht unter Gottes Gnade. Sie wird mich begleiten und mir zur Seite stehen, das ist ihre Aufgabe.«

Er macht eine kleine Pause, in der er wieder kurz die Augen schließt. Die Anspannung im Raum ist mittlerweile so groß, dass ich ein Knistern zu hören glaube. Der Glanz in den Augen der Anwesenden ist nicht verschwunden, aber in ihren Gesichtern stehen nun unzählige Fragen, die sie vor lauter Ehrfurcht jedoch nicht zu stellen wagen.

Dann, ganz unvermittelt, setzt Bhajiu-Ra seine Lecture fort.

»Unserem Planeten stehen große Umwälzungen bevor«, beginnt er. »Brände und Überschwemmungen werden all das vernichten, was in einem neuen friedvollen Zeitalter nicht fortbestehen könnte. Um die Menschen durch diese gewaltige Umbruchzeit zu begleiten, ihr Leid zu mildern und dem einen oder anderen auf eine höhere Bewusstseinsebene zu helfen, werden die Lichtfrauen durch die Welten reisen, Energien bündeln oder auflösen. Sie werden durch ihr bloßes Sein ganze Landstriche in Göttliches Licht tauchen oder durch gezieltes Handeln Hindernisse zerstören. Sie werden

Waffen tragen. Lanzen und Schwerter aus Licht. In ihnen wird ein altes Wissen erweckt werden, das Wissen darum, wie die Erde geheilt werden kann. Ohne Zögern werden sie all das tun, was ihnen aufgetragen wird. Den Menschen gilt ihre Liebe und ihr Mitgefühl, mitleiden werden die Lichtfrauen aber nicht.« Wieder macht Bhajiu-Ra eine Pause. Er senkt seinen Blick und sagt: »Wenn die Lichtfrauen ihre Arbeit gut machen, wenn sie anderen ein Vorbild sind, Sehnsüchte erwecken und denen, die ebenfalls nach Entfaltung ihrer Lichtqualitäten streben, Hilfestellung leisten, können und werden weitere folgen.«

Ein Raunen geht durch die Gruppe, was allerdings nach einer ermahnenden Geste von Stella gleich wieder verstummt.

»Ich will nun diejenigen, die jetzt in diesem Augenblick bereit sind, zu mir bitten«, fährt Bhajiu-Ra fort.

Sofort schießen mindestens dreißig Leute von ihren Kissen hoch. Darunter auch zwei Männer.

»Erwähnte ich nicht, dass es sich um Frauen handelt?«, fragt Bhajiu-Ra und zum ersten Mal bemerke ich ein Schmunzeln um seine Mundwinkel, was allerdings nicht offen und sympathisch, sondern eher spöttisch wirkt. »Ausschließlich Frauen?«

Die Männer setzen sich auf der Stelle wieder hin, legen die Hände vor der Brust zusammen und neigen sich dem Boden zu.

»Stella«, sagt Bhajiu-Ra und winkt sie nach vorn. »Du bist die Nächste.«

Er legt eine Hand auf ihren Kopf und drückt ihn sanft in seinen Schoß. Mit der anderen Hand macht er eine schwungvolle Bewegung über ihr, so als würde er von oben etwas in sie hineinziehen. »Und du bist die Erste, die ich von hier fortschicke. Für den Zeitraum einer Mondphase wirst du deine Dienste in einem Babaji-Ashram zur Verfügung stellen. Noch bevor du zurückkehrst, wird der innere Lichtkreis vollständig sein.«

Stella hebt ihren Kopf und wirft sich anschließend in ganzer Körperlänge vor Bhajiu-Ra auf den Boden.

Der nickt den Trommlern zu, und während die ersten zaghaften Schläge ertönen, erhebt sich unser Meister und verlässt den Raum. Peinlich berührt lassen sich die restlichen stehenden Frauen auf ihre Kissen zurücksinken.

Ich bin heilfroh, dass Mam und Francine nicht darunter gewesen sind.

9

Als Mam und ich an diesem Abend zurückkommen, ist das Haus vollkommen dunkel. Zuerst denke ich, dass Paps mit Rebekka abgehauen ist, doch dann wird mir ziemlich schnell klar, dass er das niemals tun würde. Eine solche Aktion passt zu meiner Mutter, aber nicht zu ihm.

»Wahrscheinlich schlafen sie schon«, meint sie, schiebt leise den Schüssel ins Schloss und tappst auf Zehenspitzen in den Flur.

»Wie spät ist es denn?«, frage ich, ernte allerdings nur ein mahnendes »Schsch!«

Im selben Moment geht das Licht in der Küche an und ich registriere Paps' Umrisse in der Tür. »Dein Vater erwartet dich«, sagt er. »Morgen um sechzehn Uhr.«

»Mein Gott, hast du mich erschreckt!«, blafft Mam ihn an.

»Hauptsache, du hast verstanden, was ich gesagt habe«, erwidert er kühl.

»Ich lasse nicht einfach so über meine Zeit verfügen«, knurrt meine Mutter.

»Karl hat ein Recht darauf, dass du dich um ihn kümmerst.«

»Ach ja …! Etwa so, wie er die Pflicht hatte, sich um mich zu kümmern?«, kontert Mam.

»Ich denke, er würde all das gerne mit dir klären«, sagt Paps nun etwas sanfter.

»Weil es ihm gerade in den Kram passt.« Meine Mutter schüttelt den Kopf. »Robert, ich diskutiere nicht länger darüber. Ich war jahrelang allein mit dieser Wunde. Niemand hat mich aufgefangen.«

»Das ist doch nicht wahr ...!«, will mein Vater protestieren, aber Mam lässt ihn nicht zu Wort kommen.

»Ich musste sehen, dass ich alleine damit fertigwerde«, fährt sie aufgebracht fort. »Zum Glück habe ich meinen Weg gefunden. Ich brauche die Beteuerungen meines Vaters nicht mehr. Schließlich weiß ich selbst am besten, was damals vorgefallen ist. Ich habe ihm inzwischen verziehen.«

»Wenn das wirklich so ist, solltest du es ihm auch sagen«, erwidert Paps.

»Wozu?«

»Damit er in Frieden gehen kann.«

Meine Mutter starrt ihn an. Und auch mir stockt bei diesen Worten der Atem. Natürlich weiß ich, dass Opa sehr krank ist, doch den Gedanken daran, dass er möglicherweise schon bald sterben könnte, habe ich in den letzten Wochen erfolgreich verdrängt. Nicht einmal mein Versprechen Rebekka gegenüber, dass ich ihn besuchen würde, habe ich eingelöst. Sofort steigt ein schlechtes Gewissen in mir auf, weil ich ihn trotz guter Vorsätze nicht mehr besucht habe.

»Das ist nicht mein Problem«, sagt meine Mutter hart.

Paps schüttelt den Kopf. »Was hat dieser Verrückte bloß aus dir gemacht!«, stößt er hervor. »Früher warst du der mitfühlendste Mensch, den ich kannte, und jetzt ...«

»Du verwechselst Mitleid mit Mitgefühl«, fällt Mam ihm ins Wort. »Aber du hast recht. Früher habe ich mit jedem und allem mitgelitten, was mir im Übrigen alles andere als gutgetan hat. Aber davon hast du ja nichts mitbekommen. Ich bin sehr froh, Bhajiu-Ra getroffen zu haben. Er hat mir endlich die Augen geöffnet.«

»Wie schön für dich«, sagt mein Vater. Er macht eine resignierende Geste und schaltet das Licht in der Küche aus.

»Das ist mal wieder typisch!«, zischt meine Mutter ins Dunkel hinein. »Wenn dir etwas nicht in den Kram passt, weichst du aus oder verziehst dich.«

»Ich schlafe heute Nacht im Arbeitszimmer«, ist Paps' Antwort.

»Siehst du!«, keift Mam nicht ohne eine gewisse Genugtuung im Unterton. »Genau wie ich es gesagt habe! Immer auf der Flucht! Und du willst deinen Kindern ein Vorbi...«

»Halt endlich Yara und Rebekka da raus«, fährt ihr mein Vater dazwischen. »Wenn du irgendwann wieder zur Besinnung gekommen bist, können wir gerne über alles reden. Karl ist übrigens auch der Meinung, dass du einem gefährlichen Verführer hinterherläufst, der die Menschen ausnimmt und missbraucht.«

Mit einem Klack geht das Flurlicht an. Meine Mutter lehnt neben der Haustür. Sie ist kreideweiß im Gesicht. »Wann hast du eigentlich mit ihm gesprochen?«, fragt sie rau.

»Heute Abend«, erwidert Paps. »Ich bin mit Rebekka im Krankenhaus gewesen.«

»*Du* hattest also kein Problem, bei diesem Wetter mit dem Auto zu fahren?«, entgegnet Mam, und ich höre an ihrer Stimme, dass sie allmählich wieder Oberwasser bekommt.

»Bis zur Klinik sind es gerade mal drei Kilometer«, sagt mein

Vater. »Karl hat sich sehr gefreut, Rebekka zu sehen. Er wird übrigens morgen verlegt. Ins Hospiz.«
»Wer hat das veranlasst?«
»Ich«, sagt Paps. »Da du dich nicht kümmerst ... Sonst hat er ja niemanden mehr. Karl ist vollkommen allein. Hast du dir das eigentlich mal bewusstgemacht?«
»Ich habe mir schon eine ganze Menge bewusstgemacht«, kontert Mam. »Und ich möchte nicht, dass du Rebekka mit meinem Vater allein lässt, hörst du?«
»Das musst du schon mir überlassen«, erwidert Paps. »Entweder du fährst selber hin und nimmst sie mit oder du vertraust mir.« Er legt seine Hand auf das Geländer und setzt einen Fuß auf die unterste Treppenstufe. Dann wendet er sich mir zu. »Gute Nacht, Yara. Ich hoffe, du schläfst gut. Es tut mir sehr leid, dass deine Mutter und ich unsere Differenzen immer wieder vor dir austragen.«
»Yara ist alt genug«, bemerkt Mam. »Sie kann sehr gut selbst entscheiden, ob sie sich das anhört oder nicht.«
»In diesem Punkt bin ich mir alles andere als sicher«, erwidert Paps leise. Er nickt mir noch einmal zu. »Bis morgen, mein Schatz. Und wenn du mich brauchst ... Ich bin immer für dich da.«
»Nacht, Paps«, krächze ich.
Mit müden Schritten stapft er die Treppe hinauf. Er schaltet das Licht im Obergeschoss ein und kurz darauf höre ich, wie die Tür des Arbeitszimmers geschlossen wird.
»So ein Idiot«, sagt Mam, dann fängt sie plötzlich an zu schluchzen. »Wie kann er mir das nur antun!«
»Was meinst du?«, frage ich zaghaft, denn eigentlich ist mir

das alles zu viel. Die ewigen Streitereien und diese blöde Angst, mich womöglich schon bald zwischen den beiden entscheiden zu müssen.

»Na, dass er Rebekka einfach mit zu Karl genommen hat!«, stößt meine Mutter hervor. »Er weiß doch genau, dass er ... dass ich ...« Sie gerät ins Stocken und verstummt schließlich ganz.

»Du hast ihm also doch noch nicht verziehen?«

»Ach Ya-Ra!« Ein schmerzliches Lächeln zieht sich über ihr Gesicht. »Du bist solch ein kluges Kind. Es wundert mich nicht, dass dir nichts verborgen bleibt. Der Darshan, den du uns heute gegeben hast, ging vielen von uns so tief ins Herz ...«

»Ach, Mam ...!«

»Doch, doch, doch, mein Engel.« Sie tätschelt mir die Schulter. »Alle, mit denen ich gesprochen habe, waren völlig hin und weg.«

Ich beschließe, mich nicht vom Thema abbringen zu lassen. »Und warum hast du Paps dann gesagt, dass du Opa verziehen hast?«

»Weil ihn alles andere nichts angeht«, sagt sie. »Er kann sich da sowieso nicht reinversetzen.«

»Okay, aber müsstest du ihm nicht eigentlich verzeihen?«, bohre ich weiter. »Du wirst vielleicht eine der Lichtfrauen sein. Ich glaube nicht, dass es mit deinem spirituellen Bewusstsein zu vereinbaren ist, wenn ...«

»Ich weiß«, unterbricht sie mich. »Bisher hat Bhajiu-Ra mir allerdings keine klare Anweisung gegeben. Aber das tut er ja nie. Er zeigt immer nur Möglichkeiten auf.«

»Hm«, mache ich. »Und welche Möglichkeiten hast du in Bezug auf Opa?«

Meine Mutter schließt die Augen und seufzt. »Das kannst du dir doch sicher denken«, erwidert sie. »Ich muss mich da natürlich emotional lösen. Das geht entweder, indem ich ihm verzeihe oder ...«

»... so tust, als ob er gar nicht existiert?«, rufe ich. »Aber Mam, das ist doch keine Lösung!«

Sie sieht mich kurz an, dann schlägt sie sich die Hände vors Gesicht und fängt wirklich an zu heulen. »Du kannst dir überhaupt kein Bild davon machen, was mein Vater mir angetan hat. Das kann man nicht so leicht vergeben und vergessen!«

»Ich weiß«, murmele ich und schlinge meine Arme um sie, doch meine Mutter drückt mich sofort von sich weg.

»Woher?«, will sie wissen. »Hat Robert etwa ...?«

»Nein, hat er nicht«, sage ich und sehe sie ganz offen an. »Auch das kann ich mir denken, Mam. Glaubst du, ich habe nicht gemerkt, dass Oma geradezu hysterisch darauf geachtet hat, dass Rebekka und ich nicht mit ihm allein sind? Und dass du nach ihrem Tod ständig irgendwelche Ausreden erfunden hast, warum wir nicht zu ihm kommen können?«

Sie wischt sich die Tränen aus den Augen und nimmt nun mich in den Arm. »Du bist wirklich unglaublich«, haucht sie in meine Halsbeuge. »Manchmal fasse ich es nicht, dass du gerade mal sechzehn bist.«

Als ich nach dem Zähneputzen noch einmal die Eingänge auf meinem Handy checke, sehe ich, dass Jasper mir heute sage und schreibe 20 SMS geschickt hat. In allen steht das Gleiche:

ich liebe dich und ich vermisse dich

Die letzte Nachricht unterscheidet sich von den vorherigen nur durch:

bitte sag mir doch, dass ich dir auch ein klitzekleines bisschen fehle
pls

Mein Herz macht einen Sprung und ich spüre ein kleines Grinsen um meine Mundwinkel. Jasper ist wirklich süß.

klar, fehlst du mir. bis morgen. ich freu mich!

simse ich zurück. Dann schalte ich das Handy aus und krieche unter die Bettdecke. Es ist so ein Glück, dass ich Jasper habe, denn er macht vieles von dem, was mein Leben zurzeit bestimmt, so leicht. Umso betrüblicher ist es aber auch, dass ich über all das nicht mit ihm reden kann. Zumindest nicht über die Dinge, die Bhajiu-Ra betreffen. Jasper würde mich garantiert für ziemlich durchgeknallt halten, wenn ich ihm erzähle, wer ich wirklich bin und welche Aufgabe ich in der Welt zu leisten habe. Vielleicht würde er sogar ganz ähnlich reagieren wie Paps, was ich ihm nicht einmal verdenken könnte. Vielleicht müsste ich ihn dann sogar verlassen. Aber das will ich nicht. Es ist doch alles noch so frisch mit ihm, so klein und so zart. Da darf man nicht unüberlegt mit dem Hammer draufhauen, da braucht man einfach Zeit.

Ich drehe meinen Kopf zur Seite, so dass ich das Babaji-Bild, das ich inzwischen doch über dem Kopfende an der Wand befestigt habe, ansehen kann.

»Was würdest du mir raten, hm?«, murmele ich. »Soll ich Jasper alles erzählen?«

Es kommt mir so vor, als ob Babaji den Kopf schütteln würde.

»Es bringt niemandem etwas, stimmt's?«, rede ich weiter. »Vielleicht ist es sogar ganz gut, zu warten, bis Jasper und ich uns richtig gut kennen. Bestimmt kann er mich dann viel besser verstehen. Und vielleicht erkennt er ja sogar von sich aus, dass ich besondere Fähigkeiten habe. Dann wird es ihm leichterfallen, meinen Weg zu akzeptieren. Und wer weiß, womöglich geht er ihn sogar mit.«

Ich bilde mir ein, Babaji lächeln zu sehen, und plötzlich bin ich mir sicher: Man kann die Menschen nicht einfach mit diesen spirituellen Dingen überrennen. Viele glauben zwar an Gott, aber eher im christlichen Sinne. Für sie ist die Kirche das Haus Gottes und für manche von ihnen der Papst dessen einziger anerkannter Vertreter.

Diejenigen, die an gar nichts glauben, sondern sich nur auf das verlassen, was sie sehen und anfassen können – und ich denke mal, Jasper gehört dazu – sind noch viel schwerer zu überzeugen.

Letztendlich kann ich nur hoffen, dass er nicht so extrem

drauf ist wie mein Vater, der sich ja nun wirklich mit Händen und Füßen gegen alles Spirituelle stemmt. Eigentlich handelt Mam absolut richtig, wenn sie sich nicht weiter mit ihm belastet. Bei genauer Betrachtung ist Paps für sie und auch für Rebekka und mich nichts weiter als eine Bremse. Mittlerweile finde ich es sogar richtig gemein von ihm, dass er zu Opa gefahren und Mam anschließend in den Rücken gefallen ist. Denn im Grunde hat er es doch nicht Opa zuliebe getan, sondern aus Wut über Mam, weil sie gegen seinen Willen mit mir nach Lengsberg gefahren ist. Ganz schön mies also.

Seufzend werfe ich Babaji noch einen Blick zu, dann lösche ich das Licht und kuschele mich in die Decke. So hart es klingt, aber ich glaube, ich wäre inzwischen echt froh, wenn Mam eine klare Linie zieht und dieser ganze Familienkack endlich hinter uns liegt.

Am nächsten Tag stürze ich mich nach der Schule gleich auf die Hausaufgaben. Jasper hat nämlich gesimst, dass bei ihm der Matheleistungskurs ausfällt und wir uns deshalb zwei Stunden eher treffen können. Nacheinander erledige ich Reli, Franz, Bio und Deutsch hoch konzentriert und schnell. Seit meiner Initiation geht mir alles, was mit Schule und Lernen zu tun hat, viel leichter von der Hand. Ich arbeite weitaus effektiver als vorher – ohne wirklich zu wissen, warum. Es ist einfach so und ich nehme es dankbar an.

»Wohin gehst du?«, fragt meine Mutter, die in der Küche steht und ein Treffen mit ihren Freundinnen vorbereitet.

»In die Stadt«, sage ich.

»Mit Francine?«

Ich überlege einen Moment, entscheide mich dann aber für die Wahrheit. »Nein, mit Jasper.«

»Oh!«, ruft sie, mehr nicht. Kein Kommentar dafür oder dagegen und so sehe ich zu, dass ich in meine Schuhe und anschließend aus der Haustür komme.

Wir sind am Südeingang des Stadtparks miteinander verabredet. Jasper lehnt an einer der beiden Skulpturen, die den roten Kiesweg flankieren, und ist in einen Reiseführer vertieft.

Mein Herzschlag setzt einen Moment aus. Er will doch hoffentlich nicht wegfahren, durchzuckt es mich. Unwillkürlich bleibe ich stehen. Im selben Moment blickt er auf.

»Yara!«

Er drückt sich von der Skulptur weg, schiebt die Broschüre in seine Hosentasche und kommt auf mich zu.

»Was hast du denn da gelesen?«, frage ich, doch anstatt mir zu antworten, nimmt er mich in die Arme und legt seine Lippen auf meine. Seine Küsse sind einfach der Hammer. Immer wieder bekomme ich Gummiknie und Herzrasen davon und so schmiege ich mich bereitwillig an ihn und erwidere seine Zärtlichkeiten.

»Es tut so gut, dich zu fühlen«, flüstert er. »Ich kann gar nicht genug von dir bekommen.«

»Also, wenn du denkst, dass du mich so rumkriegen

kannst ...«, beginne ich, doch Jasper schüttelt sofort den Kopf. »Nein, Yara, das will ich überhaupt nicht. Also, es ist nicht so, dass ich mir nicht wünsche, mit dir zu schlafen«, fährt er fort, als er meinen erschrockenen Gesichtsausdruck registriert, »aber es ist nicht das Eigentliche, um das es mir geht. Ich habe alle Zeit der Welt, zu warten, bis du es auch willst. Es darf nicht zwischen uns stehen, Yara, ja ...? Ich hab dich viel zu lieb, um dich zu irgendwas zu drängen ...«
»Schon gut«, sage ich erleichtert, ja, sogar fast ein bisschen gerührt. »Ich will ja gar nicht ...«
»Ach, du auch nicht!«, ruft Jasper lachend und dann küsst er mich wieder.
Die Leute, die an uns vorbeigehen, sehen uns kopfschüttelnd an.
»Vielleicht sollten wir uns eine einsamere Stelle suchen«, sage ich. »Hier stehen wir ja wie auf dem Präsentierteller.«
»Und wenn schon«, sagt Jasper. Er drückt mich ganz fest an sich und stößt ein tiefes langes Grollen aus. »Meinetwegen können ruhig alle sehen, wie sehr ich dich liebe. Ich könnte schreien und dich zerquetschen vor lauter Glück.«
»Lass es lieber«, erwidere ich schmunzelnd. »Sonst ist es womöglich mit deinen Glücksgefühlen ganz schnell vorbei.«
»Okay, dann muss ich mich wohl oder übel zusammenreißen«, sagt er und drückt mir noch einen Kuss auf die Wange, bevor er mir den Arm um die Schulter legt und mich in Richtung Parkeingang bugsiert. »Aber das schaff ich schon. Schließlich bin ich eine starke Persönlichkeit.«
»Aha«, sage ich, während wir langsam den Kiesweg entlang-

schlendern. »Und wohin will die starke Persönlichkeit verreisen?«

»Oh, ich glaube, ich habe es wohl mit jemandem zu tun, der über übersinnliche Fähigkeiten verfügt! Oder woher weißt du sonst, dass ich einen Flug nach London gebucht habe?«

»Nach London?«, frage ich und spüre einen feinen Stich in meiner Brust. Jasper will also tatsächlich verreisen! »Wann?«

»Och, erst im nächsten Frühjahr«, sagt er. »Dann sind wir lange genug zusammen.«

»Um mich allein zu lassen?«, rufe ich.

»Nein, um deine Mutter zu fragen, ob sie mir dich für ein paar Tage anvertraut.«

»Du willst, dass ich mitkomme?«, frage ich verdutzt.

Jasper lächelt. »Natürlich. Meinst du etwa, ich setze auch nur einen Fuß über die Stadtgrenze, ohne dass du bei mir bist?«

»Jetzt übertreibst du aber!«, weise ich ihn zurecht.

»Und wenn schon«, sagt Jasper. »Für dich ist mir jede noch so klitzekleine Übertreibung gerade gut genug.« Plötzlich sind seine Augen ganz dunkel und warm. »Im Ernst, Yara, ich hätte nie gedacht, dass ich jemals ein Mädchen so gern haben würde wie dich ...«

»Nur gern?«, flachse ich, doch Jasper ist offensichtlich nicht nach Neckereien zumute.

»Du weißt genau, wie es mir geht«, sagt er fast ein bisschen verärgert. »Ich komme mir allmählich vor wie ein Idiot, ständig zu wiederholen, wie viel mir an dir liegt. Du dagegen

lässt mich völlig im Unklaren darüber, was du für mich empfindest.«
»Das ist nicht wahr«, sage ich empört.
»Doch, das ...«
»Schsch«, mache ich, hebe mich auf die Zehenspitzen und küsse ihn. Ich lege alles an Zärtlichkeit hinein, was ich für ihn in meinem Herzen trage. Selig, aber auch bisschen verwundert nimmt er es entgegen, und diesmal bekomme ich von seinen Lippen das sanfteste Streicheln der Welt zurück.
Ich liebe dich, Jasper, ich liebe dich, ist alles, was ich fühlen kann.

10

Als Stella aus dem Babaji-Ashram zurückkehrt, gibt Bhajiu-Ra ihr zu Ehren ein großes Fest. Im Vorraum wird ein Buffet mit indischen Speisen aufgebaut und eine indische Musikgruppe spielt den ganzen Abend Babaji-Bhajans. Stella strahlt wie Weihnachtsglimmer und rennt von einem zum anderen, um von ihren Erlebnissen im Ashram zu berichten.

»Ich habe ihnen so viel geben können«, prahlt sie. »Es war wie eine Initialzündung. Bhajiu-Ra hat mich genau an den richtigen Ort geschickt. Dort bin ich vollkommen in meine Kraft gekommen. Ich habe zum ersten Mal gespürt, wer ich wirklich bin. Und alle anderen dort auch. In der letzten Woche habe ausschließlich ich den Darshan gegeben«, schließt sie mit einem stechenden Seitenblick auf mich. »Alle waren völlig verzaubert. Sie wollten mich gar nicht weglassen. Aber am Ende haben schließlich Dankbarkeit und Demut gesiegt.«

»Und was ist mit dir?«, frage ich sie.

»Wieso?«, entgegnet sie patzig. »Was soll denn mit mir sein?«

»Bist du auch dankbar und demütig?«

»Aber Ya-Ra, Engel«, ermahnt Mam mich. »Eine solche Frage darfst du ihr doch nicht stellen.«

Stella schenkt ihr ein strahlendes Lächeln und ich wende mich genervt ab.

»Sie ist schrecklich«, raunt Francine mir zu. »Ich verstehe gar nicht, was Bhajiu-Ra immer mit ihr hat.«

»Ich eigentlich auch nicht«, erwidere ich. »Wahrscheinlich steht sie unter seiner besonderen Obhut. Immerhin hat er eine Art Patenschaft für sie übernommen. Möglicherweise hat sie Qualitäten, die außer ihm keiner sieht.«

»Ich wüsste nicht, wo sie die versteckt hält«, erwidert Francine und verdreht die Augen. Dann sieht sie mich plötzlich erschrocken an. »Hoffentlich bin ich jetzt überhaupt noch lichtvoll genug, um in den Inneren Kreis aufgenommen werden zu können.«

Dass Francines Sorge völlig unbegründet ist, sehen wir eine gute halbe Stunde später, als die Musikgruppe plötzlich zu singen aufhört und Bhajiu-Ra uns in den Meditationsraum bittet. Hastig schlingen wir die letzten Happen auf unseren Tellern herunter, streifen unsere Schuhe ab und lassen uns auf unsere Kissen nieder.

Der Vorhang ist zurückgezogen und Bhajiu-Ra sitzt bereits in seinem roten Sessel, inmitten eines Halbkreises aus 18 dunkelblauen samtenen Meditationskissen.

»Von nun an habe ich niemanden mehr, der diese Dienste erfüllt«, beginnt er und deutet auf den Vorhang. »Denn Stella, die sie viele Jahre lang voller Demut und Hingabe erfüllt hat, hat ihren Platz nun neben Ya-Ra gefunden.«

Ein aufgeregtes Raunen ertönt, einige beginnen zögernd Beifall zu klatschen. Stella steht auf, hochrot im Gesicht und verbeugt sich nach allen Seiten. Ich husche an ihr vorbei, haste nach vorn und lasse mich auf das blaue Kissen zu Bhajiu-Ras rechten Seite nieder.

Nachdem der spärliche Applaus verebbt ist, schreitet Stella feierlich auf Bhajiu-Ra zu. Sie hält den Kopf stolz aufgerichtet, doch in ihren Augen liegt ein Ausdruck tiefer Demut und Dankbarkeit. Sie wirkt seltsam entrückt, und als sie sich unserem Meister zu Füßen fallen lässt, bemerke ich ein kurzes seltsames Funkeln in ihren Pupillen.

Bedächtig formt Bhajiu-Ra seine Hände über ihrem Kopf zu einer Schale und sagt: »Hiermit erhebe ich dich in den Stand der Lichtfrau. Dein Name ist Stella-Ma. Als Mutter der Sterne sollst du nicht weiter irdische Aufgaben erledigen, sondern wie das Sternenlicht vom Himmel gütig und wachend auf uns herabfallen. Es möge dir nichts entgehen, was der Verbreitung des göttlichen Lichts auf unserem Planeten entgegensteht. Bedingungslose Liebe, Treue und Hingabe, die Eigenschaften einer Mutter, sollen dir zu eigen sein.«

Zum Abschluss macht er eine Art Segenszeichen, danach nimmt er die Hände langsam wieder herunter. Stella richtet sich auf und Bhajiu-Ra legt ihr nun seinen Finger auf die Brust, um ihr den Darshan zu geben. Bereits nach wenigen Sekunden bricht Stella in ekstatische Zuckungen aus, dann schreit sie plötzlich auf und fällt schließlich unter lautem Poltern zu Boden.

Wieder geht ein Raunen durch die Menge. Einige springen von ihren Kissen auf, doch Bhajiu-Ra bedeutet ihnen durch eine energische Geste, sich wieder zu setzen.

Etliche, sich ewig lang anfühlende Sekunden passiert überhaupt nichts. Bhajiu-Ra schließt die Augen. Ich starre ihn an und hefte meinen Blick danach auf Stella. Eine Gänsehaut

rast mir über die Haut und mein Magen zieht sich zusammen. Erst allmählich wird mir klar, dass ich gefragt bin.
Zögernd erhebe ich mich von meinem Platz und hocke mich neben Stella. Ich berühre ihren Rücken, schließe ebenfalls die Augen und verbinde mich über das Scheitelchakra mit der göttlichen Energie. Ein sanftes weißes Licht gleitet durch mich hindurch, verteilt sich über meine Berührung in Stellas Aura und umhüllt ihren Körper wie ein schützendes Kleid. Es kann nicht sein, denke ich. Das bildest du dir doch bloß ein. Es ist völlig unmöglich, so etwas zu sehen. Gleichzeitig weiß ich tief aus meinem Inneren heraus, dass es genau so ist. Ich nehme Ereignisse wahr, die für andere unsichtbar sind. Und durch mich geschehen Dinge, die für andere nützlich oder sogar heilend sind. Diese Erkenntnis durchzuckt mich wie ein Blitzschlag. Jetzt, genau in diesem Moment, habe ich endlich die Gewissheit: Das ist meine Aufgabe, der Weg, den ich gehen muss, nein, gehen will. Alle meine Zweifel fliegen von mir ab und lösen sich auf in diesem wundervollen weißen Licht.
Es dauert nur den Bruchteil eines Augenblicks und Stella kommt wieder zu sich. Sie richtet sich auf und sieht mich durch ihre großen blauen Augen strahlend an.
»Danke«, murmelt sie. »Ich danke dir sehr, Ya-Ra, meine wundervolle Schwester.«
Zum ersten Mal ist der Blick, den sie mir schenkt, offen und ehrlich und vollkommen ohne Vorwurf oder Neid. Ich nicke ihr lächelnd zu und auch ich meine es absolut aufrichtig. Offenbar musste geschehen, was geschehen ist, um uns einander nahezubringen. Während Stella das Kissen zu

Bhajiu-Ras Linken ansteuert, werfe ich einen ehrfürchtigen Blick auf unseren Meister.

Wie unendlich weise er doch ist!

Vor meinem inneren Auge löst sich seine körperliche Hässlichkeit auf und mit einem Mal erkenne ich seine wahre Schönheit. Ich schließe die Augen und habe das Gefühl, davonzuschweben. Weder spüre ich das Kissen, auf dem ich sitze, noch den Boden unter meinen untergeschlagenen Füßen. Ich fühle mich hell und leicht, voller Licht und Leben. Mein Kopf ist klar und mein Herz so sehr mit Freude erfüllt, dass ich platzen könnte. Denn das Unfassbare ist geschehen: Ich habe der Wahrheit, die hinter den Dingen liegt, ins Gesicht geschaut. Dankbar und ergriffen verneige ich mich innerlich und äußerlich und im nächsten Moment holt mich Bhajiu-Ras Stimme bereits ins Hier und Jetzt zurück. Leise, aber klar akzentuiert nennt er sechzehn Namen, bittet die Mädchen und Frauen zu uns nach vorn und auf einem der blauen Kissen Platz zu nehmen. Unter ihnen sind: Magdalena, die Älteste aus diesem Kreis, Janina, ein achtjähriges Mädchen, Francine und meine Mutter.

Nacheinander lässt Bhajiu-Ra sie vor sich hinknien, gibt ihnen den Darshan und einen neuen Namen oder Namenszusatz. Außerdem flüstert er jeder von ihnen etwas zu.

Alle anderen im Raum starren wie gebannt zu uns herüber. Es liegt eine seltsame Schwere über uns, die sich von Minute zu Minute verdichtet. Die Freude in meinem Herzen verschwindet und macht einem drückenden Gefühl Platz. Mein Magen zieht sich dermaßen nach oben, dass ich kaum noch atmen kann.

»Die achtzehn Lichtfrauen sind gefunden«, verkündet Bhajiu-Ra, nachdem alle Kissen besetzt sind. »Doch noch spüren wir ihre besonderen Attribute nicht. Denn bisher hat erst eine von ihnen die für diese Ebene erforderlichen Qualitäten ausgeprägt. – Stella-Ma.«
Ein eiskaltes Gefühl umklammert mein Herz. Es ist nicht Eifersucht oder Neid, sondern Angst. Denn ich bin nicht dabei.
Ich habe nicht alles richtig gemacht. Ich bin nicht in meiner Kraft. Ich erfülle meine Aufgabe nicht. Diese Gedanken setzen sich wie eine bleierne Kette in meinem Gehirn fest. Ich fühle mich wie aus der Welt gestoßen und Bhajiu-Ras Stimme dringt nur noch aus weiter Ferne zu mir durch.
»Wahrscheinlich habt ihr erwartet, dass ich euch einen anderen Namen nennen würde, nämlich den Ya-Ras«, höre ich ihn sagen. »Schließlich war sie die Erste an meiner Seite. Ihr alle liebt und verehrt sie, ihr alle könnt ihre Göttlichkeit spüren. Ja, meine Lieben, wir alle wissen: Ya-Ra ist etwas Besonderes. Ich habe auf sie gewartet und sie ist gekommen. Wir kennen uns seit Anbeginn aller Zeiten. Immer wieder haben wir sehr spezielle Aufgaben geleistet, die wir nur gemeinsam erfüllen konnten. In der Existenz, die wir diesmal gewählt haben, wird es wieder so sein. Ya-Ra und ich sind aus einem Lichtkeim entstanden. Wir gehören unabdingbar zusammen. Nur gemeinsam sind wir vollständig und nur gemeinsam können wir euch allen und Tausenden anderen Menschen geben, was sie brauchen, um die Transformation unseres Planeten zu gestalten oder überhaupt zu überstehen.«

Ich nehme alles auf, aber ich begreife nichts. In meinem Kopf herrscht alles andere als Licht, sondern eine dumpfe Dunkelheit. Mein Herz klopft hart und wild und ich wage es nicht, Bhajiu-Ra anzusehen.

»Und deshalb, meine Lieben, wird es euch zu Ehren ein Fest geben«, fährt er fort. »Drei Wochen haben die sechzehn Lichtfrauen an meiner Seite Zeit, die Bedingungen zu erfüllen, die zum vollständigen Erwecken ihrer Lichtqualitäten nötig sind. Stella-Ma wird das Licht der Sterne auf sie herablenken, um ihnen dabei zu helfen, sich von dem, was sie noch bindet, zu lösen. Ya-Ra und ich werden derweil unsere Hochzeit vorbereiten.«

Mam und Francine schreien gleichzeitig auf und ich habe das Gefühl, ohnmächtig zu werden.

»Natürlich ist es keine Hochzeit im irdischen Sinne«, erklärt Bhajiu-Ra weiter, »sondern eine Heirat auf der energetischen Ebene, in der Ya-Ra und ich unsere jeweilige Lichtfülle miteinander verbinden und über euch ausschütten werden. Anschließend wird Ya-Ra drei Tage und drei Nächte in meinem Haus verbringen, danach kehrt sie in ihren Alltag zurück, um das zu vollenden, was sie sich vorgenommen hat.«

Ich sauge seine Worte wie ein lebensrettendes Elixier in mich hinein. Alles ist gut. Ich habe doch nicht alles falsch gemacht. Im Gegenteil: Ich bin so sehr in meiner Energie wie nie zuvor und deshalb bekomme ich eine ganz besondere Aufgabe.

Ich höre mich keuchen und zwinge mich, tief in den Bauch hineinzuatmen und mich zu beruhigen. Ich werde meinen Meister heiraten.

Aus den Augenwinkeln sehe ich, wie Bhajiu-Ra seinen Arm zu den Musikern ausstreckt. Nacheinander setzen die Trommeln, die Sitar und das Harmonium ein und das Omnamah-Shivaya erklingt. Inbrünstig und feierlich, voller Ergriffenheit und Erwartung. Bhajiu-Ra steht von seinem Sessel auf und verabschiedet sich von jeder seiner Lichtfrauen mit einer tiefen Verbeugung und einem Kuss auf die Stirn.

»Ihr könnt nun gehen«, sagt er. »Bitte nehmt die anderen mit und schließt noch einmal für mich – und die anbetungswürdige Ya-Ra den Vorhang.« Sein Blick fällt auf mich. Lächelnd reicht er mir seine Hand. »Bitte, erhebe dich.«

Meine Beine sind wackelweich, beinahe verliere ich beim Aufstehen das Gleichgewicht. Ich muss die haltende Hand schon sehr fest umfassen, damit ich nicht über mein Kissen stolpere.

Bhajiu-Ra zieht mich zu sich heran, legt die andere Hand auf meinen Rücken und schiebt mich auf seinen Sessel zu.

»Bitte setz dich.«

Ich tue, was er sagt, und versuche ihm dabei möglichst fest in die Augen zu sehen.

»Du hast schon einmal dort gesessen, um den Darshan zu geben«, fährt er fort. »Vielleicht hast du damals schon gespürt, dass dieser Platz ebenso deiner wie meiner ist.«

Ich schlucke und nicke.

»Du bist noch sehr jung in diesem Leben. Nie war der Altersunterschied zwischen uns so groß«, sagt Bhajiu-Ra. »Aber das ist nicht entscheidend. Wir werden unsere Energien dennoch miteinander vereinigen können, weil es sowohl von

Gott als auch von uns gewollt ist, das zu tun. Nicht wahr, Ya-Ra, hab ich recht, du willst es doch auch?«
Ich starre ihn an – und nicke. Was sonst?
»Ich möchte dich auf keinen Fall überfahren«, beschwört Bhajiu-Ra mich. »Hingabe, die auf allen Ebenen des Seins stattfindet, ist der Inbegriff von Freiheit. Nur wenn du bereit bist, alles zu geben, kannst du vollkommen frei sein. Das ist dir doch klar, Ya-Ra?«
Ich senke den Blick – und nicke abermals.
»Drei Wochen hast nun auch du Zeit, dich von allem zu lösen, was dich bindet.«
Wieder kriecht diese entsetzliche Kälte in meine Brust.
»Du weißt, was ich meine, Ya-Ra?«
»Ja«, krächze ich.
»Du weißt, dass du dich für immer trennen musst?«
»Ja.«
Tränen schießen mir in die Augen und tropfen auf meine zusammengelegten Hände.
»Es ist die letzte große Prüfung, die du dir selbst gestellt hast, Ya-Ra, das weißt du doch, nicht wahr?«
»Ja, ich weiß.«
»Es ist der schwerste Schritt, den du je gegangen bist«, sagt Bhajiu-Ra leise. »Aber du kannst dir gewiss sein: Meine ganze Liebe wird dir zur Seite stehen und dir Kraft geben.«
Er zieht etwas unter seinem Gewandt hervor. Es ist ein zirka zehn Zentimeter langer Kristall, der wie ein Zepter geschliffen ist und bei jeder Bewegung blitzt und funkelt. »Dies ist ein Dorje, der Herr der Steine«, erklärt mir mein Meister, während er ein Ende des Kristalls auf meine Stirn richtet.

»Er ist das machtvollste Instrument Buddhas und dient der Reinigung des Energiekörpers.«
Ich habe das Gefühl, mein Kopf explodiert, und schließe erschrocken die Augen.
»Die Ausdehnung, die du mit seiner Hilfe in Verbindung mit mir erfahren kannst, ist unendlich.«
Das heftige Gefühl verschwindet, im nächsten Moment spüre ich etwas Heißes in meiner Hand. Ich öffne die Augen und sehe, dass Bhajiu-Ra den Dorje hineingelegt hat.
»Benutze ihn nur im Einklang mit deinem Herzen. Dann wird seine Transformationskraft dich nicht zerstören können.«
Noch einmal verbeugt Bhajiu-Ra sich tief vor mir, dann dreht er sich um und verschwindet durch den Vorhang und aus dem Raum.

※

Francine findet alles einfach nur hammergeil. »Bhajiu-Ra ist das größte Geschenk, das Gott uns gemacht hat«, wird sie auf der Rückfahrt nicht müde zu wiederholen. »Ich bin mittlerweile felsenfest überzeugt: Er ist nicht einfach nur Babajis Wiedergeburt, sondern Jesus, Buddha, Allah ... alles in einem. Weil es in Wahrheit gar keine Unterschiede gibt. Versteht ihr?«
Meine Mutter lächelt ihr Lächeln und nickt.
»Wir sind wie Insekten, die immer nur einen Teil des Ganzen zu erfassen imstande sind«, fährt Francine voller Enthusiasmus fort. »Wir sind überzeugt von den Unterschieden

und sehen schlicht nicht, dass im Grunde alles zusammengehört.«

Und was ist mit mir?, denke ich. Wenn ich auf diese Weise zu Bhajiu-Ra gehöre, wie er es heute beschrieben hat, muss ich dann nicht ebenfalls alles in einem sein? Lebt dann nicht auch in mir der Geist von Jesus und Buddha? Bin ich in Wahrheit sogar Gott? Sind wir womöglich alle ein Aspekt von ihm, ohne dass wir es wissen?

Eine feine Gänsehaut rieselt mir über den Körper. Wie wird es erst sein, wenn ich eine bewusste energetische Verbindung mit Bhajiu-Ra eingegangen bin? Wird mir dieses Allwissen dann in seiner Vollkommenheit bewusst und jederzeit abrufbar sein, so dass ich jedem Menschen, der sich an mich wendet, stets die passende Antwort geben kann? Das wäre ja geradezu phantastisch!

Natürlich hätte ich eine riesige Verantwortung, aber davor würde ich nicht zurückschrecken. Wenn ich wirklich jedem weiterhelfen und dazu beitragen kann, dass er sich seiner Schöpferkraft bewusst wird, wäre das doch eine echte Lebensaufgabe, für die es sich wirklich lohnen würde, auf jede Art persönlicher Wünsche zu verzichten.

Zum ersten Mal nach diesem Wahnsinnsabend denke ich an Jasper, und mein Herz wird so schwer, als ob jemand alle Gewichte dieser Welt daran gehängt hätte. Wie soll ich glücklich sein, wenn ich ihn nicht mehr im Arm halten und küssen darf? Wie soll ich ihm all das überhaupt erklären?

Es wird heiß unter meinen Lidern und ich habe echte Mühe, nicht loszuheulen. Vor Mam und Francine darf ich mir nun keine Blöße mehr geben. Vor niemandem. Ich bin Ya-Ra,

spirituelle Braut von Bhajiu-Ra, in drei Wochen werden sich mir womöglich Dinge eröffnen, die ich mir jetzt noch gar nicht vorstellen kann. Ich bin auserwählt. Ich muss stark sein und mich dieser Aufgabe stellen. Denn ich darf all die Menschen, die das Besondere, das Licht in mir sehen, nicht enttäuschen. Ich muss mich mir selbst stellen, zu der stehen, die ich bin. Ich, Yara, die Auserwählte.
Wie erkläre ich das alles bloß Jasper?

※

»Bitte tu mir einen Gefallen«, sagt Mam zu mir, nachdem wir Francine am Internat abgesetzt haben. »Dräng mich nicht. Ich habe meinen Entschluss ja längst gefasst und ich verspreche dir, alles in meinem Tempo zu erledigen.«
Ich sehe sie erstaunt an. »Was meinst du? Wozu sollte ich dich drängen?«
Sie schüttelt lächelnd den Kopf. »Du brauchst mir diese Fragen nicht mehr zu stellen, Ya-Ra. Ich weiß, wer du bist. Und ich weiß, dass du im Grunde über das gesamte kosmische Wissen verfügst. Für mich ist es nur manchmal nicht ganz einfach, damit umzugehen. Du bist meine Tochter, dein Äußeres ist noch so jung und gleichzeitig bist du in deiner spirituellen Entwicklung um so viel weiter als ich.«
»Mam, du bist doch jetzt auch eine Lichtfrau und ...«
»Aber du bist diejenige, mit der Bhajiu-Ra diese wunderbare universelle Verbindung eingehen wird«, unterbricht sie mich sofort. »Ihr zwei werdet uns alle führen, ganz egal, auf welcher Ebene wir uns befinden.« Sie schlingt mir den Arm

um den Hals und sieht mich zärtlich an. »Ya-Ra, du glaubst gar nicht, wie sehr ich mich freue. Ich bin stolz und glücklich. Unendlich glücklich. Um dich brauche ich mir keine Sorgen mehr zu machen, ich weiß, du bist angekommen. Jetzt muss ich mich vor allem um mich selbst kümmern ... Und um Rebekka.«

»Was hast du denn vor? Paps wird niemals erlauben, dass sie zu Bhajiu-Ra geht.«

»Natürlich wird er das nicht, mein Engelchen«, erwidert sie. »In dieser Hinsicht habe ich absolut keine Illusionen mehr. Dein Vater wird von nun an alleine klarkommen müssen.«

»Du willst dich also wirklich von ihm trennen?«, frage ich beklommen.

Meine Mutter lacht auf. Sie nimmt den Arm herunter, startet den Motor und fährt langsam los. »Ich will nicht nur, ich muss.«

Wieder denke ich an Jasper und plötzlich wird mir klar, dass Bhajiu-Ra heute Abend allen seinen Lichtfrauen eine Bedingung gestellt hat. Jede Einzelne muss sich von jemandem lösen, an dem ihr Herz besonders hängt. Was in Mams Fall allerdings bedeuten würde, dass sie Paps noch immer liebt.

Ich mustere sie unauffällig, registriere die feinen Querfalten auf ihrer Stirn und die leicht eingekniffenen Mundwinkel. Meine Mutter wirkt alles andere als entspannt, gelöst oder gar glücklich. Keine Frage: Trotz der ständigen Streitereien zwischen ihr und Paps und der Anspannung, die nun schon seit Monaten die Stimmung in unserem Haus beherrscht, fällt ihr dieser Schritt unendlich schwer.

»Jetzt guck nicht so«, sagt sie ein wenig unwirsch. »Denkst du, ich merk das nicht?«
Hastig drehe ich mein Gesicht der Frontscheibe zu.
»Was glaubst du, wie lange es noch dauert?«
Sie zuckt mit den Schultern. »Na ja, bis zu deiner Hochzeit muss der Schritt vollzogen sein.«
Bis zu meiner Hochzeit – Wie das klingt! Unglaublich. Unlogisch. Unfassbar.
Mam beschleunigt das Tempo und ruckelt ungeduldig am Lenkrad herum. »Es ist eine kosmische Gesetzmäßigkeit. Ohne das eine ist das andere nicht möglich. Kausalität nennt man so etwas.«
Der Tacho steht auf 75 km/h, viel zu schnell für die Innenstadt.
»Kannst du nicht ein bisschen langsamer fahren?«
»Nein, kann ich nicht!«, ist die zornige Antwort meiner Mutter.
»Es passiert schon nichts«, fügt sie nach einer Weile etwas sanftmütiger hinzu. »Schließlich sind wir geschützt.«
»Von wem?«
Sie lacht. »Von wem, von wem? Hör auf damit, Ya-Ra, ja!«
Plötzlich bremst sie wieder ab, setzt den Blinker und fährt an den Straßenrand.
»Der Mietvertrag für die neue Wohnung ist so gut wie unterschrieben«, sagt sie und sieht mich eindringlich an. »Sie ist groß genug für uns drei. Zum Wohnen und zum Arbeiten.«
»Du willst dich also tatsächlich selbständig machen?«, frage ich skeptisch.

Um ihre Augen legt sich ein trotziger Zug. »Ich habe ein Diplom.«

»Ja, aber es ist doch ewig her, dass du als Psychologin in einer richtigen Praxis gearbeitet hast«, wende ich ein.

»So lange nun auch wieder nicht«, erwidert meine Mutter. »Außerdem brauche ich gar keine offizielle Praxiszulassung. Das, was ich in Zukunft tun werde, nenne ich Spirituelle Lebenshilfe. Der Titel Diplompsychologin wird dabei helfen, dem Ganzen einen seriösen Touch zu verleihen.« Sie lächelt matt. »Du weißt ja selber, welche Berührungsängste viele Menschen haben.«

Nachdenklich sehe ich sie an.

»Ehrlich gesagt, habe ich nicht die geringste Ahnung, wie ich fremde Menschen überhaupt auf dieses Thema ansprechen soll«, sage ich schließlich. »Außer mit Francine oder denen aus der Gruppe rede ich doch gar nicht darüber.«

»Das brauchst du auch nicht«, entgegnet sie. »Zu dir werden die Menschen ganz von allein kommen. Klinken putzen ist nun wirklich nicht der Job einer Auserwählten.«

»Und was ist mit dir?«, frage ich.

»Ich werde mich wohl ein bisschen mehr anstrengen müssen als du oder unser Meister«, meint sie. »Noch weiß ich nicht, wie meine Arbeit genau aussehen wird. Ich schätze mal, wenn das Seminar vorbei ist, sehe ich klarer.«

»Du hast also nicht einmal eine Idee?«, frage ich verwundert.

»Doch natürlich habe ich die.« Mams Hände streichen über das Lenkrad, während ihr Blick ein wenig in die Ferne rückt. »Ich werde Beratungsgespräche führen, Selbsterfahrungs-

workshops und Meditationswochenenden anbieten und dabei nach und nach das anwenden, was Bhajiu-Ra uns an energetischen Werkzeugen mit auf den Weg gibt. Und zwar sowohl bei uns als auch in Lengsberg.«
Ich horche auf.
»Energetische Werkzeuge? Was ist denn das?«, frage ich ehrlich neugierig.
»Oh, es gibt recht einfache Möglichkeiten, bestimmte Informationen an Gegenstände zu binden ...«
»Ach ja ...?«
»Meine Güte, Ya-Ra, jetzt hör bitte endlich auf, mich zu testen«, ruft meine Mutter lachend.
»Aber ich teste dich nicht«, sage ich empört. »Ganz ehrlich: Ich weiß das alles nicht.«
Mams Hände gleiten vom Lenkrad herunter. Sanft tastet sie nach meinem Unterarm. »Tut mir leid, Engelchen«, flüstert sie. »Ich denke immer nur, wie besonders du bist, und vergesse dabei völlig, dass dein Bewusstsein sich dieser Dimension wahrscheinlich noch gar nicht angepasst hat. Aber das wird sich entwickeln, Ya-Ra. Spätestens nach der Verbindungszeremonie mit Bhajiu-Ra wirst du vollkommen eins mit dir sein.« Ein wehmütiger Zug umspielt ihre Mundwinkel. »Und danach wirst du mir solche Fragen wahrscheinlich nie wieder stellen.«

11

Am nächsten Tag erfahre ich von Francine, dass die Lichtfrauen von dem Zeitpunkt an, an dem sie sich vollständig von ihrer irdischen Gebundenheit gelöst haben, keinen Gegenwert mehr für Bhajiu-Ras Lectures und Seminare aufbringen müssen.

»Kapier ich nicht«, sage ich. »Ich habe bisher noch nie für etwas zahlen müssen, was er an oder mit mir gemacht hat.«

Francine lacht. »Ja, du.«

»Ich glaube, ihr alle haltet mich für etwas viel Größeres als ich tatsächlich bin«, erwidere ich, während wir den naturwissenschaftlichen Trakt verlassen und die Treppe hinauf in Richtung Klassenraum laufen.

Francine schüttelt energisch den Kopf. »Ganz bestimmt nicht.«

»Aber ich habe mich längst noch nicht vollständig gelöst«, wende ich ein.

»Woher willst du das wissen?«

»Er hat es mir gesagt.«

»Okay.« Francine stoppt und sieht mich durchdringend an. »Jasper?«

Ich senke den Kopf und versuche das schmerzend stramme Gefühl im Hals wegzuschlucken.

»Ach, du Arme!«, ruft Francine ehrlich mitfühlend. »Natürlich ist er so etwas wie eine letzte große Prüfung.«

»Genau«, presse ich hervor und gehe hastig weiter, damit

sie nicht sieht, dass meine Augen feucht geworden sind. Bei allem Verständnis, das Francine ganz sicher für mich aufbringen wird, eine heulende Auserwählte werde ich ihr wohl kaum verkaufen können. Die Geschichte mit Jasper ist ganz allein meine Angelegenheit. Ich muss sie selbst regeln und ich muss damit klarkommen. Wie es mir damit geht, braucht niemanden zu interessieren. Nach außen hin muss ich die sein, für die ich zu diesem Zeitpunkt auf diese Welt gekommen bin. Ohnehin war mir längst klar, dass Jasper diese letzte große Prüfung ist. Möglicherweise hätte ich dieses innere Wissen verdrängt, wenn Bhajiu-Ra es gestern nicht noch einmal so deutlich angesprochen hätte.
»Meine Mutter wird meinen Vater verlassen«, sage ich, als ich am Klassenraum angekommen bin und festgestellt habe, dass die Tür abgeschlossen ist. Außer Francine und mir ist noch niemand hier.
»Ich weiß«, sagt sie. »Thalé hat es mir gesagt. Seit Wochen spricht sie von nichts anderem mehr.«
Erstaunt sehe ich sie an.
»Mit dir kann sie darüber ja nicht reden«, meint Francine schulterzuckend. »Sie hat Angst, dass du zu ungeduldig wirst.«
Ich schüttele den Kopf. »Wieso sollte ich?«
»Na ja, Bhajiu-Ra kann auch nicht besonders gut dabei zusehen, wenn sich jemand mit einer Entscheidung so schwer tut und Dinge, deren Lösung sowieso klar ist, ewig vor sich herschiebt. Manchmal wird er sogar ironisch.«
»Ironisch?«
»Während der Seminare ist er ein bisschen anders drauf als

an den Darshan-Abenden«, erklärt sie mir. »Lockerer. Da könnte man manchmal meinen, dass er ein ganz normaler Mensch ist.«
»So wie ich?«
Francine grinst. »Ja, so wie du.« Dann guckt sie wieder ernst. »Wenn wir nicht so wären, wie wir sind, könnten wir nicht so viele Menschen überzeugen. Stell dir vor, du würdest als gleißend weißes Licht erscheinen – die Leute würden dich womöglich für einen Alien halten.«
Ich nicke. »Klar.«
Ich und ein Alien. Ich und gleißend weißes Licht. Wieder einmal kommt mir alles so unwirklich vor und ich fühle mich eher wie eine von den anderen, von denen, die erst noch überzeugt werden müssen.
»Was musst *du* denn noch erfüllen, um dein ganzes Potenzial als Lichtfrau entfalten zu können?«, frage ich.
Francine lehnt sich gegen die Wand und sieht mich wehmütig an.
»Ich zweifele noch zu sehr.«
»Woran?«
»An allem. Dem Spirituellen. Bhajiu-Ra. Dir.«
»*Du?*«
Das hätte ich nun wirklich nicht gedacht!
Francine zuckt mit den Schultern. »Ja, ich.« Sie versucht ein Lächeln. »Sag bloß, das hast du nicht bemerkt?«
»Nein«, gebe ich ehrlich zu.
»Ich bin eben gut im Verstecken«, meint sie. »Und da ich ebenfalls einen ausgeprägten Lichtkörper habe, gelingt mir das sogar vor euch.« Sie schließt kurz die Augen und stößt

einen leisen Seufzer aus. »Weiter bringt mich das allerdings nicht.«

»Und was willst du tun, um deine Zweifel zu besiegen?«, frage ich.

»Bhajiu-Ra meint, ich sei auf einem guten Weg. Außerdem sei es ganz normal, dass diese Zweifel immer dann besonders heftig über einen hereinbrechen, wenn man einen großen Schritt machen soll. Da ginge es dir und den anderen auch nicht anders.«

Ich sauge diese Worte in mich hinein wie eine Heilsbotschaft. Meine Zweifel bedeuten also nicht, dass die Sache an sich grundverkehrt ist, sondern nur, dass ich ihr noch nicht restlos vertraue. Außer Stella geht es im Moment wahrscheinlich allen Lichtfrauen so.

»Die Zweifel können sogar so extrem werden, dass man sich vollständig von seinen Qualitäten entfernt«, fährt Francine fort. »Man hat das Gefühl, weniger wertvoll als alle anderen Menschen auf diesem Planeten zu sein. Egoflucht nennt er das.«

»Egoflucht?«

Francine nickt. »Das passiert, weil man sich nicht trennen will. Man wünscht sich, dass alles so bleibt, wie es ist. Eine Art Torschlusspanik des Egos. Gerade das macht es ja so schwer, mit alten Mustern zu brechen«, sagt sie und versucht es mit einem Beispiel: »Wir hören nicht auf zu rauchen, weil wir denken, dass wir dann nicht mehr dazugehören oder auf Genuss, Beruhigung oder sonst was verzichten müssen. Die Wahrheit ist aber: Wir fürchten uns vor der Freiheit, die dahinter liegt. Eine Freiheit, die wir nun irgendwie anders füllen müssen. Und weil wir denken, dass wir das nicht können, rauchen wir weiter und krepieren irgendwann an Lungenkrebs.«

※

Obwohl ich Jasper ganz und gar nicht mit einer Zigarette vergleichen mag, lässt mich das Bild, das Francine vom Rauchen und den sich daraus ergebenden Folgen gezeichnet hat, nicht mehr los. Streng genommen kann eine Beziehung zu einem anderen Menschen durchaus einen gewissen Suchtcharakter entwickeln. Wenn ich an Jasper denke, an sein Lächeln, seinen Duft und seine Küsse, lenkt mich das von allem anderen ab. Die Schule, meine Situation zu Hause, Bhajiu-Ra und die Gruppe, all das rückt in den Hintergrund. Nichts ist mir so wichtig wie Jasper. Ist er bei mir, bin ich glücklich. Höre ich mal einen Tag lang gar nichts von ihm, hänge ich sofort in den Seilen.
Schlagartig wird mir bewusst, wie abhängig ich bereits von ihm bin. Dabei hatte ich eigentlich aufpassen wollen, dass mir das nicht passiert. Schließlich hat Mam mich von Anfang an gewarnt. Ich darf nicht so viel meiner Energie in Jasper investieren, ich muss für viele Menschen da sein – für alle, die mich brauchen. Im Augenblick kann ich mir zwar noch gar nicht richtig vorstellen, wie das ablaufen soll, wie ich das mit meinem normalen Leben vereinbaren kann und was mal mein Beruf sein wird, ich denke jedoch, dass sich das finden wird. Erst einmal muss ich mich aus dieser Abhängigkeit befreien. Ich werde mich von Jasper trennen oder ihm

endlich alles sagen müssen. Vielleicht kann er mit all dem viel besser umgehen, als ich jetzt glaube. Vielleicht können wir ja trotzdem zusammenbleiben – irgendwie.

Während ich in meinem Zimmer auf und ab laufe und all diese Gedanken durch meinen Kopf kreisen, spüre ich, wie sich meine Brust allmählich zusammenzieht. Ich bleibe stehen und versuche, tief durchzuatmen, doch meine Rippen umschließen meine Lunge wie ein Panzer. Bitte, bitte nicht, denke ich verzweifelt. Aber die Panik hält mich bereits gefangen. Ich sehe Stellas hochnäsiges Lächeln, Mams und Francines traurige Gesichter und die Enttäuschung in den Augen aller, die so große Hoffnungen in mich setzen.

Willst du dich dieser wunderbaren Aufgabe etwa verwehren?, höre ich Bhajiu-Ra fragen. Willst du dich tatsächlich deinem eigenen göttlichen Willen widersetzen? Was denkst du, wird geschehen, wenn du dich für diesen einen Jungen entscheidest? Gibst du dich wirklich der Hoffnung hin, dass du dich aus deiner verantwortungsvollen Existenz zurückziehen und dein Glück in der Zweisamkeit finden könntest? Glaubst du, dass das mit der kosmischen Gesetzmäßigkeit vereinbar ist?

Ich presse mir die Hände auf die Ohren, obwohl ich weiß, dass sich die Stimmen in meinem Inneren dadurch nicht abstellen lassen. Sie werden mich nicht in Ruhe lassen, sondern unermüdlich weiter auf mich einreden. So lange, bis ich bereit bin, ihnen zu gehorchen. Sie sind das Krebsgeschwür, das schleichend in mir heranwächst und mich am Ende töten wird, wenn ich es nicht schaffe, mich von meiner Sehnsucht nach Jasper zu befreien.

Plötzlich breitet sich eine drückende Übelkeit in mir aus, denn die nächste Erkenntnis trifft mich eiskalt. Natürlich wird es nicht mich treffen. Zumindest nicht direkt. Ich bin viel zu wertvoll, nämlich auserwählt, den Menschen auf diesem Planeten zu dienen.

Jasper wird sich opfern. Er ist meine Prüfung, er war nie dazu bestimmt, sein Leben mit mir zu verbringen. So oder so: Ich werde ihn verlieren. Entweder durch das Schicksal oder indem ICH eine Entscheidung treffe.

Schaffe ich das nicht, wird Jasper aus meinem Leben verschwinden. Vielleicht geht er ins Ausland, weil er dafür ein Stipendium bekommt. Vielleicht wird er todkrank oder ... Nein! Diese letzte, schrecklichste aller Möglichkeiten möchte ich mir gar nicht ausmalen.

Klar ist jedoch: Wenn Jasper etwas zustößt, wäre es ganz allein meine Schuld.

Die folgenden Tage ist meine Mutter so sehr mit sich selbst und ihren Auszugsplänen beschäftigt, dass sie gar nicht mitbekommt, wie einsilbig ich bin. Auch Paps scheint nichts aufzufallen. Aber vielleicht will er auch nicht so genau hinsehen, weil er hofft, dass sich alles doch noch irgendwie von allein wieder einrenkt. Die Einzige, um die er sich kümmert, ist Rebekka. Er begleitet sie zu ihren Reitstunden und kutschiert sie auch sonst, wohin immer sie will. Im Übrigen scheint er sich in seine Arbeit zu stürzen, jedenfalls ist er mittlerweile kaum noch zu Hause.

Mir ist das nur recht, ich bin froh, dass er mich in Ruhe lässt und nicht auch noch ständig in mich eindringt. Letztendlich weiß ich ja auch, dass ich mit dieser Sache nur alleine fertigwerden kann. Es gelingt mir, Jasper bis zum Freitag hinzuhalten. Obwohl ich nichts lieber tun würde, als ihn zu treffen, zwinge ich mich dazu, ihm irgendwas von wichtigen Klausuren, Familienfeiern und so weiter zu erzählen. Lauter vorgebliche Gründe, die mich daran hindern, ihn zu sehen.

wenn du morgen wieder nicht kannst,
sterbe ich an gebrochenem herzen ☺

simst er mir am Donnerstagabend und gießt damit, ohne es zu ahnen, brennendes Öl in meine Wunden.
»Du ahnst ja nicht, woran du wirklich sterben wirst«, murmele ich und tippe mit zitternden Fingern meine Antwort ein.

okay, dann um fünf bei den statuen am stadtpark

Nicht einmal eine Minute nachdem ich die Botschaft ins All geschickt habe, dudelt das Handy los. Ich starre auf Jaspers Namen, spiele mit dem absurden Gedanken, ihn wegzudrücken und berühre dann eher wie in Trance den Verbindungsknopf.
»Was ist los mit dir?«, höre ich ihn rufen, ehe ich das Handy am Ohr hab.
»Nichts«, sage ich. »Wieso?«
»Weil du so ... so ...« Er stockt, und dann klingt seine Stim-

me plötzlich ganz dünn und zittrig. »Bitte, Yara, es ist doch nicht schon vorbei, oder?«
Es ist eine Steilvorlage. Eigentlich müsste ich jetzt nur noch »doch«, sagen und die Verbindung kappen und schon wäre das Thema durch. Aber so leicht will, so leicht darf ich es mir nicht machen. Jasper hat ein Recht auf eine Erklärung und deshalb erwidere ich:
»Natürlich nicht. Wie kommst du nur darauf?«
»Wie soll ich dir das erklären? Du bist so zurückgezogen. So weit weg auf einmal«, sprudelt es aus ihm hervor. »Ich habe das Gefühl, du vermisst mich gar nicht.«
»Klar, tu ich das«, sage ich.
»Und morgen Nachmittag, das klappt auch ganz bestimmt?«, versichert er sich.
»Ja, klar, das klappt.«
Jasper seufzt leise.
Ich sehe, wie er sich durch die Haare fährt. Ich spüre, wie schwer sein Herz ist. Seine Ratlosigkeit setzt sich dumpf in meiner Brust fest.
»Yara, willst du mir nicht sagen, was los ist?«
»Doch«, sage ich leise. »Morgen.«
Wieder dieses Seufzen.
»Also gut.«
»Bis dann«, krächze ich und nehme langsam das Handy herunter.
»Yara, warte mal!«
»Ja?«
»Liebst du mich noch?«
»Jasper ...«

»Yara, bitte sag es mir!«
Die Luft, die ich atme, ist trocken und kalt. Sie schmerzt in meiner Nase, im Hals und in den Lungen.
»Ja, Jasper«, flüstere ich. »Ich liebe dich.«
Es ist die Wahrheit.
»Bis morgen«, flüstert Jasper zurück. Er hört sich glücklich an. »Du bist mein Alles, Yara, weißt du das?«
Ich kappe die Verbindung und lasse mich schluchzend in mein Kissen fallen. »Warum machst du es mir so schwer, Gott? Was hab ich dir getan, dass ich eine solche Prüfung bestehen muss?«
Ich will nicht auf Jasper verzichten. Ich will einfach nicht!
Verzweifelt balle ich die Fäuste und schlage auf das Kissen ein. Ich schlage und schlage und schlage, wie von Sinnen fast, bis ich gar nichts mehr kann, weder die Arme heben noch heulen, und erschöpft in mich zusammensinke.
Warum, Gott, warum?, schreit alles in mir. Ich stütze mich auf und sehe ihn an. Babaji, Avatar, göttliches Bewusstsein. Ich sehe ihm ins Gesicht und sehe die Ruhe und die unendliche Geduld darin. Schluchzend nehme ich den Dorje von meinem Nachttisch. Ich spüre seine wunderbare Energie, und auf einmal komme ich mir nur noch klein und dumm vor.

Ich weiß, dass es ein Fehler wäre, die Aussprache mit Jasper aufzuschieben, aber die Versuchung, es dennoch zu tun, ist übermächtig.

Schon als ich ihn sehe, schmelzen all meine Vorsätze dahin wie Butter in der Sonne. Und als ich kurz darauf in seinen Armen liege und wir uns küssen, würde ich ihn am liebsten nehmen und mit ihm ans andere Ende der Welt fliegen. Irgendwohin, wo uns niemand findet. Da ich aber weiß, dass es einen solchen Ort nicht gibt, dass ich meiner Lebensaufgabe nicht entfliehen kann, weil Gott überall ist und er mich und Jasper womöglich umso härter bestrafen wird, wenn ich meinen armseligen egoistischen Gefühlen nachgebe, klammere ich mich an eine winzig kleine Hoffnung.
»Glaubst du eigentlich an etwas Höheres?«, taste ich mich behutsam vor, während wir den Kiesweg entlangschlendern.
»Etwas, das all dem hier einen Sinn gibt?«
»Du meinst Gott?«
»Ja, so in der Art.«
»Nein, Yara«, sagt er sehr bestimmt. »Ich glaube nicht an Gott.« Er sieht mich von der Seite an. »Schlimm?«
»Na ja ...« Ich hebe die Schultern.
»Bist du deswegen so ... reserviert?«
»Nein«, sage ich, »also ...«
»Also ja.« Jasper lässt seinen Arm von meinen Schultern gleiten und schiebt die Hände in seine Hosentaschen. »Du willst mir jetzt aber nicht verklickern, dass wir nur noch zusammenbleiben können, wenn ich deinen Glauben annehme, oder irgend so einen Schwachsinn?« Seine Stimme klingt hart und fremd. »Dass du mich zwar liebst, aber leider auf mich verzichten musst, wenn ich mich nicht taufen lasse.« Plötzlich bleibt er stehen und fixiert mich mit brennendem Blick. »Yara, bitte sag mir, dass das nicht wahr ist.«

Ich starre in sein Gesicht und weiß nicht, was ich tun soll. Mit allem Möglichen habe ich gerechnet, aber nicht mit einer solch heftigen Reaktion. Vielleicht ist das ein Zeichen, denke ich. Vielleicht will Gott mir zeigen, dass es doch nicht schwer ist, sondern ganz einfach. Dass Jasper und ich nur Umarmen und Küssen sind und weiter nichts, weil es unserer Beziehung an Substanz fehlt.
Und trotzdem! Ich schaffe es einfach nicht.
»Nein, so ist es nicht«, sage ich.
Jaspers Nasenflügel blähen sich. »Du gehörst also einer toleranten Glaubensgemeinschaft an?«
Ich senke den Kopf und nicke.
»Und was ist das für eine Gemeinschaft? Doch keine Sekte?«
»Natürlich nicht!«
Wir sehen uns an – und schweigen.
»Also doch«, sagt Jasper schließlich. Er steht da wie ein zusammengeschrumpfter Luftballon, mit hängenden Schultern und müdem Blick. »Und wie nennt ihr euch?«
»Wir haben keinen Namen ...«
»Aber einen Guru?«
Ich zucke mit den Schultern. »Einen Meister, wenn du so willst.«
Ein Ausdruck von unbändiger Wut breitet sich auf seinem Gesicht aus. »Ich will das gar nicht, Yara!«, fährt er mich an. »Ich halte überhaupt nichts von diesen selbsternannten Seelenklempnern, die der Menschheit einreden wollen, dass sie ohne ihre Weisheiten und ihre Führung dem Ende geweiht sind. Das ist doch alles nur Geldschneiderei«, redet er sich

in Rage. »Diese Typen sonnen sich in ihrer Macht. Sie missbrauchen psychisch labile Leute ...«

»Ich bin nicht psychisch labil«, sage ich.

Jasper verstummt. Er presst die Lippen aufeinander und wendet sich ab. Ich denke schon, jetzt geht er einfach und das war's, aber dann dreht er sich wieder um und kommt auf mich zu.

»Was ist mit Francine?«, fragt er. »Ist sie auch dabei?«

»Ja.«

Er nickt. »Darum also.«

»Was?«

»Na ja, Manu dachte, sie würde sich für ihn interessieren.«

»Stimmt«, sage ich. »Deshalb sind wir damals auf seine Party gekommen.«

»Und warum hat sie dann einen Rückzieher gemacht? Ich meine, du hast dich doch auch auf mich eingelassen.«

»Keine Ahnung, Jas, ich weiß es wirklich nicht. Wir haben nicht groß darüber geredet«, versuche ich ihm zu erklären. »Sie hat mir nicht mal erzählt, dass sie noch irgendwas mit ihm zu tun hatte. Ich weiß nur, dass Francine es sich irgendwann anders überlegt hat.«

»Dann seid ihr erst nach der Party an diese Gruppe geraten?«

»Wir sind nicht an sie geraten, wie du das nennst«, erwidere ich heftig. »Meine Mutter gehört schon seit ein paar Jahren dazu und ...«

»... hat dich da mit reingezogen?« Jasper schüttelt den Kopf. Er fasst sich an die Stirn und macht ein paar Schritte zurück. »Das glaub ich nicht, Yara. Wie kann sie das tun?«

»Ja, stell dir vor«, sage ich. Wut kocht in mir hoch. Plötzlich hasse ich ihn dafür, dass ich mich so verteidigen muss. »Es soll sogar Leute geben, die taufen ihre Babys, die zwingen ihre Kinder in Beichtstühle, wo sie irgendwas zugeben sollen, was sie gar nicht getan haben.«
»Das ist schlimm, Yara«, erwidert Jasper. »Aber es ist nicht das Gleiche.«
»Nur weil es zufälligerweise unsere Religion ist?«
»Welcher Religion gehörst du denn jetzt an?«
»Gar keiner«, schnaube ich. »Bhajiu-Ra vereinigt alle Religionen in sich. Er strebt Frieden, Glück und Wohlstand für alle an. Er ist sich seiner Göttlichkeit bewusst ... Und ich bin es auch.«
»Du bist ... was?« Der kurze Lacher rutscht ihm aus dem Gesicht. »Eine Göttin?«
»Ja, so ähnlich.«
Wieder fasst er sich an die Stirn. Und wieder schüttelt er den Kopf.
»Yara, das darf doch alles gar nicht wahr sein.«
Er sieht mich an und ich bemerke die Feuchtigkeit, die in seinem Unterlid schwimmt. Der Anblick zieht mir das Herz zusammen. Ich will nicht, das Jasper um mich weint, ich wünsche mir so sehr, dass er mich versteht.
»Bitte sag mir, dass das alles nur ein böser Traum ist, aus dem ich jeden Augenblick erwache«, fleht er.
»Nein, Jas«, sage ich. »Es ist so, wie es ist. Ich habe diesen Weg selbst gewählt. Und zwar schon lange, bevor ich in dieses Leben hineingeboren bin.«
Jasper schluckt. Er fährt sich über die Augen.

»Wer erzählt denn so einen Schwachsinn?«, presst er hervor.

»Das muss mir niemand erzählen, das weiß ich«, erwidere ich, weil mir eine solche Erklärung besser erscheint, als wieder von Bhajiu-Ra anzufangen, von Dingen, die in Büchern stehen oder vom hinduistischen Glauben an Karma und Wiedergeburt. Ich presse mir die Hände auf die Brust und sehe ihn eindringlich an. »Verstehst du: Es steckt tief in mir drin. Meine Aufgabe ist es, für viele da zu sein. Ich kann mich nicht nur um dich kümmern und deshalb ...«

Er lässt mich nicht ausreden. Sein Blick verschließt sich und seine Miene versteinert. »Ja, wenn das so ist«, presst er hervor.

»Bitte verstah mich nicht falsch«, keuche ich. »Ich will nicht Schluss machen. Ich will mit dir zusammenbleiben. Aber das geht nur, wenn du auch in die Gruppe kommst.«

»Du spinnst doch!«, brüllt er mich an. »Ich will mit dieser Sektenkacke nichts zu tun haben. Kapiert?«

Seine Augen funkeln mich an und noch ehe ich etwas erwidern kann, dreht Jasper sich um und ist weg.

Keine Ahnung, wie lange ich einfach so dagestanden und ihm hinterhergestarrt habe. Irgendwann habe ich angefangen zu heulen. Ich habe geschnieft und geschluchzt und mich nicht um die Leute gekümmert, die an mir vorbeigegangen sind, mich kopfschüttelnd gemustert oder dumme Bemerkungen gemacht haben.

Erst als ein älterer Mann im hellen Sommeranzug unmittelbar vor mir stehen bleibt, seine Herrentasche öffnet und ein Päckchen Papiertaschentücher hervorholt, komme ich allmählich wieder zur Besinnung.
»Mädchen, Mädchen«, sagt er und betrachtet mich mitfühlend. »Ich weiß, dass das im Augenblick kein Trost ist, aber wenn du erst einmal so alt bist wie ich, wirst du die meisten Dinge sehr viel entspannter sehen.«
»Danke«, krächze ich, nehme ihm die Taschentücher aus der Hand und renne los.
Im Laufen öffne ich das Päckchen, zerre ein Tempo heraus und schnäuze mir die Nase. Als mir bewusst wird, dass ich dem alten Herrn alle Taschentücher abgenommen habe, könnte ich vor Peinlichkeit im Boden versinken. Ich wende mich um und schaue in den Park zurück. Der Mann lupft seinen Hut und winkt mir lächelnd zu.
»Du bist schon eine tolle Lichtgestalt«, murmele ich. Eine Lichtgestalt im Ausnahmezustand. Dieser Gedanke bringt mich zum Grinsen. Ich hebe das Tempopäckchen hoch und laufe los. Doch der alte Mann macht eine abwehrende Geste und schüttelt heftig den Kopf.
Ich stoppe und winke zurück.
»Danke«, sage ich noch einmal ganz bewusst, denn in diesem Moment wird mir klar, dass er so etwas wie ein Gottesgeschenk gewesen ist. Ein warmes Gefühl durchflutet mein Herz. Hastig wische ich mir die Tränen aus dem Gesicht und sehe mich nach einem Platz um, an dem ich ungestört telefonieren kann.
Ein Stück weiter in Richtung Rosengarten entdecke ich eine

freie Bank. Ich laufe hinüber, krame mein Handy hervor und tippe Francines Nummer ein.

Sie meldet sich sofort.

»Ich habe mich von Jasper getrennt«, sage ich.

»Gut«, sagt Francine. »Sehr gut.«

»Ich hab versucht, es ihm zu erklären, aber er hat es nicht verstanden.«

»Manuel hätte es auch nicht verstanden«, erwidert sie.

Ich nicke und kämpfe gegen die neuerlich aufsteigenden Tränen an.

»Du musst ihm das verzeihen, Ya-Ra«, sagt Francine sanft. »Jasper ist einfach noch nicht so weit. Er ist ein netter Typ, aber seine Seele ist dunkel und erdgebunden. Er kann deine Qualitäten gar nicht erkennen.«

Wieder nicke ich und fange eine Träne, die mir über die Wange rollt, mit der Zungenspitze ab.

»Schau nach vorn«, fährt Francine unterdessen fort. »Wir müssen tun, was zu tun ist. Niemand kann zu seinem Glück gezwungen werden. Alles ist freiwillig, nur dann funktioniert es, verstehst du, Ya-Ra, wir müssen uns aus freien Stücken und aus ganzem Herzen entscheiden. Dann nämlich werden wir aufgehoben sein im Schoß der göttlichen Mutter und müssen nie wieder Angst haben. Sie wird dafür sorgen, dass uns nichts geschieht und sie gibt uns auch die Kraft, unsere Aufgaben zu meistern.«

»Ja, Francine, ich weiß«, schlickse ich.

»Och, Ya-Ra, jetzt wein doch nicht!«, ruft sie. »Bhajiu-Ra ist bestimmt hammerstolz auf dich. Denk an ihn. Denk daran, was ihr zu leisten imstande seid. Ihr werdet so hell strahlen, dass die Menschen gar nicht anders können, als euch zu folgen. Du wirst sehen, Ya-Ra, das wird was ganz, ganz Großes.«

※

Francines Worte tragen mich nach Hause, wo prompt die nächste Überraschung auf mich wartet.
Im Flur neben der Treppe stehen alle unsere Koffer und Reisetaschen.
»Ich habe das Notwendigste eingepackt«, begrüßt Mam mich. »Damit müssten wir die ersten Wochen über die Runden kommen.«
Entgeistert sehe ich sie an.
»Jetzt freu dich doch mal!«, ruft sie, umarmt und küsst mich. »Es hat geklappt! Ich habe unterschrieben. Wir haben die Wohnung.«
»Aber du kannst doch nicht ...«, stammele ich.
»Ab sofort kann ich alles, mein Engel«, erwidert sie geradezu euphorisch. »Die Bank hat mir den Kredit gewährt. Wir werden uns wunderschön einrichten und endlich frei und unabhängig sein.«
»Weiß Paps das schon?«
»Natürlich weiß er, dass ich mich trennen will«, erwidert meine Mutter mit plötzlicher Kühle.
»Das meine ich nicht«, sage ich. »Ich meine, weiß er, dass du das Haus in diesem Augenblick verlässt?«
»Glaub mir, es ist besser so«, ist ihre simple Antwort. »Ich werde später mit ihm reden. Erst mal müssen wir hier weg.«

Sie klemmt die Haustür ein und ergreift die beiden Hartschalenkoffer. »Vielleicht kannst du die große Reisetasche und den roten Trolley nehmen ...«

»Aber ...? Und was ist mit Rebekka?«, rufe ich, während ich ihr mit den beiden gewünschten Teilen hinterhereile.

»Jetzt schrei doch nicht«, ermahnt sie mich. »Es muss ja nicht die ganze Straße mitkriegen.«

Sie stellt die Koffer neben dem Cruiser ab und öffnet die Kofferraumklappe.

»Vergiss es«, sage ich. »Das passt doch nie und nimmer alles da rein.«

»Du hast recht, ich werde die Rückbank umklappen müssen.«

Geschäftig umrundet meine Mutter ihren Wagen, reißt die Fahrertür auf und verschwindet im Inneren.

»Hallo, Yara«, sagt mein Vater hinter mir.

Ich wirbele herum. Und da stehen sie: Paps und Rebekka, Hand in Hand, mitten auf dem Bürgersteig, mein Vater so bleich wie eine Wand und meine Schwester mit verheulten Augen.

»W-wo kommt ihr denn her?«, stammele ich.

»Falsche Frage«, erwidert Paps. Sein Gesicht ist so starr wie eine Maske und seine Lippen sind nur noch ein Strich. »Sie muss lauten: Wo wollt *ihr* hin?«

»Mama!«, jault Rebekka. Sie macht sich von meinem Vater los, rennt zum Wagen und zerrt an meiner Mutter herum. »Mama, stell dir vor, ich habe Eine eins in Mathe gekriegt!«

Meine Mutter schält sich aus dem Innenraum, nimmt meine Schwester auf den Arm und drückt sie an sich. Rebekka hängt an ihrem Hals wie eine Ertrinkende.

Mein Vater und meine Mutter fixieren einander voller Hass. Dabei ist diese Eins doch ein Grund zur Freude.

Ich habe auch eine bekommen. In Kunst. Überhaupt ist mein Zeugnis sehr gut ausgefallen. Aber wen interessiert das schon? Wen kümmern gute Noten und große Ferien, wenn plötzlich alles auseinanderbricht. Ich habe ja damit gerechnet, und Rebekka auch. Und trotzdem.

Ich stehe da, den Trolley in der einen Hand und die Reisetasche in der anderen und zittere am ganzen Körper.

»Wir reden später«, presst Mam schließlich hervor.

»Nein, wir reden jetzt«, erwidert mein Vater.

Rebekka fängt an zu heulen. In der Häuserreihe gegenüber werden einige Fenster geöffnet. Eine Frau schüttelt einen Staubmop aus, eine andere gießt die Blumen im Kasten unter dem Sims, ein Mann lehnt sich auf ein Kissen und stiert ganz unverhohlen zu uns herüber.

»Dann sag mir wenigstens, wo ihr hinfahrt«, fordert Paps meine Mutter auf.

»Ich habe eine Wohnung gemietet«, sagt sie.

Mein Vater lacht bitter. »Und wovon? Du hast seit zehn Jahren nicht mehr regelmäßig Geld verdient.«

»Das wird sich jetzt ändern«, erwidert Mam.

»Du hast also eine Stelle angenommen?«

»Nein. Ich mache mich selbstständig.«

Mein Vater lacht auf.

»Das ist so typisch!«, brüllt meine Mutter so laut, dass die Frau von gegenüber fast ihre Gießkanne fallen lässt. »Du

hast mir ja noch nie richtig was zugetraut. Deine Kinder durfte ich versorgen und dein Haus, ja ... Und was habe ich dafür bekommen? Gar nichts. Aber damit ist jetzt Schluss. Ich habe einen Kredit aufgenommen ...«
»Du hast was?«, fragt Paps und geht nun drohend auf sie zu.
»Das Haus beliehen.«
Mein Vater bleibt stehen. Ungläubig schüttelt er den Kopf.
»So weit hat dieser Irre dich also schon gebracht«, zischt er. »Dass du mein Vertrauen missbrauchst und ...«
»Ich habe mir nur genommen, was mir zusteht«, fährt meine Mutter dazwischen. »Nach unserer Scheidung hättest du mich ohnehin auszahlen müssen.«
»Nach unserer Scheidung! Nach unserer Scheidung!« Paps fuchtelt wie wild in der Luft herum. »Noch leben wir nicht einmal getrennt!«
»Das ändert sich ja gerade«, erwidert Mam kühl.
»Das Haus hättest du trotzdem nicht beleihen dürfen«, faucht mein Vater.
»Du hast es mir überschrieben.«
»Aber nicht, damit du es verhökerst!«
»Ich verhökere es nicht, sondern habe mir nur genommen, was mir zusteht«, wiederholt meine Mutter.
Rebekka zappelt in ihrem Arm herum und jault jetzt richtig los.
»Schon gut«, versucht Mam sie zu trösten, und sagt dann an meinen Vater gerichtet: »Da siehst du, was du angerichtet hast. Warum hast du sie überhaupt abgeholt?«
»Weil Lilys Mutter mich angerufen hat.«

»Aha ... Und?«

»Ach ...« Paps macht eine wegwerfende Handbewegung. In seinem Gesicht wechseln Wut und Verzweiflung einander ab. »Ich hoffe, du meldest dich. Ansonsten habe ich ja Yaras Nummer.«

Er sieht mich kurz an, dann wendet er sich ab, steigt in seinen alten Ford-Kombi, den er mitten auf der Straße geparkt hat, startet den Motor und braust davon.

Und dann geht alles ganz schnell. Mam stopft die beiden Hartschalenkoffer, den Trolley, die Reisetasche und die schluchzende Rebekka ins Auto und schiebt sich anschließend hinters Steuer.

»Den Rest hole ich nachher!«, ruft sie. »Los, Ya-Ra, jetzt komm!«

12

Die Wohnung hat vier Zimmer, eine geräumige Küche, ein großes Bad, einen winzigen Balkon und Zugang zu einem kleinen Gemeinschaftsgarten.

Alle Räume sind nahezu komplett neu möbliert, auch das Appartement im Erdgeschoss, in dem meine Mutter ab sofort praktizieren will. Ich kann gar nicht glauben, dass sie das alles in so kurzer Zeit auf die Beine gestellt hat, viel eher beschleicht mich das ungute Gefühl, dass sie diesen Auszug schon viel länger vorbereitet hat, als sie zugibt, und der Mietvertrag bereits vor ein paar Wochen unterschrieben worden ist. Ich beschließe aber, sie nicht danach zu fragen. Letztendlich spielt es keine Rolle mehr.

Rebekka und ich bekommen eigene Zimmer, die wir uns ebenfalls komplett neu einrichten dürfen.

»Die alten Sachen bleiben im Haus«, sagt Mam. »Dort braucht ihr schließlich auch etwas, wenn ihr euren Vater mal besucht.«

»Ich will hier nicht wohnen«, jault Rebekka. »Die Wohnung ist blöd.«

»Das meinst du nur, weil sie dir fremd ist«, sagt meine Mutter. »Du wirst dich schneller hier einleben, als du denkst.«

»Werde ich nicht!« Meine Schwester kreuzt die Arme vor der Brust und zieht einen Flunsch. »Ich will bei Papa bleiben.«

»Aber das geht doch nicht, Schätzchen«, sagt Mam sanft. Sie

versucht Rebekka in die Arme zu schließen, doch die drückt sie energisch zur Seite.

»Und warum nicht?«

»Weil dein Vater den ganzen Tag arbeitet.«

»Das tust du doch jetzt auch«, sage ich.

»Nicht den ganzen Tag«, korrigiert mich meine Mutter. »Außerdem bin ich immer im Haus. Ich kann meine Klienten nach euren Bedürfnissen bestellen.«

»Ich will trotzdem zu Papa«, heult Rebekka los. »Der ist jetzt ganz allein in dem großen Haus.«

»Daran ist er selber schuld«, sagt Mam. »Er hätte sich meinem Weg anschließen können.«

»Aber wenn er nicht will!«, kreischt Rebekka. »Das ist doch seine Sache!«

Meine Mutter nickt. »Natürlich«, bestätigt sie ruhig. »Er hat sich ganz frei entschieden und muss jetzt die Konsequenzen tragen. Das ist nun mal so im Leben.«

»Und wenn ich bei Papa sein will?«, erwidert Rebekka. »Dann trag ich eben auch Konsedenken.«

»Wenn du meinst«, sagt Mam. »Bei Papa würdest du nicht so viel lernen, weil er weniger Zeit für dich hat und weil er viel weniger vom Leben versteht als ich. Du würdest nicht so klug werden, wie du sein könntest, und das würde mich sehr, sehr traurig machen.«

Mit einem Schlag hört meine Schwester auf zu heulen. Der Stich, den meine Mutter ihr verpasst hat, sitzt auch in meiner Brust. Mehr aus Versehen fange ich Mams Blick ein, und der sagt alles.

Es tut mir leid, Engelchen, aber es ging nicht anders. Re-

bekka muss bei mir, bei uns bleiben. Es ist nur zu ihrem Besten.
Ich weiß, dass sie recht hat, und ich weiß ebenfalls, dass meine Schwester allein bei Paps auch nicht glücklich wäre. Trotzdem hätte auch ich mir alles ganz anders gewünscht.

🐾

Samstagvormittag fahren wir mit dem Galaxy von Mams Freundin Brigitte und einem Anhänger zu Ikea und zu Habitat, um die restlichen Möbel für Rebekkas und mein Zimmer zu kaufen. Die Nacht haben meine Schwester und ich zusammen auf einer Doppelluftmatratze verbracht. Ich habe versucht, Rebekka zu trösten, habe sie gestreichelt und dabei unentwegt an Jasper gedacht. Und während Rebekka irgendwann vor Erschöpfung eingeschlafen ist, habe ich bis in die frühen Morgenstunden hinein kein Auge zugekriegt. Es ist ein schöner, klarer Tag, der durchaus etwas von einem vielversprechenden Neuanfang hat. Doch leider springt von dieser Stimmung nichts auf mich über.
Ich fühle mich grau und schwer. Meine Gedanken scheinen in einer Endlosschleife gefangen zu sein. Wieder und wieder rekapitulieren sie das gestrige Gespräch mit Jasper und irgendwann ertappe ich mich dabei, dass mein Wunsch, noch einmal mit ihm zu reden, größer und größer wird. Alle paar Minuten schiele ich auf mein Handydisplay, in der Hoffnung, dass er sich meldet, aber die einzige SMS, die ich am späten Nachmittag endlich erhalte, ist von Paps.

Es tut mir unendlich leid. Bitte drück Bekka ganz fest von mir. Ich liebe euch.
Paps.

Ich muss mich mächtig zusammenreißen, um nicht inmitten von Lampen und Kommoden loszuheulen.
»Jetzt entscheide dich doch mal, mein Engel«, drängt Mam. »In einer Stunde macht der Laden zu.«
»Dann nehm ich die da«, sage ich und deute auf eine schlichte Kommode aus dunklem gelacktem Holz.
»Das ist nicht dein Ernst«, erwidert meine Mutter. »Bitte such dir etwas Helles, Freundliches aus. Etwas, das zu deiner Lichtqualität passt.«
»Die da ist schön!«, ruft Rebekka und deutet auf ein goldfarbenes Vertiko mit einer Doppeltür und zwei Schubladen, deren Knäufe wie weiße Engelsflügel geformt sind. »Aber sauteuer«, fügt sie nach einem Blick auf das Preisschild hinzu.
»Das spielt keine Rolle«, meint Mam lächelnd. »Ya-Ras innerer Reichtum darf sich ruhig im Außen widerspiegeln.«
Ja, von Paps' Geld, denke ich und bekomme prompt ein schlechtes Gewissen. Andererseits bin ich mir sicher, dass er mir dieses Schränkchen ebenfalls gönnt. Und weil ich mich im Gegensatz zu Rebekka, deren schlechte Laune von gestern einer fast schon beängstigenden Einkaufseuphorie gewichen ist, nach einem Ende dieser Shoppingtour sehne, willige ich ein und suche mir noch in aller Eile eine Stehlampe, einen Sessel und einen Beistelltisch aus.
Jasper meldet sich bis zum späten Abend nicht, und nach-

dem ich eine weitere schlaflose Nacht in meinem neuen Bett verbracht habe, schicke ich ihm am nächsten Morgen eine SMS mit meiner neuen Adresse.

Den gesamten Sonntag verbringen Mam, Rebekka und ich damit, die restlichen Möbel in die Wohnung zu schleppen und fertig aufzustellen.

»Jetzt fehlen nur noch Pflanzen, Bilder und Bücher«, sagt meine Mutter, als wir abends ziemlich geschafft vor dem Fernseher ins Sofa sinken.

»Und Kuscheltiere, Spiele, Schnickschnack«, zählt meine Schwester auf.

»Ja, mein Schätzchen«, sagt Mam, »wir machen es uns hier richtig schön, wir drei. Und wenn Francine dann noch kommt ...«

»Francine?«, frage ich verwundert.

Meine Mutter nickt. »Ich habe ihr angeboten, dass sie die Ferien über so viel Zeit bei uns verbringen kann, wie sie will. Im Internat ist ja kaum mehr jemand und ihre Eltern sind die meiste Zeit über unterwegs. Hier bei uns geht es ihr am besten. Warum sollte sie also nach Hause fahren?«

»Komisch«, sage ich. »Sie hat mir gar nichts erzählt.«

»Es sollte ja auch eine Überraschung sein«, erwidert Mam lächelnd und tätschelt mir den Arm. »Jetzt, wo du dich von Jasper getrennt hast, kannst du bestimmt ein bisschen Gesellschaft gebrauchen.«

»Woher weißt du das?«, frage ich empört.

»Ach, Engelchen, wir haben doch alle feine Antennen«, sagt sie und streichelt mir über die Wange. »Darüber hinaus telefonieren Francine und ich fast täglich.«

Ich glaub es nicht!

»Wieso erzählt mir das keiner?«

»Oh, ich bin davon ausgegangen, dass dir das klar ist«, entgegnet meine Mutter erstaunt. »Du hast von uns schließlich die feinsten Antennen.« Sie drückt mich lachend an sich. »Aber wahrscheinlich befasst du dich mit solch profanen Dingen überhaupt nicht.«

»Mama, kann ich den Tatort gucken?«, bettelt Rebekka. »Da ist ein Mann aus dem Fenster gestürzt und ...«

»Nein, wir schalten lieber um«, sagt meine Mutter. »Vielleicht läuft in einem der anderen Programme ja etwas Lustiges.«

Sie schnappt sich die Fernbedienung und die Programmzeitschrift und ich nutze die Gelegenheit, mich in mein Zimmer hinüberzustehlen. Ich lasse mich in meinen neuen pinkfarbenen Plüschsessel fallen und überlege, ob ich Francine anrufen soll. Die Aussicht, sie womöglich die ganzen Sommerferien über um mich zu haben, erfüllt mich mit Unbehagen. Natürlich hab ich sie gern, aber das bedeutet nicht automatisch, dass ich ständig mit ihr zusammen sein will.

Da Mam das Ganze allerdings bereits gemanagt und wahrscheinlich bis ins Detail mit der Internatsleitung abgestimmt hat, werde ich wohl kaum noch etwas dagegen sagen können. Es macht also keinen Sinn, mit Francine zu telefonieren. Womöglich wird sie noch misstrauisch und denkt, ich sei eifersüchtig oder etwas in der Art.

Trotzdem hole ich mein Handy hervor. Auf dem Display blinkt das Nachrichten-Ikon. Mein Herz galoppiert los. Hoffentlich ist die SMS nicht von Paps. Mit zitternden Fingern rufe ich die Eingänge ab. – Nein, die letzte Nachricht ist von Jasper. Eingegangen um neunzehn Uhr achtundzwanzig. Er hat tatsächlich geantwortet!

umgezogen? so plötzlich?
warum schreibst du mir das?
yara, ich kann so nicht weitermachen.
du musst dich entscheiden: entweder diese sekte oder ich. ild jas

Er liebt mich noch, ist alles, was ich denken kann. Das ist das Wichtigste, alles andere ist nebensächlich, solange er mich nur liebt. Dann habe ich noch eine Chance, ihn zu überzeugen. Es kann doch nicht so schwer sein, ihn aus der Dunkelheit herauszuholen. Wenn ich das schaffe, habe ich etwas Großartiges geleistet. Dann muss Jasper nicht geopfert werden. Wir könnten uns weiterlieben, wir könnten uns küssen und trotzdem unabhängig sein, weil jeder von uns auf dem richtigen Weg ist, weil wir einander verstehen und uns gegenseitig stützen könnten. Ich bin sicher, Bhajiu-Ra würde uns seinen Segen geben. Ich gehöre ihm ja nicht. Die Verbindung, die ich mit ihm eingehe, ist eine rein spirituelle, geistige. Es ist eine Hochzeit auf Lichtebene. Bhajiu-Ra ist frei von jeder Emotionalität. Er will mich ja nicht binden, sondern befreien. Wenn ich Jasper liebe, ganz und gar frei und selbstlos liebe, wird niemand etwas dagegen haben. Gott schon gar nicht.

jetzt sei doch nicht so, schreibe ich zurück.

warum versuchst du nicht wenigstens, mich zu verstehen?
woher willst du wissen, dass das, an was ich glaube, von dem ich zutiefst innerlich überzeugt bin, falsch ist?
bitte, lass uns wieder treffen!
lass mich dir von bhajiu-ra erzählen!
bitte gib uns diese chance!
((ich liebe dich unendlich))

Ich warte bis weit nach Mitternacht, aber Jasper antwortet nicht.

Montagmittag zieht Francine bei uns ein. Sie soll auf dem Klappsitz schlafen, der sich zu einer Matratze auseinanderlegen lässt und der eigentlich in Rebekkas Zimmer gehört.
Gleich in der ersten Nacht versuche ich mit ihr über Jasper zu reden. Sinnlos! Francine wiegelt alle meine Argumente sofort ab.
»Vergiss es«, sagt sie. »Wahrscheinlich hat er sich nur für diese Sache zur Verfügung gestellt.«
»Wie meinst du das?«
»Na ja, vielleicht hatte er noch was gutzumachen«, erklärt sie mir. »Karmamäßig. Möglicherweise war es seine Lebensaufgabe, deine Prüfung zu sein.«
Mir stockt das Herz. »Du meinst, er könnte jetzt einfach sterben und ...«
»... und in eine neue Inkarnation gehen.« Francine zuckt mit

den Schultern. »Ja, vielleicht. Vielleicht hat er sich aber vorgenommen, eine ganze Reihe solcher kleineren Aufgaben zu erledigen.«

»Was?«, frage ich erschrocken. »Noch mehr Mädchen in sich verliebt machen und wieder fallen lassen?«

»Er hat dich nicht fallen lassen«, korrigiert sie mich. »Du hast ihn verlassen.« Plötzlich huscht ein Grinsen über ihr Gesicht und sie stupst mich gegen die Schulter. »Na klar!«, ruft sie. »Deshalb ist er auch so hübsch! Er zieht die Mädchen förmlich an.«

Vielen Dank! Genau das wollte ich hören!

»Leute wie Bhajiu-Ra müssen nicht schön sein. Sie werden um ihrer inneren Qualitäten willen geliebt«, fährt Francine unterdessen ungerührt fort. »Was natürlich nicht heißt, dass er kein Sexualleben hat. Manche Frauen sind richtig heiß auf ihn.«

»Auf Bhajiu-Ra?«, frage ich mehr erschrocken als erstaunt. »Woher weißt du das?«

»Ich bin ja nicht blöd«, sagt sie, spreizt Zeige- und Mittelfinger auseinander und deutet auf ihre Augen. »Wenn du wüsstest, was während der Seminare abläuft! Aber na ja, das siehst du ja bald.«

»Ich?«

Francine lacht. »Klar du! Was willst du denn sonst die ganzen Ferien über machen? Auf der faulen Haut liegen? Das kann sich eine wie du doch gar nicht leisten. Nee, nee. Bhajiu-Ra ist mächtig stolz auf dich, weil du das mit Jasper so schnell hingekriegt hast. Er hat schon mit Thalé besprochen, dass du ihm ab sofort bei den Seminaren assistierst.«

»Mit meiner Mutter? Aber wieso?«

»Na ja, du erzählst ihr ja nichts von deinen Ideen und Eingebungen. Das muss unser großer Meister dann immer machen. Er liest sie aus deinen Gedanken und weiht Thalé natürlich in alles ein, was sie wissen muss. Schließlich ist sie deine Mutter.«

Wie bitte? Was hab ich denn jetzt schon wieder verpasst? Ich habe überhaupt keine Ideen und Eingebungen. Oder meint sie etwa, ich hätte mir das mit dem Assistieren selber ausgedacht? – Ohne dass mir das bewusst geworden ist? Verständnislos sehe ich Francine an, doch sie lächelt nur.

»Du solltest mehr meditieren«, empfiehlt sie mir. »Bhajiu-Ra hat natürlich gedacht, dass du von selbst darauf kommst. Immerhin bist du seine Braut. Da ist es ja wohl logisch, dass ihr euch in der Versenkung am besten austauschen und gegenseitig befruchten könnt.«

»Gegenseitig befruchten?«

»Genau.« Francine nickt. Dann schaut sie plötzlich total verschwörerisch drein. »Noch ist es nicht zu spät. Und du musst ihm ja nicht sagen, dass du den Tipp von mir hast.«

»Klar«, sage ich. Dabei ist gar nichts klar. Noch nie hatte ich das Gefühl, so extrem an mir selbst vorbeizulaufen. Es verwirrt mich total, dass ich offenbar Dinge empfange, die ich selber nicht gepeilt kriege, und dass Bhajiu-Ra das wiederum merkt und an meiner Stelle dann in Worte fasst und in die Welt hinausträgt. Mannomann, je tiefer ich mich in diese Sache reinfallen lasse, umso weniger Ahnung habe ich, wer ich bin, was ich kann beziehungsweise können sollte, und was ich tun muss, um meiner Aufgabe gerecht zu werden. Und ich frage mich immer mehr, wieso Mam und Francine nicht merken, dass ich all das überhaupt nicht checke.

»Aber du weißt doch bestimmt von diesem neuen Workshop, oder?«, fragt meine Freundin mich jetzt.

Ich schüttele den Kopf. »Nee ...?«

»Toll«, meint Francine. »Besonders, da du eine wichtige Rolle dabei übernehmen sollst.«

»Aha ...?«

»Na ja, das ist so«, beginnt Francine zu erzählen, nachdem sie sich die Kissen auf ihrer Klappmatratze zurechtgeknufft hat. »Die Idee ist eigentlich in der Gruppe entstanden. Es gibt nämlich einige, die gehofft haben, in den Kreis der Lichtfrauen berufen zu werden.«

»Klar«, sage ich, froh, endlich einmal nicht wie ein Trottel in der Landschaft zu stehen. »Ich hab ja selber gesehen, wie viele damals von ihren Kissen aufgesprungen sind.«

»Mhm«, macht Francine. »Die meisten von ihnen werden bestimmt auch irgendwann nachrücken können. Wir achtzehn sind schließlich nur die Vorhut.«

Ich unterdrücke ein erstauntes »Aha ...?« und zwinge mich stattdessen, wissend auszusehen und geflissentlich zu nicken.

»In Anbetracht der Tatsache, dass der Reinigungsprozess der Erde sich in nächster Zeit extrem beschleunigen wird, ist natürlich Eile angesagt«, fährt Francine fort. »Deshalb hat Bhajiu-Ra die Idee mit dem Turbo-Workshop auch sofort aufgegriffen.«

»Okay«, sage ich. »Und wie soll das ablaufen?«

»Zwölf weitere Frauen können aufgenommen werden«, er-

klärt sie mir. »Diese Info hat Bhajiu-Ra aus der Feinstoffebene abgeholt. Es müssen genau zwölf sein. Die Veranstaltung geht über drei Tage. Dabei werden die Teilnehmerinnen von alten energetischen Schlacken befreit und machen in geführten Meditationen die Erfahrungen, die ihnen noch fehlen, um die Gefangenschaft in der Emotionalität verlassen zu können. Das Ganze kostet allerdings eine Kleinigkeit.«
Aha. »Und wie viel?«, frage ich.
»Zweitausendsiebenhundert.«
»Euro?«
Francine lacht. »Was denn sonst? Ich glaube, Fruchtgummis oder saure Gurken gleichen das, was Bhajiu-Ra und du da leisten müssen, nicht aus.«
Bhajiu-Ra und *ich*?
»Aber wer gibt denn für so etwas so viel Geld aus?«, entgegne ich verwundert.
»Jetzt werte diesen Workshop mal nicht ab«, sagt Francine ein wenig angesäuert.
»Tu ich doch gar nicht! Ich verstehe nur nicht ...«
Francine unterbricht mich mit einem ausgedehnten Seufzer. »Okay«, sagt sie und hebt abwehrend die Hände. »Meine Schuld. Ich hab es einfach immer noch nicht so richtig auf der Platte, dass du dich gerade in einem gewaltigen Umbruchprozess befindest. Dabei hat Bhajiu-Ra uns haarklein erklärt, was mit unserem Energiekörper und mit unserem Nervensystem passiert, wenn wir in das Bewusstsein einer Lichtfrau eintreten.«
»Na super«, schmolle ich. »Mir hat er gar nichts erklärt. Offenbar findet er es gut, mich schmoren zu lassen.«

»Unsinn.« Jetzt lächelt Francine wieder. »Er geht einfach davon aus, dass du das alleine schaffst. Wetten, spätestens nach eurer Hochzeitszeremonie blickst du voll und ganz durch? Musst du ja auch. Wie sollst du sonst deinen Teil in diesem Workshop erfüllen?«

Bhajiu-Ra und ich! – Ich habe das Gefühl, den Verstand zu verlieren, wenn ich nur daran denke.

»Soll ich mal überschlagen, wie viel du dabei verdienst?«, fragt Francine.

Ich sehe sie irritiert an.

»Alles klar«, meint sie. »Ich sehe schon, dein Nervensystem ... Also, zwölf mal zweitausendsiebenhundert, das macht sage und schreibe zweiunddreißigtausendvierhundert, davon die Hälfte wären sechzehntausendzweihundert. Und das an einem einzigen Wochenende. Wow!«

»Moment mal, du denkst, ich bekomme die Hälfte davon?«

»Klar. Was sonst?«

Sechzehntausend Euro – Mann! Auch das übersteigt meine Vorstellungen!

»Kapierst du jetzt?«, dringt Francine weiter in mich. »Diese zweitausendsiebenhundert Euro sind eine Investition. Jede Lichtfrau entwickelt besondere Fähigkeiten. Bei deiner Mutter beispielsweise sieht Bhajiu-Ra eine Verbindung zu den alten Essenern. Wahrscheinlich wird sie schon bald deren Heilmethoden abrufen und anwenden können. Außerdem können wir alle Seminare und Workshops zu bestimmten Themen leiten.«

So langsam kapiere ich tatsächlich!

»Du meinst, dass die neuen Lichtfrauen das investierte Geld im Handumdrehen wieder raus haben?«

Francine nickt. »Genau. Und deshalb wird jede, die diesen Geldbetrag nicht einfach so zur Verfügung hat, ihn sich irgendwo leihen. Entweder privat oder bei einer Bank. Für jemanden, der ein geregeltes Einkommen hat, ist es doch überhaupt kein Problem, einen solchen Kleinkredit zu bekommen. Bhajiu-Ra hat gesagt, dass es für die ersten Lichtfrauen besonders schwer sei, da sie die notwendige Energie erst einmal kanalisieren müssen. Wenn wir unseren Job gut machen, wird sich diese Energie allerdings sehr schnell auf unserer irdischen Ebene manifestieren«, fährt sie enthusiastisch fort. »Dann können immer mehr Menschen davon profitieren, immer mehr von ihnen in die Lichtfrau-Ebene eintreten und diese sich wiederum immer weiter in Deutschland, Europa oder sogar der ganzen Welt verteilen und den Umbruchprozess der Erde mitgestalten.«

Wahnsinn! Das Ganze ist so einfach und so logisch.

Bhajiu-Ra und ich! Wir sind der Anfang von all dem.

Ich hoffe nur, mein Nervensystem spielt mit.

Am nächsten Tag treffe ich mich mittags mit Paps bei unserem früheren Lieblingsgriechen in der Stadt. Er sieht nicht gut aus, hat dunkle Ringe unter den Augen und seine Haut wirkt bleich und faltig. Zwischen gefüllten Weinblättern, Tsatsiki und Saganaki erkläre ich ihm, dass bei Mam, Rebekka und mir alles bestens läuft.

»Du brauchst dir keine Sorgen zu machen«, versuche ich ihn zu beruhigen. »Rebekka ist selig mit ihrem neuen Zimmer. Mam kauft ihr alles, was sie sich wünscht.«

Mein Vater nickt. Es ist ihm anzusehen, dass er sich verkneift, bestimmte Dinge, wie beispielsweise die Hypothek auf unser Haus, anzusprechen. Wahrscheinlich ahnt er, dass er damit bei mir auf Granit beißen würde. Schließlich kann Mam nicht auf ihren rechtmäßigen Anteil an ihrem gemeinsamen Besitz verzichten. Sie braucht ihn nun einmal jetzt. Und ich denke, dass Paps diese Belastung problemlos zurückzahlen kann. Vielleicht entschließt er sich sogar irgendwann dazu, das Haus zu verkaufen. Wenn ihm klar geworden ist, dass meine Mutter nicht mehr zu ihm zurückkommt, könnte es auch für ihn sinnvoll werden, sich etwas Kleineres zu suchen.

»Opa geht es von Tag zu Tag schlechter«, sagt er ganz unvermittelt. »Sein größter Wunsch ist es, euch alle nochmal zu sehen, bevor er ...« Er senkt den Blick und stochert fahrig in seiner Moussaka herum. »Könntest du das deiner Mutter ausrichten?«

»Klar, kann ich. Ich glaube aber, dass sie sowieso nicht hinfährt«, erwidere ich schulterzuckend. »Mam hat mit dem Thema abgeschlossen.«

»Das glaube ich nun wiederum nicht«, sagt Paps.

Unsere Blicke treffen sich.

»Eben«, sage ich. »Deshalb hat sie dich ja auch verlassen. Weil du ihr nie etwas glaubst.«

»Meine Güte, Yara!« Es platzt so laut und heftig aus ihm heraus, dass sich die Leute an den Nebentischen zu uns he-

rumdrehen. »Siehst du denn nicht, dass deine Mutter vor dem Leben davonrennt?«
»Nein«, sage ich. »Ich sehe nur, dass sie sich von unnötigem Ballast befreit und das tut, was wirklich wichtig für sie ist. Das mit Opa ist nun mal passiert. Mam hat ihren Weg gefunden, damit klarzukommen. Sie ist ihm gar nichts schuldig. Das ist ja wohl eher umgekehrt der Fall.«
Mein Vater nickt. »Sie hat es dir also erzählt?«
»Das brauchte sie gar nicht. Ich kann mir denken, was er mit ihr gemacht hat.«
Allein bei der vagen Vorstellung, wie Opa sie angefasst hat, wird mir übel. Ich lege das Besteck auf meinem noch halbvollen Teller zusammen und wische mir die Mundwinkel aus.
»Entschuldige«, sagt Paps. »Es ist kein gutes Thema zum Essen.«
»Nein, wirklich nicht!«
Wieder nickt er und schweigt.
»Ich möchte das alles auch gar nicht verharmlosen«, beginnt er schließlich von neuem. »Es ist nur so, dass Opa das Bett nicht mehr verlassen kann. Er kann nicht zu seiner Tochter gehen und ...«
»Er könnte sie anrufen!«
»Vielleicht will er ihr dabei in die Augen sehen.«
»Vielleicht will sie aber genau das nicht«, zische ich. »Vielleicht will sie ihn ganz einfach überhaupt nie mehr wiedersehen.«
»Und ich dachte, sie glaubt an Reinkarnation«, erwidert mein Vater. »Demnach wird sie ihm ohnehin nicht für immer aus dem Weg gehen können.«

»Ach, du hast wirklich keine Ahnung!«

»Dann erklär's mir«, bittet er mich. »Möglicherweise verstehe ich das alles besser, wenn es aus deinem Mund kommt.«

Ich verdrehe die Augen, denn ich habe genauso wenig Lust wie Mam, mich mit ihm über dieses Thema auseinanderzusetzen.

»Komm doch einfach in die Gruppe!«, fahre ich ihn an. »Der Darshan und die Lectures sind öffentlich. Da kann jeder hin und sich selber ein Bild machen.«

»Darum geht es nicht«, erwidert mein Vater. »Ich muss mir diesen ganzen Mist nicht anhören. Es geht mir darum, euch mit Argumenten davon zu überzeugen, dass dieser Mensch euch an der Nase herumführt, dass das alles bloß schöner Schein und völlig haarsträubende Theorien sind.«

»Ich sag doch, du hast keine Ahnung!«, sage ich, springe auf und schultere meine Tasche.

»Yara, bitte, jetzt renn doch nicht weg.«

Paps' Blick ist die pure Verzweiflung. Aber was soll ich tun? Durch diese Geschichte muss er nun mal alleine durch. Ich kann ihm nicht helfen. Im Grunde benutzt er mich doch nur, um seine Gefühlswelt zu ordnen. Und das darf ich auf keinen Fall zulassen. Seine Emotionen sind sein Bier. In Wahrheit ist doch er derjenige, der vor sich wegläuft und nun versucht, meine Mutter und mich dafür verantwortlich zu machen.

All das schießt mir wie eine Kanonade an Erkenntnissen durch den Kopf, während ich mich von ihm abwende und mit strammen Schritten auf die Tür zulaufe. Als sie hinter mir zufällt, wird mir mit einem *S*chlag klar, dass ich gerade einen Riesenschritt aus meinen eigenen emotionalen Verstrickungen gemacht habe.

Diese – *letzte!* – Begegnung mit meinem Vater war notwendig, um mich von ihm befreien zu können und um mir bewusst zu machen, wie leicht das ist und wie wunderbar es sich anfühlt.

Ich schwebe geradezu über das Pflaster, spüre das Licht des Himmels über mir und lasse es genussvoll in mich einströmen. Es ist wie ein Lachen, wie ein die-ganze-Welt-Umarmen und es ist so machtvoll, dass alle um mich herum es spüren können. Manche Leute weichen bereits aus, bevor sie mich sehen können, andere lächeln mich ganz offen an. Mit jedem Schritt, den ich mache, gebe ich das Licht an die Erde weiter in dem absolut sicheren Wissen, dass es ihre Heilung beschleunigt.

Und noch etwas anderes wird mir körperlich spürbar klar: Ich brauche keine ausführlichen Erklärungen, denn ich trage tatsächlich alles in mir. Bhajiu-Ra weiß genau, wie er die Energie in mir zum Pulsieren bringt, damit sich alles ganz von allein entwickelt. Mein Herz wird richtig warm, wenn ich an ihn denke. Und ich sehe, wie er sich freut.

Das Hochgefühl hält an und besonders meine kleine neue »Familie« profitiert davon. Mam, Francine und Rebekka umschwärmen mich wie die Motten und sonnen sich in meinem Licht. Sie sind einfach nur da, fragen nichts, und ich erkläre ihnen auch nichts. Ich erzähle nicht einmal von meinem Treffen mit Robert Schellmann. Gesprochene Worte sind überflüssig geworden. Wir sind einfach nur glücklich miteinander, alles läuft sanft und harmonisch, quasi wie selbstverständlich.

Vormittags macht Mam ihre Behandlungen, abends meditiert sie und versucht, sich an die Essener Heilmethoden zu »erinnern«. Francine und ich kümmern uns derweil um den Haushalt und um Rebekka. Und am Nachmittag unternehmen wir meistens gemeinsam etwas.

Am Donnerstagnachmittag steht Kino auf dem Programm. Rebekka will unbedingt in die aktuelle Wilde-Hühner-Verfilmung und natürlich gönnt Mam ihr den Spaß.

Wir nehmen die U-Bahn in die Innenstadt. Das geht schnell und erspart uns die lästige Parkplatzsuche. Ich finde den Film nett, aber ein bisschen naiv und natürlich viel zu gefühlsbetont. Eigentlich muss man Rebekka mit solchen Dingen verschonen. Schließlich soll auch sie ihren Weg mit Leichtigkeit gehen können. Ich beschließe, mit meiner Mutter darüber zu reden. Ganz sicher wird sie auf mich hören. Denn dass ich bei uns jetzt das »Sagen« habe, steht vollkommen außer Zweifel.

Hochzufrieden damit, wie die Dinge sich in den letzten Tagen entwickelt haben, lasse ich meinen Blick über die Leute im Abteil und auf den Bahnsteigen streifen. Hunderte von ihnen sind noch in der eigenen Dunkelheit gefangen. Sie tragen Sorgen, Groll, Verzweiflung und Traurigkeit in ihren Gesichtern, manche lassen sogar ihre ganze Erscheinung davon erdrücken. Für die meisten von ihnen wird es wohl keine Rettung geben. Sie gehören zum Ballast, von

dem unser Planet sich befreien wird. Natürlich müssen wir möglichst viele von ihnen erreichen, aber wir können unmöglich alle mitnehmen. Nur die Lichtvollsten werden die Erde erneuern und in Harmonie mit ihr leben. Die anderen, die Dunklen, müssen gehen. Sie machen ihre Erfahrungen in der Vernichtung. Das ist ihr Schicksal. Aber da auch ihre Seelen unsterblich sind, und Gott das Gute und das Böse und somit alle gegensätzlichen Qualitäten in sich vereint, ist niemand wirklich verloren. Am Ende werden die Erfahrungen aller Seelenanteile zusammenfließen und in der Erkenntnis münden, dass nichts wirklich voneinander getrennt ist. Auch Jasper und ich nicht.
Dieser Gedanke tröstet mich. Und während der Zug in den nächsten Bahnhof einfährt, spüre ich, wie sich ein Lächeln auf meinem Gesicht ausbreitet. Ein warmes Gefühl von Liebe für alles und jeden erfasst mein Herz und plötzlich sehe ich ihn – Jasper! Er steht mitten auf dem Bahnsteig und blättert in einer Zeitschrift. Mir stockt der Atem. Dann kommt die Bahn zum Stehen und das Schicksal will es, dass wir genau auf einer Höhe sind.
Jasper blickt auf, bemerkt mich und stutzt. Schließlich rollt er die Zeitschrift zusammen, steckt sie in seine Jackentasche und kommt auf mich zu.
»Wer ist denn das?«, will meine Mutter wissen. »Kennst du den?«
»Ja, er ist auf meiner Schule«, lüge ich.
Auf Mams Stirn bildet sich eine Querfalte. »Doch nicht etwa dieser Manuel?«
»Nein«, sagt Francine hart. »Das ist Jasper.«

Sie fixiert mich mit glühenden Augen, und auch meine Mutter starrt mich unverhohlen entsetzt an.

»Der sieht aber nett aus«, sagt Rebekka. Sie springt von ihrem Platz auf und fängt an zu winken.

Jasper hebt die Hand und winkt zurück. Sein Gesicht ist blass und schmal und sein Blick unendlich traurig. Schließlich lässt er die Hand sinken und legt sie zögernd an die Scheibe. Ich versuche nicht hinzusehen, aber das ist völlig unmöglich. Am liebsten würde ich die Scheibe zerschlagen, Jasper zu mir hereinziehen und ihn nie wieder loslassen. Mein Herzschlag tut so weh, dass ich schreien könnte.

Das Schicksal ist grausam.

Wozu hat es uns noch einmal zusammengeführt?

Um mir zu zeigen, dass ich emotional noch immer gebunden bin? Und wenn schon! Das ist mir in diesem Moment so was von egal. Die drei Wochen, die Bhajiu-Ra mir auferlegt hat, sind noch nicht um. Noch darf ich Jasper ganz banal und egoistisch lieben, noch darf ich ihn berühren. Und das tue ich auch.

Sachte lege ich meine Hand gegen seine. Das kalte Glas des U-Bahnfensters ist dazwischen, trotzdem kann ich seine Wärme spüren.

»Was soll das, Ya-Ra?«, faucht meine Mutter. »Warum lügst du mich an?« Sie packt mich am Handgelenk und reißt meinen Arm herunter.

Im selben Moment rollt der Zug an und Jasper verschwindet aus meinem Blickfeld.

»Du bist doch noch nicht von ihm los!«, zischt Mam.

Francine nickt. Ihr kalter Blick hält mich gefangen.

»Aber er ist nett«, sagt Rebekka. Sie steht noch immer und verrenkt sich den Hals, um in den Bahnhof zurückspähen zu können. »Wieso soll Yara nicht mit ihm befreundet sein?«
»Setz dich hin und sei still!«, fährt meine Mutter sie an. Erschrocken lässt Rebekka sich auf ihren Platz zurückfallen.
»Die Leute gucken schon«, murmelt sie.
»Das kann ihnen niemand verbieten«, erwidert Mam.
Aber du, denke ich. Du denkst, du kannst mir alles verbieten, was? Wir sehen uns an. Ihr Blick ist von gleichgültiger Kälte. Es kommt mir vor, als ob sie damit etwas in mir zu vernichten versucht.
»Ich hab auch einen Freund«, sagt Rebekka. Sie kreuzt die Arme vor ihrer Brust und schiebt trotzig die Unterlippe vor.
Die Gesichtszüge meiner Mutter entspannen sich und plötzlich kann sie wieder lächeln. »Natürlich«, sagt sie sanft. »Du wirst Joel nur leider nicht mehr sehen können.«
»Und wieso nicht?«, fragt meine Schwester empört.
»Weil du nach den Sommerferien in eine andere Schule gehst«, erwidert Mam. »Eine, die ganz in der Nähe unserer neuen Wohnung liegt.«
»Aber das will ich nicht«, mault Rebekka. »Ich will auf meiner alten Schule bleiben.«
»Das ist leider nicht möglich, Schätzchen«, sagt Mam. »Deine alte Schule ist viel zu weit weg. Du müsstest sehr früh aufstehen und mit dem Bus und der U-Bahn fahren.«
»Dann ziehe ich eben zu Papa zurück und wohne nur in den Ferien bei dir«, erwidert Rebekka. »Das geht ja auch.«

»Nein, das geht leider nicht«, sagt meine Mutter.
»Und warum nicht?«
»Weil dein Vater den ganzen Tag arbeitet. Und wer weiß, vielleicht hat er ja schon bald eine neue Freundin«, fährt sie mit einem Schulterzucken fort. »Und dann hat er überhaupt keine Zeit mehr für dich.«
»Du weißt, dass das nicht wahr ist«, sage ich wütend zu ihr. »Für Rebekka hat Paps immer Zeit.«
Mam sieht mich an und schweigt. Diesmal liegt tiefe Enttäuschung in ihrem Blick.
»Warum machst du es uns allen so unnötig schwer, Ya-Ra?«, fragt sie schließlich leise. »Gerade du müsstest es doch wissen.«
»Was, Mama, was muss Yara wissen?«, kräht meine Schwester los.
»Ya-Ra weiß alles, mein Schätzchen«, sagt meine Mutter sanft. »Auf sie müssen wir alle hören, denn nur sie weiß, was am besten für uns ist.« Ihr Blick wandert von Rebekka zu mir. »Nicht wahr, mein Engel? Du kannst deiner Schwester bestimmt klarmachen, dass sie ihren Vater vorläufig nicht mehr treffen kann.«
Die Luft in der Bahn ist warm und stickig, trotzdem sticht sie mir bei jedem Atemzug kalt und scharf in die Nasenschleimhaut. Ein dunkles beklemmendes Gefühl setzt sich auf meiner Brust fest. Ich nicke und schaffe es nicht, Rebekka dabei anzusehen.
Ich habe keine andere Wahl, weil jede Entscheidung in eine andere Richtung unweigerlich Konsequenzen haben würde. Negative Konsequenzen. Mein Weg ist vorgezeichnet. Ich

muss ihn gehen, weil für so viele Menschen so unendlich viel davon abhängt. Und trotzdem. Ich muss Jasper einfach noch einmal sehen.

»Warum?«, fragt Rebekka gepresst. »Warum weiß Yara alles?«

»Weil sie ein Engel ist, mein Schätzchen«, flüstert Mam.

Den Rest der Heimfahrt schweigt Rebekka, und obwohl ich die meiste Zeit aus dem Fenster in die Dunkelheit des U-Bahn-Schachtes starre, merke ich, wie sie mich immer wieder verstohlen mustert.

Erst nachdem wir die Bahn verlassen haben und meine Schwester eine Weile hinter uns hergelaufen ist, platzt sie plötzlich heraus: »Aber sie hat keine Flügel!«

Meine Mutter lacht auf. »Natürlich nicht!«

Rebekka runzelt die Stirn. »Aber ich dachte ...«

»Das mit den Engeln ist ein ganz großes Geheimnis«, sagt Francine. Sie legt einen Arm um ihren Nacken und drückt meine Schwester an sich. »Jeder sieht sie so, wie er sie sehen will. Mit oder ohne Flügel, weiß und durchscheinend oder, oder, oder ...«

»Engel wie Ya-Ra, die immer auf der Erde leben, müssen sich dem Aussehen der Menschen anpassen, damit die keinen Schreck bekommen«, fügt Mam Francines Erklärung hinzu.

»Und wieso dürfen Engel keinen Freund haben?«, fragt Rebekka.

»Weil sie nicht nur für einen, sondern für alle Menschen da sein müssen«, betont meine Mutter und wirft mir einen bedeutsamen Blick zu.

Ja, ja, Mam, denke ich. Ich habe es nun oft genug gehört und auch wirklich verstanden. Trotzdem will mir nicht in den Kopf, was verdammt nochmal so verkehrt daran sein soll, Jasper zu lieben.

✿

Wieder zu Hause tippe ich seine Nummer ins Handy, noch bevor ich meine Zimmertür richtig geschlossen habe. Seine Stimme zu hören ist wie ein sanfter, warmer Regen.
»Hi«, sagt er leise. »Ich hab mich so gefreut, dich zu sehen.«
»Und ich, Jasper, und ich!«
»Hör zu, Yara, ich glaube, ich habe ein bisschen überstürzt regiert. Aber ich bin wahnsinnig erschrocken über das, was du mir da erzählt hast. Es kann doch nicht sein ...«
»Es ist aber so, Jas«, flüstere ich. »Bitte, können wir nicht nochmal über alles reden?«
Seine Antwort kommt zögernd. »Ja ... schon ... Aber bitte mach dir nichts vor, Yara. Ich werde ganz bestimmt nicht in eine solche Gruppe gehen.«
»Vielleicht, wenn ich es dir noch einmal erkläre ... Jas ...«, flehe ich. »Ich möchte doch nur, dass du verstehst, warum ich das tue.«
Ich höre, wie er langsam ein- und wieder ausatmet.
»Okay«, sagt er schließlich. »Wann sehen wir uns? Morgen Nachmittag muss ich noch ein paar Besorgungen machen. Aber Morgen Abend hätte ich Zeit. So ab halb acht. Ich könnte dich abholen und wir setzen uns in ein ruhiges

Café. Wir können aber auch bei mir daheim miteinander reden.«

Plötzlich fliegt meine Zimmertür auf und ehe ich Jasper eine Antwort geben kann, schlägt meine Mutter mir das Handy aus den Fingern. Laut polternd landet es auf dem Boden.

»Yara, was ist los? ... Yara ...?«, höre ich Jasper rufen.

Ich bücke mich, doch Mam ist schneller. Sie ergreift das Handy, schaltet es aus und schiebt es in ihre Hosentasche.

»Tut mir leid«, sagt sie mit einer Mischung aus Triumph und Wut, »du kriegst es zurück, sobald du wieder zur Vernunft gekommen bist.«

»Aber ...?«, will ich protestieren, doch sie lässt mich nicht ausreden.

»Es ist deine Entscheidung. Du hast es nicht anders gewollt«, sagt sie kühl, dann rauscht sie aus dem Zimmer und schließt die Tür hinter sich ab.

»Maaam!«, höre ich mich schreien.

Ich springe auf die Tür zu und rappele wie eine Irre an der Klinke. »Was fällt dir ein! Mach sofort auf! ... Maaam!« Als sie nicht reagiert, bollere ich mit den Fäusten dagegen und am Ende benutze ich sogar meine Füße. Aber all das lässt sie kalt, sie reagiert einfach nicht.

»Du kannst mich doch nicht wie eine Gefangene behandeln!«, brülle ich und lausche in die Stille auf der anderen Seite. Schließlich nehme ich die Arme herunter, lasse mich zu Boden sinken und fange an zu heulen.

Keine Ahnung, wie lange ich so dagesessen habe, dann merke ich plötzlich, dass ich nicht die Einzige bin, die weint. Aus dem Flur ertönt ebenfalls ein leises Schluchzen. Ich horche auf.

»Rebekka? ... Rebekka, bist du das?«

»Yara, ja«, antwortet meine Schwester mit zitternder Stimme. »Hast du jetzt aufgehört, gegen die Tür zu treten.«

»Ja, Süße, hab ich.« Ich fische ein Papiertuch aus meiner Jackentasche und schnäuze mir die Nase. »Wo ist Mam?«

»Sie ist weggegangen. Mit Francine.«

»Und sie haben dich nicht mitgenommen?«

»Nein, ich ... Das ging nicht«, schnieft Rebekka. »Sie sind rübergegangen in Mamas Praxis. Sie machen da so ein Ritual, das dich wieder beruhigt.«

»Und wann kommen sie zurück?«

»Bestimmt ganz bald«, meint meine Schwester. »Dir geht es jetzt doch wieder besser, oder? Dann hat das Ritual also geholfen?«

Ja, vielleicht.

Ich fühle mich tatsächlich irgendwie ruhig. Ruhig und fest. So als ob mich auf einmal nichts mehr erschüttern könnte. Ich spüre allerdings auch Gleichgültigkeit. Irgendwie ist mir plötzlich alles egal. Alles außer Jasper natürlich. Und Rebekka.

»Tut mir leid, wenn ich dich erschreckt habe«, sage ich leise.

»Es war gemein von Mama, dir dein Handy wegzunehmen«, erwidert sie.

Ja, das war es. Ich verstehe aber, dass sie so ausgerastet ist.

»Yara?«

»Hmm?«
»Bist du wirklich ein Engel?«
»Ich weiß nicht, Rebekka. So etwas Ähnliches vielleicht.«
»Francine sagt, dass du es manchmal vergisst.«
»Kann schon sein«, sage ich.
»Dass du es aber nicht mehr vergessen darfst«, sagt Rebekka. »Weil sonst viele schlimme Dinge passieren. Und deshalb darfst du jetzt viele Tage nicht mehr raus.«
Na super!
»Yara?«
»Hmm?«
»Was für schlimme Dinge passieren?«
»Keine Ahnung«, sage ich. »Vielleicht stößt Jasper etwas zu.«
»Papa auch?«
»Wieso denn ausgerechnet ihm?«, frage ich verwundert.
»Ich will ihn jedenfalls nicht mehr sehen«, sagt Rebekka. »Und Joel und Lily auch nicht. Ich will nicht schuld sein, wenn ihnen was passiert.«
Mein Blick fällt auf die Wand über meinem Bett, dorthin, wo das Babaji-Bild hängt. Ich sehe in das sanfte Gesicht und in die dunklen Augen des Avatars. Inzwischen weiß ich, dass auch er sehr hart gegen die sein konnte, die ihrem Weg nicht folgen wollten. Die Menschen damals haben ihn für seine Güte, aber auch für seine Härte verehrt. Sie haben das Feuer in ihm gesehen, das alles verbrannte, was nicht zielführend war, und sie waren dankbar für jede Strafe, die er ihnen auferlegte.
Ein spontanes Gefühl von Demut erfasst mich. Ich schließe

die Augen und verneige mich innerlich vor diesem wunderbaren Lichtwesen. Er hat mir gezeigt, dass ich mich viel zu sehr um mich selbst und zu wenig um das Wesentliche gekümmert habe. Anders als meine Mutter, die einen regelmäßigen Kontakt zu Bhajiu-Ra pflegt, keinen Workshop und keine seiner Lectures verpasst und anders als Francine, die darüber hinaus noch ein Buch über Babaji nach dem anderen verschlingt und inzwischen sogar die Bhagavad Gita gelesen hat, mache ich überhaupt keine Anstrengung in diese Richtung. In der Tat benehme ich mich wie ein gefallener Engel, der keine Verantwortung übernimmt und sich damit ziemlich rücksichtslos gegenüber denen verhält, die lange Zeit auf ihn gewartet haben.

Es ist nur so schwer, es in den Kopf zu kriegen.

Es ist so schwer, es zu glauben.

Ich hoffe so sehr, dass dieser schreckliche Zustand bald vorbei ist und ich spätestens nach der Vereinigung mit Bhajiu-Ra mit mir im Reinen bin und auch Jasper wieder anders begegnen kann.

»Mach dir keine Gedanken, Rebekka«, sage ich. »Paps, Joel und Lily wird nichts zustoßen. Ich verspreche dir, dass ich von jetzt an immer ruhig bleibe und Mam nie wieder so wütend werden muss.«

13

Abends liegen Mam und Francine bei mir, wiegen und streicheln mich. Sie müssen mir nichts mehr erklären, die Zeit, in der gesprochene Worte etwas ausrichten können, ist vorbei.

Ich spüre, dass etwas mit mir geschehen ist. Etwas Großes, Ungreifbares. Und ich bin sicher, dass meine Mutter und meine Freundin mir durch ihre energetische Arbeit dazu verholfen haben.

Meine Seele trauert um Jasper, aber mein Herz hat nun keinen Zweifel mehr daran, dass mein Leben ohne ihn weitergehen muss und wird.

Die restlichen Tage bis zu meiner Hochzeit bleibe ich freiwillig in der Wohnung. Auf Empfehlung Bhajiu-Ras ernähre ich mich ausschließlich von Obst, Gemüse und Reis.

Francine bürstet meine Haare jeden Tag, stundenlang.

Sie massiert meinen Nacken, meine Hände und meine Füße.

Mam bewacht meine Aura, die inzwischen so hell leuchtet, dass sie nun auch die hungrigen und neidischen Geschöpfe der Dunkelheit geradezu magisch anzieht

»Bis zu eurer Vereinigung bist du nahezu ungeschützt«, erklärt sie mir. »Aber danach wird dir niemand mehr etwas anhaben können.«

Wenn ich nicht esse oder in irgendeiner Weise behandelt

werde, meditiere ich. Ich setze mich hin, schließe die Augen, lege meine Finger zur Apan-Mudra zusammen und öffne zuerst mein Herz und dann mein Haupt, um göttliches Licht in mich einströmen zu lassen, das ich anschließend über mein Herz in meine Aura leite. Niemand hat mir, gesagt, dass ich das tun soll. Es geschieht einfach mit mir, und ich fange an, diesen Zustand zu genießen.
Es ist wie nichts tun, nur da sein.
Es ist Stille ohne Absicht.
Es macht mich selig.
Und allmählich wächst der Wunsch in mir heran, nie wieder etwas anderes zu tun.

Der Zustand, in dem ich mich in den Stunden vor meiner Abfahrt nach Lengsberg befinde, ist nur schwer zu beschreiben. Den Boden, über den ich gehe, spüre ich nicht, fast habe ich das Gefühl zu schweben. Mein Körper fühlt sich leicht, durchscheinend und konturlos an, beinahe so, als ob er mit der Atmosphäre um mich herum verschmolzen wäre.
»Du bist unbeschreiblich schön«, sagt Mam, als sie mir nach einem reinigenden Ölbad ein großes aprikotfarbenes Handtuch hinhält.
Ich sehe die Bewunderung und die Freude in ihren Augen, aber das berührt mich nicht. Ein Gefühl von Gleichgültigkeit beherrscht mich, was sehr angenehm ist, denn es macht mich unberührbar und unverwundbar.
Ich wickele mich in das Badetuch und setze mich auf den

Hocker, damit Mam mir die Haare trocknen kann, die sie anschließend zu einem lockeren Nackenzopf zusammenflechtet. Francine massiert mir währenddessen die Hände und die Füße mit Rosenöl, das ich danach für meinen ganzen Körper verwende.

Auf dem Bett in meinem Zimmer wartet ein weißes Hochzeitsgewand auf mich, bestehend aus einem knielangen, weich fallenden Kleid und einem Jäckchen aus hauchzarter Spitze.

»Das hat Bhajiu-Ra für dich ausgesucht«, sagt Francine mit einem strahlenden Lächeln. »Ich finde, er hat wirklich Geschmack.«

Nachdem ich die Sachen angezogen habe, steckt mir meine Mutter karamellisierte Rosenblüten ins Haar und legt mir eine feine goldene Kette mit einem strahlend violetten Anhänger um den Hals.

Auch sie und Francine haben sich fein herausgeputzt, und als wir dann am frühen Abend auf den Bürgersteig hinaustreten und zu Mams Cruiser gehen, kommt es mir vor, als ob alle Leute hier draußen wie gebannt zu uns herüberstarren.

»Sie merken es«, raunt Francine mir zu. »Es ist wirklich gigantisch! Die ganze Welt hält den Atem an.«

In der Tat ist heute alles anders. Die Straßen, die nach Lengsberg hinausführen und um diese Zeit in der Regel stark befahren werden, sind wie leergefegt. Wir haben grüne Welle und nur ein einziges Mal muss Mam für einen Rechtsabbieger mit der Geschwindigkeit heruntergehen.

»So schnell war ich noch nie hier«, verkündet sie, nachdem sie den Wagen geparkt und den Motor abgestellt hat.

Ich lasse meinen Blick über die Villa streifen, deren Wände im warmen Sonnenlicht zartgolden schimmern. Jedes einzelne Fenster ist üppig mit weißen Rosen, Lilien und Levkojen geschmückt und der Zaun, der das Gelände umgibt, frisch in einem dunklen Blau gestrichen.

Das ist dein Tag, denke ich und schließe die Augen, weil ich hoffe, dass ich es so besser begreifen kann. *Der* Tag in deinem Leben. Der alles entscheidende überhaupt.

Ich denke es wieder und wieder, bleibe davon jedoch völlig unberührt.

Ich bin erhaben über das, was heute geschieht.

Ich bin unberührbar und unverletzbar.

Ich bin auserwählt.

Meine Finger tasten nach dem Griff, doch ehe ich daran ziehen kann, wird die Tür bereits aufgerissen. Ich öffne die Augen und sehe in Stella-Mas Gesicht. Das Lächeln darin ist offen und klar. Sie verbeugt sich leicht und reicht mir ihre Hand. Ich ergreife sie und lasse mir von ihr aus dem Wagen helfen. Auf dem Bürgersteig stehen Sihoné und vier junge Typen aus der Gruppe. Sihoné schließt die Tür hinter mir und Stella führt mich zu einer Sänfte. Sie ist goldfarben lackiert, mit rotem Samt gepolstert und hat einen Baldachin aus durchsichtigem, in allen Regenbogenfarben schillerndem Stoff. Ich setze mich darauf und die vier Männer heben mich an und tragen mich langsam den Kiesweg entlang auf den Eingang der Villa zu.

Tahiné steht neben der Tür, in einen türkisfarbenen Sari gehüllt. Ihr Lächeln ist offen und klar. Der gewohnte Duft aus Sandelholz schlägt mir entgegen und aus dem Meditationsraum erklingt der schwingende Grundton der Shrutibox und ein verhaltener Om-Namah-Shivaya-Gesang, der jedoch sofort anschwillt, als die Männer mich über die Schwelle tragen. Die Trommeln und die Sitar setzen ein und die Menschen im Raum wiegen sich langsam im Rhythmus der Musik. Sie alle sind festlich gekleidet. Die Männer tragen lange weiße Hemden, die Frauen sind in bunte Saris oder luftige Kleider und glitzernde Tücher und Schals gehüllt. Ihre Gesichter lachen und ihre Augen funkeln wie Sterne, bevor sie sich zu mir umdrehen und ehrfürchtig ihre Köpfe neigen.

Zwei Mädchen ziehen den Vorhang auf, aber erst als sie auf ihre Plätze zurückhuschen, erkenne ich in einer von ihnen Rebekka. Für einen Augenblick halte ich den Atem an, denn ich begreife einfach nicht, wie sie hierhergekommen ist. Erst jetzt wird mir bewusst, dass ich meine Schwester schon seit ein paar Tagen nicht mehr gesehen habe und sie auch nicht eben mit Mam, Francine und mir im Auto gesessen hat.

Irritiert schaue ich in ihr Gesicht, das genauso strahlt wie die Gesichter der anderen und sich ebenso achtungsvoll vor mir verneigt wie sie. Ein winziger Stachel bohrt sich in mein Herz und die Schwerelosigkeit und die Erhabenheit, in der ich mich in den letzten Tagen so geborgen gefühlt habe, bekommt ganz plötzlich einen feinen Riss.

Und als ich meinen Blick schließlich nach vorn richte und Bhajiu-Ra in einem tiefschwarzen Gewand inmitten einem Meer aus weißen Blüten sitzen sehe, möchte ich am liebsten aufspringen, meine Schwester packen und weglaufen. Aber mir ist natürlich sofort klar, dass ich nicht sehr weit kommen würde. Die Frauen und Männer, an denen ich bereits vorbeigetragen wurde, sind aufgestanden und in den Mittelgang getreten. Sie stehen geschlossen da – allen voran meine Mutter und Francine – und würden es wohl kaum zulassen, dass ich vor diesem Ereignis flüchte, von dem sie sich alle so viel erwarten.

Ich versuche also, mich wieder zu beruhigen und in das schützende Gefühl der Erhabenheit zurückzukehren.

Es ist nur der letzte, verzweifelte Aufstand deines Egos, rufe ich mir ins Bewusstsein.

Alles, was meinem ichsüchtigen Seelenanteil im Moment noch als falsch erscheint, verkehrt sich aus der Perspektive des göttlichen Ganzen ins genaue Gegenteil. Und das wird spätestens nach der Hochzeitszeremonie so sein. Bis dahin muss ich ganz einfach noch durchhalten.

Damit die Kämpfe, die ich mit mir auszufechten habe, für keinen der Anwesenden sichtbar werden, recke ich stolz meinen Kopf empor, atme langsam und tief bis in den Bauch hinunter und schenke allen, die ich noch passieren muss, ein gütiges Lächeln.

Unmittelbar vor Bhajiu-Ra lassen die jungen Typen die Sänfte herunter. Bhajiu-Ra steht auf und bedeutet auch mir, dass ich mich erheben soll. Er nimmt meine Hand und zieht mich an seine Seite. Schwarz und weiß stehen wir nun nebeneinander, während die Männer den Sitz forttragen und der Om-Namah-Shivaya- Gesang immer lauter und ekstatischer wird.

Om Namah Shivay. Gottes Wille geschehe.

Bhajiu-Ra zieht eine kleine, rotsamtene Schachtel aus seinem Gewand hervor und öffnet sie. Das rubinrote Funkeln eines winzigen Steins sticht mir ins Auge. Er gehört zu einem Ring, den mein Meister mir nun über den Finger schiebt. Er sieht mich an und obwohl ich es nicht will, versinke ich in seinem Blick.

Blutroter Stein und smaragdgrüne Augen. Komplementärfarben, die übereinandergelegt reinweißes Licht ergeben.

Licht als Flüssigkeit in einem Kelchglas, das Bhajiu-Ra mir nun reicht. Ich setze es an meine Lippen und nehme einen kleinen Schluck. Augenblicklich ist meine Mundhöhle von einer schweren Süße erfüllt. Eine fruchtige Süße mit bitterem Nachgeschmack.

Hastig schlucke ich die klebrige Flüssigkeit hinunter und gebe das Glas an Bhajiu-Ra weiter. Auch er benetzt seine Lippen. Dann wandert das Glas zu Stella zurück. Bhajiu-Ra umfasst mein Kinn und legt seinen Mund auf meinen. Ruhig und abwartend.

Die Trommeln steigern ihren Rhythmus und jagen durch meinen Körper.

Om Namah Shivay. Schwarz und Weiß, Gut und Böse heben einander auf und verschmelzen miteinander in der Einheit.

Ich öffne meine Lippen und lasse es geschehen.

Ich nehme den Gotteskuss entgegen und lasse es zu, dass seine Zunge tief in mich eindringt. Diesmal ist sie rau und fordernd, und ich spüre wieder diesen Ekel in mir, den ich schon beim ersten Mal empfunden habe, doch ich ringe ihn nieder und küsse Bhajiu-Ra zurück. Ich dulde sogar, dass es ewig dauert, dass er mich an sich drückt, mich auf seine Arme hebt und durch den Raum trägt.

Die Singenden treten zur Seite und öffnen den Gang.
Sie geben den Weg frei. Für Bhajiu-Ra und mich.
Om Namah Shivay. Gottes Wille geschehe.

※

Erst als sich die Türen des Aufzugs hinter uns schließen, setzt er mich ab. Wir gleiten nach oben und Bhajiu-Ra zieht mich hinter sich her durch den Raum mit dem Kristallleuchter, in dem wir vor Wochen zusammen gegessen haben, in ein kleines Zimmer, in dem es nichts weiter gibt als ein breites, mit violettem Samt bezogenes Bett unter einem Himmel aus goldglitzerndem Stoff.
Ich bleibe wie angewurzelt stehen und starre ihn an. Bhajiu-Ra lächelt.
»Wir werden sehr glücklich sein«, sagt er leise. »Du und ich. Wir sind die Geschenke, die der göttliche Wille sich macht.«
Er umfasst meine Taille, hebt mich auf das Bett und drückt mich an den Schultern herunter. Ich spüre einen leichten Schwindel und eine seltsame Schwere in meinem Kopf. Der bittere Nachgeschmack des Fruchttranks kriecht mir die Speiseröhre hinauf und kehrt in meinen Mund zurück.
»Und – was – geschieht – jetzt?«, frage ich.
Bleierne Wörter, die nur mühsam über meine Lippen wollen.
»Schsch«, macht Bhajiu-Ra. »Je weniger du redest, umso machtvoller wird sich die Energie, die sich durch unsere Vereinigung manifestiert, über unseren Planeten ergießen.«

»Aber ...?«
»Schsch.« Er legt mir den Finger auf den Mund und lächelt mich zärtlich an. Dann geht er ans Fußende der Liege und massiert meine Füße. Es ist angenehm, doch ich schaffe es nicht, mich wirklich darauf einzulassen.
Die Schwere in meinem Kopf erfasst meinen ganzen Körper. Meine Augen fallen zu und ich reiße sie erschrocken wieder auf.
Bhajiu-Ras Hände massieren meine Knöchel und Waden, wandern langsam über meine Knie und schieben den Saum des Kleides dann hastig über meine Hüften. Ehe ich kapiere, was geschieht, umfassen sie meine Brüste und plötzlich sind Bhajiu-Ras grüne Augen über mir.
Seine Nasenlöcher sind gebläht und sein Mund ist leicht geöffnet.
»Gleich werde ich deine Weiblichkeit vergöttern«, keucht er. »Und danach werde ich mich mit dir vereinen. Morgen vergötterst du meine Männlichkeit und vereinigst dich anschließend mit mir. Und am dritten Tag vergöttern wir uns gegenseitig. Die darauf folgende dritte Vereinigung vollendet das Ritual und wird die Erde heilen. Wir werden uns nie wieder um irgendetwas kümmern müssen.«
Ich schreie ein Nein, aber es erstirbt irgendwo zwischen meiner Kehle und meiner Zungenspitze.
Bhajiu-Ras Gesicht zieht sich zurück und hinterlässt eine Spur aus Nebelschlieren. Dann spüre ich seine tastenden Finger in meiner Scham.
Neiiiiin!
Der Schrei bäumt mich auf. In meinem Kopf passiert alles

ganz langsam, doch meine Beine bewegen sich blitzschnell. Ich ziehe sie an und trete in Bhajiu-Ras Gesicht, bevor es sich meiner *Weiblichkeit* nähern kann.
Er stöhnt. Dunkel und grollend. Blut spritzt auf mein Kleid.
Bhajiu-Ra taumelt zurück, ich richte mich auf und trete noch einmal zu. Er schreit und schlägt sich die Hände vors Gesicht. Dann dreht er sich um und rennt aus dem Zimmer. Irgendwo knallt eine Tür. – Ob er das war? Oder schallte es von unten herauf? Sind die Leute überhaupt noch da? Mam? Francine? Rebekka? Wie viel Zeit ist inzwischen vergangen? – Ich habe keine Ahnung, sondern nur diese bleierne Schwere in meinem Kopf.
Irgendwas muss in dem Getränk gewesen sein. Irgendwas, das seine Wirkung vielleicht noch gar nicht ganz entfaltet hat …
Panik steigt in mir hoch. Sobald Bhajiu-Ra sein Gesicht versorgt hat, wird er zurückkommen. Er wird genau da weitermachen, wo er aufgehört hat, und ich werde mich nicht noch einmal so gegen ihn zur Wehr setzen können. Und selbst wenn … Wie soll ich auf die Schnelle den Aufzug bedienen? Und werden die da unten mich überhaupt gehen lassen? Wird meine Mutter mir glauben? Wird sie mir überhaupt richtig zuhören?
Ich weiß es nicht.
Ich weiß nur, dass ich mich diesem Monster nicht ausliefern will.
Dass es unmöglich richtig sein kann, was er mit mir macht.
Dass Jasper recht hatte. – O Jas!

Tränen schießen mir in die Augen. Ich lasse mich vom Bett rutschen und stolpere zur Tür. Außen steckt ein Schlüssel. Ich starre ihn an und die Erkenntnis jagt mir einen eiskalten Schauer über den Rücken:
Bhajiu-Ra hätte mich nie wieder weggelassen. Er hätte mich hier gefangen gehalten wie ein Tier. Und niemand hätte mich vermisst. Mam und Francine vertrauen ihm blind. Sie hätten ihm jede Lüge abgenommen.
Nur mein Vater, er hätte nach mir gefragt. Aber wer weiß, was Mam ihm erzählt hätte. Was sie für diesen ganzen Irrsinn in der Lage wäre zu tun …
Plötzlich höre ich Schritte, und ein Schatten schiebt sich über den Teppich des Nebenraums. Schnell ziehe ich den Schlüssel ab und schlage die Tür zu. Mein Herz tobt und meine Finger zittern so sehr, dass mir der Schlüssel entgleitet und auf den Boden fällt.
Nein! Nein! Nein!
Ich höre jemanden schluchzen und checke erst drei Sekunden später, dass ich es selber bin.
Ich bücke mich und hebe den Schlüssel auf. Die Schritte werden lauter und sind nun direkt hinter der Tür.
Bitte, bitte, lieber Gott … Wenn es dich wirklich gibt …!
Irgendwie schaffe ich es, den Schlüssel einzufädeln. Die Klinke bewegt sich nach unten, ich werfe mich gegen die Tür und spüre noch den Druck, dann dreht sich der Schlüssel im Schloss. Klack. Klack.
Ich bin gerettet.
Zumindest vorerst.
Bhajiu-Ra lacht. »Was willst du denn tun, Yara?«, ruft er.

»Ehe du verdurstest, wirst du mich reinlassen. Früher oder später ... Ich habe so lange auf dich gewartet, ein paar Tage mehr oder weniger machen *mir* nichts aus.«

Ich antworte ihm nicht, sondern fange an zu heulen. Lautlos, damit er mich nicht hört. Mein ganzer Körper zittert, mein Herz rast, doch meine Muskeln sind so müde, dass ich mich kaum noch auf den Beinen halten kann. Hinter der Tür herrscht Stille. Es ist beklemmend, doch ich gebe mich der Hoffnung hin, dass Bhajiu-Ra sich erst einmal nicht weiter um mich kümmert, sondern einfach abwartet.

Trotzdem bleibe ich noch eine Weile an die Tür gelehnt stehen, lausche in den Nebenraum und versuche einen klaren Gedanken zu fassen. Außer diesem fürchterlichen Bett ist in diesem Zimmer wirklich absolut nichts. Kein Schrank, kein Stuhl, den ich unter die Klinke schieben könnte, keine Kommode, in deren Schubladen sich vielleicht irgendetwas Brauchbares finden ließe, ja, nicht einmal eine Lampe. Ich habe zwar keine Ahnung, wie spät es ist und wie lange es noch dauert, bis es hier drin stockdunkel sein wird und dort draußen hinter dem Fenster ebenfalls. Und ich frage mich, ob es im Garten wohl Bewegungsmelder gibt oder sogar Alarmschranken, wie weit es bis zur Straße ist und ob einer der Nachbarn mich hören könnte, wenn ich sehr laut schreien würde.

Antworten darauf wird mir keiner geben, mir bleibt nichts übrig, als es auszuprobieren und zu hoffen, dass das Glück auf meiner Seite ist.

Ich stoße mich von der Tür ab und schleppe mich zum Fenster.

Das Zimmer liegt nach vorn. Durch das Blätterwerk einer Birke kann ich bis zur Straße gucken. Ich sehe den Zaun und die parkenden Autos dahinter. Das Türkis von Mams Cruiser knallt richtig heraus.
Sie sind also noch da, immer noch hier im Haus! Mam, Francine und Rebekka.
Plötzlich fühle ich mich sicher. Solange sie alle hier sind, wird Bhajiu-Ra nicht versuchen, in dieses Zimmer einzudringen und mir etwas anzutun. Er muss befürchten, dass meine Schreie bis unten zu hören sind. Es sei denn, er geht davon aus, dass das Zeug, das er mir zu trinken gegeben hat, seine Wirkung erst noch vollständig entfaltet!
Wieder steigt Panik in mir hoch. Ich muss hier raus. Erst wenn ich dort draußen hinter dem Zaun auf der Straße stehe, werde ich hoffentlich in Sicherheit sein.
Hektisch taste ich nach dem Fenstergriff, doch ich habe kaum noch Kraft, ihn umzulegen. Außerdem sind meine Finger so schwitzig, dass ich immer wieder abrutsche. Schließlich nehme ich beide Hände, und auf diese Weise schaffe ich es endlich. Ich öffne die Flügel, setze mich aufs Sims und lasse meine Beine nach draußen hängen. Schätzungsweise dreieinhalb Meter unter mir ist ein Blumenbeet. Wenn ich mich fallen ließe, hätte ich recht gute Chancen, unverletzt zu bleiben. Doch die Birke ist verlockender. Einer ihrer Äste scheint zum Greifen nah. Ich strecke meinen Arm aus und beuge mich nach vorn. Tatsächlich berühren meine Fingerspitzen die glatte Rinde. Ich rutsche noch ein Stück über den Fensterrahmen hinweg auf das schmale Außensims – und falle.

Ein kurzer erschrockener Schrei dringt aus meiner Kehle, mein linker Fuß knickt weg und meine Knie schlagen hart auf dem Boden auf. Ein beißender Schmerz rast durch meine Beine, und einen Moment lang kann ich mich überhaupt nicht bewegen. Dann geht der Schmerz allmählich in ein dumpfes Pochen über.

Stöhnend reibe ich über meine Knie und die Knöchel, schließlich hebe ich mich vorsichtig in den Vierfüßlerstand und sehe zum Haus hinüber. Die Stofflamellen des Meditationsraums schimmern in einem sanften Aprikot. Die Zimmer in der oberen Etage sind nicht beleuchtet.

Vielleicht ist das ein gutes Zeichen.

Vielleicht hat Bhajiu-Ra aber auch meinen Schrei gehört und steht nun dort oben hinter einem der Fenster in der Hoffnung, mich zu finden.

Ohne auf meine schmerzenden Knochen zu achten, krabbele ich los bis zu einer kleinen Buschgruppe, hinter der ich mich verbergen kann. Von hier aus sind es nur noch ein paar Schritte bis zum Zaun. Doch mir ist sofort klar, dass er viel zu hoch für mich ist.

Mir bleibt also nur eine einzige Möglichkeit: Das Tor! Ich muss es erreichen, bevor die anderen herauskommen. Und es darf nicht abgesperrt sein!

Vorsichtig stelle ich mich auf die Füße. Das Pochen in den Beinen hat inzwischen nachgelassen. Ich spüre auch keine Schmerzen mehr. Keuchend arbeite ich mich von Busch zu Busch, umrunde den Teich und laufe zwischen ein paar Bäumen hindurch auf das Tor zu. Ich habe ein Wahnsinnsglück, denn es ist nicht nur nicht abgesperrt, sondern steht sogar

sperrangelweit offen. Noch ein letzter Blick zum Eingang, dann husche ich über den Kies auf den rettenden Bürgersteig hinaus. So schnell ich kann, laufe ich die Straße hinunter.
Die Idee, an einem der Nachbarhäuser zu klingeln, verwerfe ich sofort wieder. Ich will nicht, dass die Polizei hier aufkreuzt. Nicht solange meine Mutter, meine Schwester und Francine noch in der Villa sind.
Also laufe ich weiter, bis mir eine elegant gekleidete ältere Dame entgegenkommt. Sie bleibt stehen und starrt mich an.
»Kann ich Ihnen helfen?«
»Was?«, keuche ich. »Nein ... ich glaube nicht.« Ich will einfach nur weiter, weg von hier, doch dann fällt mir etwas ein. »Haben Sie ein Handy?«
Ein Lächeln huscht über ihre dezent geschminkten Lippen und um ihre dunklen Augen bildet sich ein Strahlenkranz aus Lachfältchen. »Aber natürlich.« Sie öffnet ihre Handtasche und zieht das neueste Sony-Ericsson-Modell heraus. »Bitte schön.«
Verblüfft sehe ich sie an.
»Sie dürfen ruhig ein paar Schritte gehen«, muntert sie mich auf. »Ich habe nicht vor, Ihr Gespräch zu belauschen.«
»Vielen Dank«, stammele ich und tippe Jaspers Nummer ein.

14

Gut dreieinhalb Stunden später sitze ich in Paps' Wohnzimmer. Jasper und ich haben uns zusammen in den großen Sessel gequetscht und er hält mich so fest im Arm, als hätte er Angst, dass ich verloren gehen könnte.

Mein Vater geht neben dem Tisch auf und ab. Er ist noch immer völlig außer sich.

»Es ist doch nicht möglich, Yara«, sagt er wieder und immer wieder. »Wie können denn so viele Menschen auf einmal verschwinden? Und wieso macht die Polizei da weiter nichts? Nicht einmal eine richtige Fahndung haben sie herausgegeben.« Er schlägt sich gegen die Stirn. »Und den Durchsuchungsbescheid für diese Villa müssen sie erst beim Staatsanwalt beantragen! Nachdem sie alles an die Kripo weitergegeben haben. Himmel Herrgott, wo leben wir denn!«

»Sie haben doch gehört, was sie gesagt haben«, versucht Jasper ihn zu beruhigen. »Die Leute sind nicht verschwunden. Sie sind ganz einfach nach Hause gefahren. Zumindest vermuten die Polizisten das«, fügt er seufzend hinzu.

Ich glaube nicht daran. Und Paps auch nicht.

Okay, zwischen meinem Anruf bei Jasper und dem Moment, in dem mein Vater und er mich an einer Tankstelle im Lengsberger Zentrum aufgesammelt haben, ist mindestens eine Stunde vergangen. Bis die Beamten auf der Polizeidienststelle kapiert hatten, worum es ging und sich endlich zur Villa

aufmachten, sind noch einmal gut zwanzig Minuten verstrichen. In dieser Zeit können Mam, Francine und Rebekka und auch alle anderen aus der Gruppe sonst wohin gefahren sein. Sie müssen nicht mit Bhajiu-Ra gegangen sein. Und trotzdem werde ich das Gefühl nicht los, dass sie genau das getan haben.
»Und warum erreiche ich sie dann nicht?«, fährt Paps Jasper an und fuchtelt mit dem Mobilteil des Funktelefons herum.
Diese Frage ist natürlich ganz einfach zu beantworten.
»Weil sie deine Nummer erkennt«, sage ich. »Mam hat die letzten Tage nicht mit dir geredet und will es auch jetzt nicht. – *Gerade* jetzt nicht.«
Mein Vater bleibt stehen und starrt mich an.
»Ich bring den Kerl um!«, presst er hervor. »Wenn er Rebekka auch noch ...« Er bricht ab und schlägt sich die Hände vors Gesicht. Sein ganzer großer Körper fängt an zu beben.
»Das verzeihe ich mir nie. Ich hätte euch nicht eurer Mutter überlassen dürfen.« Er nimmt die Hände wieder herunter und richtet seine rotgeweinten Augen auf mich. »Ich wollte einfach nicht, dass ihr euch innerlich zerreißt. Verrückterweise habe ich darauf gehofft, dass ihr von allein wieder zur Besinnung kommt. Früher oder später. Aber damit, dass dieses Schwein dir so etwas antun würde, habe ich nun wirklich nicht gerechnet.«
»Schon gut, Paps«, krächze ich. »Du hast keine Schuld. Ich wäre sowieso nicht bei dir geblieben. Ich war überzeugt, dass Mam das Richtige tut. Und Rebekka ...«
Er schüttelt den Kopf. »Wenn ihr etwas zustößt ...«

In diesem Moment schrillt die Türglocke.

»Vielleicht sind sie das«, sagt Jasper hoffnungsvoll.

»Nein, das wird dieser Kirchenmensch sein«, erwidert mein Vater. »Dieser Beamte mit den hellen Augen hat gesagt, dass er eventuell gleich heute Abend noch kommt.«

Er nickt uns kurz zu und verschwindet dann im Flur. Seine Schritte sind schwerfällig. Die verzweifelte Sorge um Rebekka und meine Mutter haben die Wut auf Bhajiu-Ra offenbar in den Hintergrund gedrängt.

Ich schmiege mich in Jaspers Arm und schließe leise seufzend die Augen. Irgendwie kriege ich die Ereignisse dieses Abends noch gar nicht richtig zu fassen. Klar, habe ich all dieses Schreckliche erlebt, im Augenblick kommt es mir allerdings so weit weg vor. Ich kann fast nicht glauben, dass es wirklich passiert ist. Selbst die Verbände um meine geprellten Knie und den verstauchten Knöchel erscheinen mir irreal.

Ich bin zu Hause, in einem Wohnzimmer, in dem es nun keine Babaji-Bilder mehr gibt, sondern Kunstdrucke von Klee und Kirchner die Wände schmücken. Ich spüre Jaspers Wärme und es geht mir gut. Ja, trotz des Schreckens, dem ich um Haaresbreite entkommen bin, geht es mir gut.

Ich zwinge mich zu glauben, dass Rebekka und Mam in ihrer Wohnung sind, dass sie keine Ahnung haben, was passiert ist, und dass Bhajiu-Ra bald gefunden wird. Inzwischen weiß ich, dass er in Wahrheit Thomas Winkler heißt, ein Name, der die ganze Sache mit einem Mal so banal erscheinen lässt. Sektenkacke, sagt Jasper. Aufgeblasener Esoterikmist, sage ich – jetzt! Im Nachhinein verstehe ich mich selbst nicht mehr. Wie konnte ich nur an diese abstrusen Dinge glauben! Warum habe ich all diese irrationalen Schuldgefühle und Ängste entwickelt? Warum habe ich mich nicht einfach auf meinen durchaus vorhandenen und immer wieder hervorblitzenden gesunden Menschenverstand verlassen?

Plötzlich lauter werdende Stimmen und Schritte im Flur reißen mich aus meinen Gedanken. Ich öffne die Augen und sehe Paps, der einen großen kräftigen Mann ins Wohnzimmer führt.

»Das sind meine Tochter Yara und ihr Freund Jasper«, stellt er uns vor.

»Guten Abend«, sagt der Mann und reicht uns zur Begrüßung die Hand. Obwohl er von seinem jugendlichen Ausdruck her nicht viel älter als mein Vater sein kann, sind seine halblangen dunklen Haare schon ziemlich angegraut und sein Vollbart ist schlohweiß. Aus klaren blauen Augen lächelt er uns offen an. »Mein Name ist Bernd Hilbers. Ich bin evangelischer Pastor und beschäftige mich seit einiger Zeit mit dem Phänomen Bhajiu-Ra.«

Paps bedeutet ihm, dass er sich in den anderen Sessel setzen soll.

»Darf ich Ihnen etwas zu trinken anbieten?«

Herr Hilbers nickt. »Gerne.«

»Ich könnte einen Tee aufsetzen ...«

»Nein, nein.« Der Pastor winkt ab. »Bitte machen Sie sich keine Umstände.« Er schiebt den Ärmel seiner dunkelblauen Sweatshirtjacke hoch und tippt auf seine Armbanduhr. »Es ist bereits nach elf. Ich bin schon überaus froh, dass ich heute Abend überhaupt noch zu Ihnen kommen durfte.«

»Aber ich bitte Sie!«, erwidert Paps. »*Wir* sind froh, dass Sie sich so spät noch auf den Weg gemacht haben und uns mit Rat und vielleicht sogar Tat zur Seite stehen wollen. Also ... einen Orangensaft? Oder ein Wasser? – Wein? Bier?«

Herr Hilbers öffnet lächelnd die Arme in Richtung Zimmerdecke. »Nun ja, ich bin zwar mit dem Wagen gekommen. Aber der gute Mann dort oben ist ja eigentlich immer für ein kleines Gläschen Wein zu haben.«

Mein Vater lacht nervös.

»Gut, dann werde ich mal eine Flasche Rotwein entkorken. Ich denke, wir können alle einen Schluck vertragen«, setzt er mit einem Blick auf Jasper und mich hinzu. Und während er in den Keller hinunter verschwindet, wendet der Pastor sich mir zu.

»Es tut mir sehr leid, das so sagen zu müssen«, beginnt er, »Das, was dir heute in dieser Lengsfelder Villa zugestoßen ist, bestürzt mich natürlich sehr. Andererseits muss ich zugeben, dass uns ein solcher Vorfall sehr zupasskommt, denn jetzt haben wir endlich etwas ganz Konkretes gegen Thomas Winkler in der Hand.«

»Das heißt also, dass Sie dieses Schwein tatsächlich schon länger beobachten?«, entgegnet Jasper.

Herr Hilbers nickt. »Allerdings. Seit ungefähr drei Jahren. Damals wandten sich die ersten Leute – in der Hauptsache sind es Männer gewesen – an unsere kirchlichen, aber auch an städtische Beratungsstellen. Sie alle lebten in Trennung und kämpften um das Sorge- oder das Besuchsrecht für ihre

Kinder. Und sie alle beklagten, dass ihre Ehefrauen durch den Kontakt zu einer esoterischen Gruppierung um einen gewissen Bhajiu-Ra offenbar zu dieser Trennung gedrängt worden waren.«

»Nein, so war es nicht!«, entfährt es mir. »Jedenfalls nicht direkt. Bhajiu-Ra hat es eher so hingestellt, als ob man sich selbst entscheiden könnte. Aber wenn man wirklich zu ihm gehören wollte, blieb einem letztendlich nichts anderes übrig, als zu tun, was er wollte.«

Jasper schüttelt den Kopf. »Ganz schön hinterfotzig!«

Der Pastor, dem ein solcher Ausdruck eigentlich gegen den Strich gehen müsste, nickt. »Es wäre gut, wenn ich von dir so viel wie möglich über diesen Mann und seine Machenschaften erfahren könnte.«

»Klar«, sage ich. »Ich erzähle Ihnen sehr gerne alles, was ich weiß.«

Herr Hilbers hebt abwehrend die Hände. »Aber nur, wenn es dir nicht zu viel wird.«

»Nein, nein«, sage ich. »Im Gegenteil. Es tut mir total gut, dass ich endlich jemandem wie Ihnen, der sich mit diesen Dingen auskennt und sogar schon etwas über Bhajiu-Ra weiß, sprechen kann. Bisher ging das nur mit meiner Mutter und meiner Freundin. Alle anderen haben uns ja gleich für verrückt erklärt.«

»Was hätte ich denn sonst tun sollen?«, erwidert Jasper aufgebracht. »Ich hab doch sofort gemerkt, dass du dich jeder Kritik sofort verschlossen hast. Außerdem wollte ich ja einen zweiten Anlauf machen. Aber dann ist uns deine Mutter wohl dazwischengekommen. Und du warst plötzlich nicht mehr zu erreichen. Tagelang hatte ich eine wahnsinnige Angst. Du glaubst gar nicht, wie froh ich war, als ich vorhin deine Stimme gehört habe!«

»Als meine Mutter gemerkt hat, dass Jasper und ich miteinander telefonieren, hat sie mir mein Handy weggenommen und mich anschließend in mein Zimmer eingesperrt«, erkläre ich Pastor Hilbers. »Sie war gegen unsere Freundschaft. Sie meinte, ich müsse mich auf meine spirituelle Aufgabe vorbereiten und sollte bis zu meiner Hochzeit nur noch meditieren.«

»Ich fass es nicht«, sagt mein Vater, der in diesem Augenblick mit einer Flasche argentinischem Rotwein in der Hand auf der Schwelle steht. »Ich kann nicht glauben, dass Veronika zu so etwas überhaupt fähig ist!«

»Da sagen Sie nichts anderes als die übrigen Männer auch«, erwidert Herr Hilbers. »Jeder einzelne hat sich die Veränderung, die diese Gruppe bei ihren Lebenspartnerinnen in Gang gesetzt hat, nicht rational erklären können.« Er richtet sich wieder an mich. »Von daher war die Umschreibung *zur Trennung drängen* von mir wohl tatsächlich nicht ganz glücklich gewählt«, fährt er mit ernster Miene fort. »Natürlich weiß jeder in der Gruppe, dass er sich früher oder später von allem Irdischen lösen muss, der Zeitpunkt dafür wird nur nicht immer klar definiert. Und auch nicht unbedingt von Thomas Winkler direkt, sondern eher von der Gruppe, die das Verhalten der einzelnen Mitglieder kontrolliert.«

»Das stimmt«, bestätige ich. »Ich selber hatte überhaupt nicht viel Kontakt zu ihm. Von allen, die um ihn herum waren, wahrscheinlich sogar am wenigsten. Trotzdem hatte ich von Anfang an die wichtigste Rolle in der Gruppe. Wirklich beeinflusst haben mich vor allem Mam und Francine natürlich, aber auch die anderen, indem sie mich so angehimmelt haben und ...«

»Also, wenn das keine Sekte ist, dann weiß ich es auch nicht!«, stößt mein Vater hervor. Er stellt die vier Weingläser, die er gerade aus dem Schrank genommen hat, geräuschvoll auf den Wohnzimmertisch, lässt sich aufs Sofa fallen und greift nach der Weinflasche. »Die sind ja schlimmer als diese Scientologen!«

»Da haben Sie nicht ganz unrecht«, meint Pastor Hilbers. »Das System, das Thomas Winkler aufgebaut hat, ist um einiges perfider als beispielsweise Scientology, die sehr strenge Kontrollstrukturen haben. Thomas Winkler predigt Freiheit. Niemand soll irgendwelchen Zwängen unterliegen, seinen Darshan bekommt jeder umsonst, aber seine Seminare kosten sehr viel Geld ...«

»Haben Sie schon einmal daran teilgenommen?«, unterbreche ich ihn erstaunt.

»Nicht ich persönlich«, erwidert er kopfschüttelnd. »Wir sind ja eine ganze Gruppe von Leuten, die das Mysterium Bhajiu-Ra zu erfassen versucht, und natürlich haben einige von uns in die verschiedenen öffentlichen Veranstaltungen, die er in den letzten Jahren gemacht hat, hineingeschnuppert. Ich bin derjenige, der die Informationen zusammenträgt.«

»Gut«, meint Jasper ungeduldig. »Sie wollten uns aber gerade erklären, wie dieses Mysterium Bhajiu-Ra funktioniert.«

»Nun, nüchtern betrachtet, ist das Ganze relativ simpel«,

sagt Herr Hilbers. »Thomas Winkler ist ein Mensch mit herausragender Auffassungsgabe. Sein Gehirn erfasst und speichert Informationen um einiges schneller und nachhaltiger als das eines Durchschnittsmenschen. Er verfügt über ein immenses angelesenes Wissen, das er mit psychologischem Geschick und extrem ausgeprägtem Selbstbewusstsein einzusetzen vermag. Nicht er musste sich zum spirituellen Meister erheben, sondern er wurde von den anderen dazu gemacht. Nachdem er also an der richtigen Stelle eine Kostprobe seiner sogenannten *Fähigkeiten* gegeben hat, konnte er sich ganz bequem hinsetzen und dabei zusehen, wie sich der Kreis seiner Fans von ganz allein erweiterte. Thomas Winkler hatte ein Händchen dafür, sich genau jene zu Vertrauten zu machen, von denen er die für ihn nützlichsten Informationen über die anderen bekommen konnte.«

»Er hat also gar nichts *gesehen*«, schlussfolgere ich.

»Nein, das hat er nicht. Wenn seine Klientin Frau XY zu ihm sagte, sie hätte eine Bekannte mit dem Problem Z, dann hat er die Klientin so geschickt ausgefragt, dass er bei der ersten Begegnung mit deren Bekannten gleich den Finger in die Wunde legen und das passende Therapieangebot machen konnte«, erklärt Herr Hilbers. »Und das waren dann in der Regel Rückführungen oder die Teilnahme an einem seiner Seminare oder Workshops. Auch hier bewies Thomas Winkler Fingerspitzengefühl. Er konnte nämlich ziemlich gut einschätzen, was die einzelnen Personen zu zahlen bereit waren. Zumindest für den Anfang. Sobald sie zur Gruppe gehörten – die ja, das muss ich ebenfalls betonen, keinesfalls klar als Gruppe abgegrenzt war oder ist –, unterlagen sie dem Druck der anderen beziehungsweise des Gesamtsystems.«

»Das verstehe ich nicht«, sagt Jasper. »Eigentlich muss doch den meisten ziemlich schnell klar werden, dass sie es nur mit Halbwahrheiten und Geldschneiderei zu tun haben.«

»Na ja, Menschen, die in solche Gruppierungen geraten, suchen in der Regel nach jemandem, der sie aus ihrem wie auch immer gearteten persönlichen Dilemma führt. Sie geraten in einen Kreis Gleichgesinnter, wo sie sich in der Regel sofort aufgehoben fühlen. Die Entspannungsübungen, Rückführungen, geführten Meditationen und Visualisierungen sind ja auch durchaus wohltuend und bringen den ein oder anderen individuellen Knoten zum Platzen. Das Problem jedoch ist, dass man die meisten dieser Übungen nicht einfach zu Hause wiederholen kann. Die Leute bleiben also auf diese Seminare angewiesen und sind mit der Zeit auch bereit, immer mehr Geld dafür auszugeben. Hinzu kommt, dass Thomas Winkler zu jeder sich bietenden Gelegenheit apokalyptische Andeutungen über die Zukunft unseres Planeten macht. Damit schürt er natürlich Angst, eine Angst, die bei seinen Klienten den Wunsch kreiert, möglichst schnell einen spirituellen Entwicklungsstand zu erreichen, der es ihnen ermöglicht, dieser Apokalypse zu entfliehen.«

»Und damit noch mehr Geld für seine Therapien und Seminare auszugeben«, schlussfolgert Jasper kopfschüttelnd.

Herr Hilbers trinkt einen Schluck aus seinem Weinglas und nickt. »Außerdem hat er seine Zuwendung zu einzelnen Gruppenmitgliedern äußerst geschickt dosiert. Jene, denen er sich besonders zuwandte, sei es durch Gespräche, privaten Kontakt oder besondere Aufgaben, galten in der Gruppe schon bald als besonders weit Entwickelte, was den Effekt hatte, dass jeder so weit kommen wollte ...« der Pastor richtet eine Hand mit ausgestrecktem Zeigefinger in die Luft, »... wohlgemerkt, ohne dass es jemals eine Definition über den absolut erreichbaren Entwicklungsgrad gab. Man kann also sagen: Alle strebten in die gleiche Richtung, aber keiner wusste so recht, wohin. Inzwischen hatten die meisten ihre Kontakte zu den Menschen, die sich kritisch äußerten, längst abgebrochen. Ihr soziales Umfeld war nun die Gruppe und sie taten alles, um den dort herrschenden Ansprüchen zu genügen.« Herr Hilbers wendet sich meinem Vater zu. »Insofern läuft es hier tatsächlich nicht anders als in einer Sekte.«

»Und die Motivation dieses sauberen Herrn Winkler liegt also einzig und allein darin, Macht auszuüben, Kohle zu scheffeln und ...« Jasper bricht ab. Der Druck seines Arms, den er um mich gelegt hat, verstärkt sich.

Diesmal nickt der Pastor verhaltener. »In der Tat scheint Thomas Winkler sich die attraktivsten Frauen herausgepickt zu haben.«

»Uäääh!«, rufe ich. »Heißt das etwa, dass es Frauen gegeben hat, die freiwillig mit ihm geschlafen haben?«

Der Pastor nickt. »Nach unseren Recherchen sind es sogar eine ganze Reihe von Frauen gewesen«, antwortet er zögernd. »Viele haben sich geschmeichelt gefühlt und ausnahmslos alle sind wohl davon überzeugt gewesen, dass sie dadurch in ihrer spirituellen Entwicklung einen großen Schritt vorankommen.«

»Aber das ist ja absurd!«, ruft Jasper. »Es ist doch wohl offensichtlich, dass dieser Typ die Frauen nur benutzt hat.«
Mein Blick fällt auf Paps. Auch er sieht mich an, und wir wissen sofort, dass wir das Gleiche denken. Meine Mutter ist auch eine von diesen Frauen. Mam hat die ganze Zeit gewusst oder zumindest geahnt, was Bhajiu-Ra mit mir vorhatte und es billigend in Kauf genommen, weil sie davon überzeugt war, dass es mich ebenso wie alle anderen weiterbringen würde.
Meine Hände fangen an zu zittern und ich stelle das Weinglas, an dem ich gerade nippen wollte, hastig auf den Tisch zurück. Dann heule ich los. Wie ein Sturzbach quellen die Tränen aus meinen Augen, rollen über mein Gesicht und tropfen auf meine Jeans. Es geschieht einfach, ich bin außerstande, etwas dagegen zu tun.
Eine Weile herrscht bedrückende Stille im Raum. Nur mein leises Schluchzen ist zu hören. Jaspers warme Hand streicht sanft über meinen Rücken.
Schließlich räuspert sich Pastor Hilbers und sagt: »Du musst sehen, dass deine Mutter sich in einer Art Ausnahmezustand befunden hat, beziehungsweise wohl immer noch befindet.«
»So wie ich!«, presse ich hervor. »Wie Francine und alle anderen.«
Mein Vater schießt aus dem Sofa hoch und stößt dabei fast sein Weinglas um.
»Ich will jetzt wissen, wo Rebekka ist.« Er reißt die Wohnzimmertür auf und rennt in den Flur.
»Wo willst du denn hin?«, rufe ich.

»In die Wohnung deiner Mutter«, erwidert er, während er im Türrahmen auftaucht und sich seine Lederjacke überzieht. »Komm, Yara, bitte, wo ist dein Schlüssel …« Er sieht mich flehend an. »Ich weiß, dass das alles viel zu viel für dich ist und du dich eigentlich ausruhen musst, aber ich drehe durch bei dem Gedanken, dass dieses Schwein sich jetzt womöglich auch noch an deiner Schwester vergreift.«

»So dumm wird er nicht sein«, versucht Herr Hilbers ihn zu beruhigen. »Er muss damit rechnen, dass Yara ihn angezeigt hat, und wird sich jetzt nicht noch mehr zu Schulden kommen lassen wollen.«

»Wer weiß schon, was in diesem kranken Gehirn vor sich geht«, schnaubt Paps.

»Ich komme mit«, sage ich. »Ich will, dass Mam kapiert, was Bhajiu-Ra mit mir gemacht hat, und was sie Rebekka antut, wenn sie sie auf diesen Weg zwingt.«

»Ich bin dabei«, sagt Jasper und zieht mich aus dem Sessel.

Der Pastor erhebt sich ebenfalls. »Also, ich verstehe ja Ihre Sorge, aber … Vielleicht wäre es einfach gut, wenn ich Sie begleite.«

Zwei Minuten später sitzen wir in Pastor Hilbers Passat und starten in Richtung Innenstadt. Während der Fahrt erzähle ich, dass Bhajiu-Ra seine Strategie in den letzten Wochen offenbar erweitert hat. Ich berichte von den Ausbildungen, dem Lichtfrauenkreis und den speziellen Aufgaben, die er jeder Einzelnen aufgetragen hat.

»Er hat also begonnen, seine Macht klarer zum Ausdruck zu bringen und das Ganze nicht mehr allein der Gruppenpsychologie zu überlassen?«, vergewissert sich Herr Hilbers. »Vielleicht wollte er austesten, inwieweit sein Wort inzwischen bei seinen Anhängern gilt.«

»Um was zu erreichen?«, fragt mein Vater, der neben ihm auf dem Beifahrersitz sitzt, scharf.

»Zum Beispiel, um Verständnis für den Übergriff auf Ihre Tochter zu ernten.«

»Sie glauben also, dass er diese unsägliche Hochzeitsgeschichte von langer Hand vorbereitet hat?«

Der Pastor wiegt den Kopf hin und her. »Schwer zu sagen ...«

»Mam kam irgendwann an und meinte, dass er mich unbedingt kennenlernen wolle«, sage ich.

»Schwein. Schwein. Schwein«, raunt Jasper in mein Ohr.

»Vielleicht hat er mal ein Foto von dir gesehen?«, fragt Herr Hilbers nach hinten.

»Schon möglich«, sage ich. »Sie hat eins in ihrer Geldbörse. Von mir ... und von Rebekka natürlich auch.«

Paps lehnt sich gegen die Kopfstütze zurück und stöhnt. Ich bemerke, dass sich seine linke Hand so fest in den Sitz krallt, dass die Fingerknöchel weiß hervortreten.

»Ich bitte Sie, Herr Hilbers«, sagt er tonlos. »Beeilen Sie sich.«

Wir parken direkt vor der Haustür. Noch ehe Pastor Hilbers den Motor abgestellt hat, ist Paps auf dem Bürgersteig. Er reißt die Tür an meiner Seite auf und fuchtelt hektisch mit der Hand.
»Komm, Yara, komm, gib mir den Schlüssel.«
»Aber es ist alles dunkel«, sage ich.
»Was hast du denn gedacht?«, wispert Jasper. »Es ist mitten in der Nacht.« Er beugt sich vor und späht durch die Autotür. »Welche Etage?«
»Erste«, sage ich, während ich meinem Vater den Schlüssel reiche.
»Ich glaube, es ist besser, wenn ihr vorläufig hier draußen bleibt«, sagt Paps gepresst und sieht Jasper eindringlich an. »Herr Hilbers und ich sehen erst einmal nach, ob überhaupt jemand da ist.«
»Ist gut«, krächze ich.
Mein Vater nickt mir noch einmal zu und richtet seinen Blick dann auf Pastor Hilbers, der ihm ermutigend den Rücken tätschelt. Die beiden gehen auf die Eingangstür zu und tauchen kurz darauf in die Dunkelheit des Treppenhausflurs ab.
»Ach, Yara«, murmelt Jasper in mein Ohr. »Ich hoffe ja so sehr, dass deine Mutter sich nun endlich besinnt.«
»Ich auch«, sage ich. »Für Rebekka hoffe ich das.«
»Und was ist mit dir?«, fragt er leise.
»Keine Ahnung …« Eben noch konnte ich es kaum abwarten, ihr endlich alles ins Gesicht zu schreien und jetzt würde ich sie am liebsten gar nicht mehr wiedersehen. »Ich glaube, ich muss selber erst mal kapieren, was da überhaupt mit

mir und zwischen uns abgegangen ist. Wieso habe ich mich nicht einfach dagegen gewehrt? Ich meine, wenn ich jetzt darüber nachdenke, kommen mir Bhajiu-Ras Thesen vollkommen idiotisch vor.«

»Thomas Winkler«, betont Jasper. »Ich finde, du solltest diesen Typen nicht mehr bei seinem Kunstnamen nennen. Es war Thomas Winkler, der über dich hergefallen ist. Und es wird auch Thomas Winkler sein, der hoffentlich dafür verknackt wird.«

Thomas Winkler, denke ich. Thomas Winkler. Ich lasse mir diesen Namen so lange durch den Kopf rauschen, bis Bhajiu-Ra dahinter verschwindet und zu einem ganz normalen Menschen wird. So normal wie ich und alle anderen auch.

»Glaubst du denn gar nicht daran, dass es Leute gibt, die in irgendeiner Weise übersinnliche Fähigkeiten haben?«, frage ich.

»Was heißt schon glauben?«, erwidert Jasper.

»Nicht wissen?«

Er nickt. »Ganz genau. Alles, was man nicht beweisen, also wissen kann, ist reine Glaubenssache. Ich meine, dieser Pastor Hilbers, der glaubt ja wahrscheinlich auch an Gott und die christlichen Lehren.«

»Das ist aber nicht das Gleiche«, wende ich ein. »Schließlich tut er niemandem was.«

»Er vielleicht nicht«, sagt Jasper. »Aber schau dich doch mal um in der Welt. Überall wird der Glaube dazu benutzt, Menschen zu unterdrücken oder für irgendwelche machtpolitischen Dinge zu missbrauchen.«

»Du hast ja recht«, gebe ich zu. »Andererseits würde das

alles nicht passieren, wenn die Menschen aus sich heraus zufrieden wären und mit ihrem Leben und allen Schicksalsschlägen klarkämen. Aber offenbar brauchen ganz viele so jemanden wie Gott oder Allah, an den sie glauben und bei dem sie Trost finden können. Mir ging es eigentlich immer gut«, fahre ich nachdenklich fort. »Erst durch das Gequatsche meiner Mutter, die so total überzeugt von Bhajiu-Ra und seinen spirituellen Phantasien ist, bin ich unsicher geworden. Ich meine, irgendwie ist es ja schon faszinierend, darüber nachzudenken, ob es nicht doch viel mehr zwischen Himmel und Erde gibt, als man normalerweise so wahrnimmt.«

»Nachdenken finde ich auch völlig okay«, meint Jasper. »Und drüber reden auch. Aber man darf sich davon doch nicht dermaßen vereinnahmen lassen!«

»Das sagst du so«, erwidere ich. »Meine Mutter war ganz schön penetrant. Sie hat mich teilweise richtig unter Druck gesetzt, so nach dem Motto: ich will nur das Beste und wenn du dich nicht einlässt, ruinierst du mich und mein Ansehen in der Gruppe. Na ja, und ich hab dann gedacht, ich schau es mir mal an, was soll schon passieren? Ich wollte keinen Stress.«

Jasper küsst mich auf die Nasenspitze. »Bist eben ein braves Mädchen.«

»Ja, scheiße«, brumme ich. »Wäre ich nicht so brav – hahaha – gewesen, wäre das alles gar nicht passiert. Aber so bin ich dann halt da reingerutscht. Bhajiu-Ra war mir zwar nie ganz geheuer, aber diese Darshans sind schon ziemlich beeindruckend gewesen. Da konnte man durchaus glauben, dass man jemand Besonderer ist. Francine war ja auch gleich Feuer und Flamme. Und irgendwann kam der Punkt, da wusste ich einfach nicht mehr, was richtig und was falsch war. Von da an wurde es ziemlich paradox. Manchmal herrschte in mir ein solches Chaos, aus dem ich nur herauskam, wenn ich mich an Gottes Willen oder Bhajiu-Ras Wissen festhalten konnte.«

»Festhalten?«, erwidert Jasper kopfschüttelnd. »An etwas, das nur aus Eventualitäten oder Lügen besteht? Yara, ich bitte dich, du bist vorher doch überhaupt nicht religiös gewesen, oder?«

»Nein, bin ich nicht. Jedenfalls nicht bewusst. Ich sag doch schon die ganze Zeit, dass ich jetzt im Nachhinein gar nicht mehr kapiere, wieso ich mich da so habe reinziehen lassen. Weißt du, meine Eltern haben sich schon so viele Jahre deswegen gestritten. Meine Mutter war Paps immer klar überlegen. Ich hatte keinen Grund, ihr zu misstrauen.«

»Du willst sagen, du hattest nie eine Chance, dir eine eigene Meinung zu bilden, sondern nur die Möglichkeit, dich zwischen der Weltanschauung deines Vaters und der deiner Mutter zu entscheiden«, bringt Jasper es auf den Punkt.

Ich sehe ihn an und alles in mir wird warm und weich. Und mit einem Schlag wird mir bewusst, dass es ein echter Glücksfall ist, ihn jetzt, in dieser Zeit, in diesem Moment, bei mir zu haben.

»Du kannst dir gar nicht vorstellen, wie froh ich bin, dass du mich nicht verlassen hast«, sage ich rau.

»Entschuldige bitte, aber *du* hast mich verlassen«, erwidert er, und ein zaghaftes Grinsen umspielt seine Lippen.

»Das wüsste ich aber«, sage ich. »Du wolltest mit der ganzen Sache nichts am Hut haben!«

»Stimmt«, sagt er und drückt mich sanft an sich. »Mit der Sache nicht. Mit dir aber schon. Nach unserem Streit im Park ist mir ziemlich schnell klargeworden, dass ich es ohne dich nur begrenzt gut aushalte.«

»Aha«, sage ich. »Begrenzt gut ... Ähm, was soll ich mir denn bitte schön darunter vorstellen?«

Jasper stupst seine Nasenspitze gegen meine.

»Das weißt du ganz genau.«

»Nee, das weiß ich nicht.«

»Hallo, Yara! Wieso bin *ich* eigentlich immer derjenige, der *dir* sagen muss, wie sehr ...«

»Ich liebe dich«, flüstere ich. »Ja, Jas, das tue ich. Und ich fürchte, ich kann es nicht nur begrenzt gut ohne dich aushalten, sondern überhaupt nicht.«

»Aha«, sagt Jasper und das Lächeln auf seinen Lippen fängt an zu tanzen. »So ist das also ...« Er lehnt sich zurück und senkt seinen Blick in meine Augen. »Wenn du jetzt allerdings glaubst, dass ich Mitleid mit dir habe ...«

»Warum quälst du mich so?«

»Oh, das würde mir doch im Traum nicht einfallen!«, murmelt Jasper.

»Und wieso küsst du mich dann nicht endlich?«

»Soll ich das wirklich tun?«

»Ja«, hauche ich.

»Meinst du echt?« Ohne den Blick von meinen Augen zu nehmen, nähert er sich langsam meinem Gesicht. »Also, ich weiß nicht ...«

Ich sehe, wie seine Pupillen sich weiten, ich rieche seine Haut und ich könnte seine Wimpern zählen – wenn ich dazu noch in der Lage wäre.

»Jasper, ich sterbe, wenn du es nicht sofort tust.«

»Okay, du hast es so gewollt.«

Sein Atem streicht über meine Wange, kringelt sich hinter meinem Ohr und jagt mir einen warmen Schauer den Nacken hinunter. Sanft legt er seine Lippen um meine, greift zärtlich mit den Zähnen danach und saugt an meiner Zunge. Es ist wie beim ersten Mal, nein, es ist noch tausendmal besser als beim ersten Mal. Mein Herz rast und meine Haut glüht und ich möchte, dass dieser Kuss niemals aufhört.

»Yara, ich bin so froh, dass er uns das nicht kaputt gemacht hat«, flüstert Jasper, als wir uns irgendwann doch voneinander lösen.

»Das kann er gar nicht«, flüstere ich zurück. »Das ist viel zu groß.«

Jasper schluckt. Er streichelt mein Gesicht und sein Blick ist so unendlich weich und verletzlich.

»Ich liebe dich, Yara. Ich liebe dich so sehr.«

»Jas ...« Ich möchte etwas erwidern, doch aus den Augenwinkeln sehe ich, dass Paps und Herr Hilbers aus dem Haus stürzen und auf uns zugelaufen kommen. Jasper hebt die Augenbrauen, dann dreht er sich der Beifahrertür zu, die im selben Moment bereits aufgerissen wird.

»Die Wohnung ist leer!«, stößt Paps hervor und richtet seine Augen auf mich. »Weder Rebekka noch Veronika sind dort. Und auf einem der Betten – ich nehme an, dass es deins war –, habe ich diesen Brief hier gefunden.«

Er reicht mir einen Umschlag, auf dem mein Name steht, Ya-Ra, und einen auseinandergefalteten Zettel.
Ich sehe meinen Vater an und schlagartig legt sich ein beklemmender Druck auf meine Brust. Ich nehme den Brief entgegen und fange zögernd an zu lesen.

Ya Ra, Bewahrerin des Lichts, eine gottlose Verräterin bist du!
Du hast Bhajiu-Ra in tiefste Dunkelheit gestürzt.
Ohne dich kann er seinen Göttlichen Auftrag nicht erfüllen.
Die Erde ist verloren.
Jetzt bleibt uns nur noch die Reise zu einem anderen Stern.
Stella-Ma

»Hast du eine Ahnung, wo sie sein könnten?«, fragt Paps.
Sein Atem geht keuchend und die nackte Angst steht ihm ins Gesicht geschrieben.
Ich schüttele den Kopf. »Wenn sie nicht in der Villa sind ...«
»Yara, was hat er vor?«
»Ich weiß es nicht«, sage ich gepresst. Aber ich kann es mir denken. Bhajiu-Ra, nein, Thomas Winkler weiß, dass er verloren hat. Und er weiß, dass die Gruppe ihm überall hin folgen wird. Auch Mam, Rebekka und Francine.
Er will mir zeigen, dass man sich seiner göttlichen Aufgabe nicht entziehen kann, ohne dafür bestraft zu werden. Ich bin die Einzige, die ihn aufhalten kann. Und deshalb steht mein Entschluss fest.

15

Natürlich ist Paps erst einmal dagegen. Doch die Angst um Rebekka und Mam überwiegt und so willigt er schließlich ein. Allerdings »Unter einer Bedingung!«
»Und welche?«, frage ich.
»Wir fahren zuerst zur Polizei. Und zwar diesmal direkt zur Kripo.«
Pastor Hilbers findet das vernünftig. Jasper ebenfalls.
»Und nur, wenn die diese Idee für eine gute Idee halten, machen wir es so«, beharrt mein Vater.
»Okay«, sage ich. »Einverstanden.«
Das Gebäude des Kriminalministeriums liegt südwestlich der Innenstadt in der Nähe des Hauptverkehrsknotenpunkts, direkt am Zubringer zum Autobahnkreuz Süd, und damit gut zwanzig Minuten Fahrzeit von unserem jetzigen Standpunkt entfernt.
Während Herr Hilbers den Wagen zügig durch die nächtlichen Straßen steuert, rutscht Paps nervös auf seinem Sitz herum. Alle paar Sekunden kratzt er sich irgendwo, dann wieder trommelt er ungeduldig mit den Fingern auf dem Futteral der Innentür herum.
Obwohl Jasper eine unglaubliche Ruhe ausstrahlt und mich die ganze Zeit über hält und streichelt, kann ich die Anspannung kaum noch ertragen.
Mit fahrigen Fingern krame ich mein Handy, das ich nach längerem Suchen ganz unten im Kleiderschrank in einer

von Mams Winterschuhkartons gefunden habe, aus der Jackentasche.
»Was hast du vor?«, fragt Jasper.
Paps dreht den Kopf zu uns um und fixiert mich durchdringend.
»Denk an unsere Abmachung.«
»Ich seh nur nach, ob Mam oder Francine sich gemeldet haben«, sage ich. Doch leider zeigt das Display keine Eingänge an. Ich richte meine Augen auf Paps. »Überleg doch mal: Bis wir dort sind und alles erklärt haben ... Das dauert doch viel zu lange.«
Mein Vater sieht Jasper an, dann den Pastor. Der zuckt mit den Schultern. »Ich denke, Yara hat recht.«
Paps seufzt. »Also gut«, sagt er und ich beginne sofort zu tippen.

ich weiß, ich hab mist gebaut.
bestimmt war es die letzte große egopanik.
ich hoffe, bhajiu-ra verzeiht mir.
hdl ya-ra

Ich lese den Text laut vor, und nachdem alle genickt haben, schicke ich ihn an Francine.
Doch sie meldet sich nicht.

Herr Hilbers parkt den Wagen direkt am Haupteingang. Bis wir uns zu einem zuständigen Beamten durchgefragt haben, vergehen allerdings weitere wertvolle zehn Minuten, in denen ich nichts von Francine höre und auch sonst nichts passiert.

Schließlich landen wir in einem unaufgeräumten Büro, in dem von drei Schreibtischen einer besetzt ist.

Eine kleine, drahtige Frau von schätzungsweise fünfunddreißig Jahren blinzelt uns aus müden blauen Augen entgegen. Sie trägt eine dunkelbraune Lederhose und einen weiten V-Pulli und hat ihre dunkelblonden Rastalocken mit einem breiten lilafarbenen Band auf dem Hinterkopf zusammengebunden.

»Guten Abend. Mein Name ist Sabine Blonck. Was kann ich für Sie tun?«, spult sie herunter.

Sie begrüßt uns per Handschlag, rückt ein paar Stühle für uns zurecht und lässt sich wieder auf ihren Drehstuhl fallen. Dann dreht sie den Kopf zur Seite, gähnt in ihre hohle Hand und lächelt uns anschließend entschuldigend an.

»Ich hab seit sechzehn Stunden Dienst.«

Na, das kann ja was werden, denke ich. Doch bereits kurz nachdem mein Vater mit unserer Geschichte begonnen hat, verschwindet die Müdigkeit aus dem Gesicht der Kripobeamtin. Interessiert lauscht sie unseren Ausführungen und nimmt anschließend Stellas Brief unter die Lupe.

»Sie haben also eine SMS an Ihre Freundin geschickt?«, fragt sie mich.

»Mit welchem Inhalt?«

Ich rezitiere die Kurznachricht wörtlich genau.

»Das war nicht besonders klug«, sagt Sabine Blonck. Ohne ihr Statement zu begründen, legt sie den Brief zur Seite, nimmt das Telefon ab, gibt eine Fahndung an Thomas Winkler raus und ordert sechs zusätzliche Wagen. Vier Zivilfahrzeuge und zwei Streifenwagen. »Einfach nur einsatzbereit«, faucht sie, knallt den Hörer auf die Gabel und wendet sich wieder uns zu. »Im Grunde gibt es drei Möglichkeiten. Entweder der Gesuchte versucht, die Stadt oder sogar das Land zu verlassen ...«

»Und wo sind dann meine Tochter, meine Frau, Yaras Freundin und die anderen?«, unterbricht Paps sie.

»Das weiß ich ebenso wenig wie Sie«, erwidert die Kriminalbeamtin ungeduldig. »Wenn wir Glück haben, hat Thomas Winkler sie einfach irgendwohin geschickt, wo ihnen keine Gefahr droht. Aber wie gesagt, das wäre der günstigste Fall.«

»Okay, und worin liegt nun der Fehler meiner SMS?«, frage ich. »Ich denke, nur so können wir überhaupt herausfinden, wo meine Schwester und die anderen sind.«

»Der Fehler ist nicht die SMS, sondern der Inhalt«, meint Sabine Blonck. Sie steht von ihrem Stuhl auf, schiebt sich auf die Schreibtischkante und sieht mich eindringlich an. »Wir wissen doch gar nicht, ob Ihre Freundin informiert worden ist«, fährt sie fort. »Möglicherweise hat Thomas Winkler seinen Gästen gar nicht gesagt, dass Sie davongelaufen sind. Warum auch? Schließlich wollte er Ihnen nichts Böses antun.«

»Na, hören Sie mal!«, braust Paps auf. »Sie haben offenbar keine Vorstellung davon, was Yara durchgemacht hat!«

»Die habe ich in der Tat nur annähernd«, räumt die Kripobeamtin ein. »Ich kann mir aber vorstellen ...«

»Schon gut«, sage ich. In meinem Schädel rattert es wie verrückt. Ich habe keine Lust, über das zu reden, was am Abend in der Villa passiert ist, ich will nach vorne schauen, überlegen, was wir jetzt tun können, um ein vielleicht noch viel größeres Unglück zu verhindern. »Nehmen wir mal an, Francine weiß nichts davon, dass ich abgehauen bin …« Ich sehe Sabine Blonck an. »Was wird sie gedacht haben, als sie meine SMS bekommen hat?«

»Ist die Frage nicht eher: Was wird sie getan haben?«, erwidert die Kripobeamtin.

»Sie ist zu Thomas Winkler gegangen, um ihn zu fragen, was passiert ist?«

Sabine Blonck nickt. »Anzunehmen.« Sie richtet ihren Zeigefinger auf mich. »Und was denken Sie, wie er darauf reagiert hat?«

»Er wird die Sache abtun«, meldet sich der Pastor zu Wort. »Er wird irgendeine Kleinigkeit erfinden, ein verzeihbares Vergehen, nichts Gravierendes.«

Wieder nickt die Kriminalkommissarin. »Sehe ich auch so. Allerdings ist das nur eine Möglichkeit«, fügt sie finster hinzu und wendet sich nun wieder an Paps. »Es könnte nämlich genauso gut sein, dass der Brief, den Sie gefunden haben, Sie in eine Falle von Thomas Winkler locken sollte.«

»Glaub ich nicht«, sage ich sofort. »Stella ist so fanatisch! Der traue ich diesen Alleingang absolut zu.«

Sabine Blonck lächelt. »Besitzt sie denn einen Schlüssel von Ihrer Wohnung?«

»Natürlich nicht!«, rufe ich. »Aber vielleicht war sie ja mit meiner Mutter, Rebekka und Francine dort.«

»Was bedeuten würde, dass Thomas Winkler der Gruppe von Ihrer Flucht erzählt hat ...«
»... und nun ein düsteres Szenario, was das Ende der Welt betrifft, vorhersagt«, vollende ich die Überlegung der Kripobeamtin. »Genau das ist es doch, was wir denken!«, brülle ich los. »Dieses Schwein hat sie irgendwo hingelockt, um sich mit ihnen ...«
Alles in mir wehrt sich dagegen, diesen Wahnsinn auszusprechen.
»Das ist in der Tat auch meine Befürchtung », bestätigt Sabine Blonck. »Deshalb habe ich ja die sechs Wagen zur Bereitschaft bestellt. Falls ...«
In dieser Sekunde kündigt mein Handy durch einen Piepton den Eingang einer Nachricht an.
Hastig ziehe ich es aus der Jackentasche.
»Und?«, fragt Jasper.
»Es ist von ihr«, stoße ich hervor, während ich die SMS aufs Display hole. »Francine hat zurückgeschrieben!« – Endlich!
»Entschuldigung«, sagt die Kriminalkommissarin und nimmt mir das Handy aus der Hand.
»Was schreibt sie denn?«, fragt Paps.
»Sie will wissen, wo Yara steckt«, sagt Sabine Blonck.
Ich starre sie an.
»Und was soll ich ihr jetzt antworten? Ich kann ihr ja schlecht erzählen, dass ich in Lengsberg herumirre. Bis ich tatsächlich dort bin, dauert es mindestens eine Dreiviertelstunde.«
Die Kripobeamtin gibt mir das Handy zurück.

»Schreiben Sie, dass Sie nach Hause gefahren sind.«
»Okay ...«

ich bin zu hause.
ich war so durcheinander.
was soll ich denn jetzt tun?

Es dauert nicht mal eine Minute und Francines Antwort ist da.

Mach dir keine Gedanken.
Bhajiu-Ra wird dir verzeihen.
Thalé und ich holen dich ab.
Bis nachher.
Francine

»Gut«, sagt Sabine Blonck. »Oder auch nicht.«
Sie nimmt den Hörer ab, tippt und lauscht. »Ja ...? Sind die Wagen da?«

※

Dann geht alles ganz schnell. Sabine Blonck weckt ihren Kollegen, erklärt ihm den Sachverhalt und schickt ihn mit drei Zivilfahrzeugen nach Lengsberg. Herr Hilbers, Paps, Jasper und ich fahren mit dem Passat zurück in die Innenstadt. Sabine Blonck folgt uns mit einem weiteren Kollegen in Zivil. Die beiden Steifenwagen gibt sie wieder für den normalen Einsatz frei.

Eine halbe Stunde später sind wir in der Wohnung. Mittlerweile ist es zwanzig vor zwei.

»Haben Sie wirklich keine Idee, wo er sie hingebracht haben könnte?«, fragt mich die Kommissarin.

Ich schüttele den Kopf.

»Versuchen Sie aus Ihrer Mutter etwas herauszubekommen«, erwidert sie. »Vielleicht schaffen Sie es, uns eine Nachricht zu schicken.« Ich gebe ihr mein Handy. Sie speichert eine Nummer ein und setzt sie an die oberste Stelle der Liste. Als sie mir das Handy zurückgibt, mustert sie mich durchdringend. »Sind Sie sicher, dass Sie das schaffen?«

Ich habe keine Ahnung, nicke aber trotzdem.

Ohne mich ist Rebekka verloren. An sie hefte ich meine ganze Kraft, allein auf sie versuche ich mich zu konzentrieren. Alles andere ist egal. Der Hass auf Thomas Winkler, die Wut auf meine Mutter und Francine und die Angst.

Herr Hilbers, Paps und Jasper müssen die Wohnung verlassen.

»Ich weiß nicht, ob du das wirklich tun solltest«, murmelt Jasper in mein Haar, als er mich zum Abschied umarmt. »Sie könnten doch versuchen, deiner Mutter und Francine klarzumachen, dass er sich mit Rebekka und den anderen das Leben nehmen wird.«

Ja, das könnten sie in der Tat. Die Frage ist nur, ob meine Mutter sich überzeugen ließe. Ich denke, ich kenne sie diesbezüglich am besten, und ich glaube nicht daran.

»Es hat keinen Sinn, Jas«, sage ich. »Es kostet nur Zeit. Und die haben Rebekka und all die anderen ahnungslosen Kinder nicht.«

»Okay ... Schon gut. Es ist nur ...« Er vergräbt sein Gesicht in meiner Halsbeuge und drückt mich fest an sich.
»Ich weiß«, sage ich. »Aber ich verspreche dir, ich schaff das. Es passiert schon nichts.«
»Ich unterbreche ja nur ungern ...«, sagt Sabine Blonck. »Aber ...«
Ich spüre ihre Hand auf meiner Schulter.
»Tschüs, Jas«, flüstere ich. »Bis nachher.«
Ich küsse ihn noch einmal flüchtig auf den Mund, dann drehe ich mich weg und gehe hastig in die Küche hinüber. Seine Angst zu spüren, ist schon schlimm genug, ich will ihr nicht auch noch ins Gesicht sehen.
Ich stelle mich ans Fenster und schaue auf die Straße hinunter. Es ist so ruhig dort draußen, dass ich mir gar nicht vorstellen kann, dass gerade etwas Dramatisches passiert. Die ganzen letzten Stunden kommen mir absolut unwirklich vor.
Ich sehe, wie Jasper, Paps und Herr Hilbers auf den Bürgersteig treten, die Straße überqueren und in die Dunkelheit abtauchen. Sie werden im Wagen des Pastors warten ... Auf was auch immer!
»Kommen Sie da weg«, höre ich Sabine Blonck sagen. »Wir müssen Licht machen. Ihre Mutter und Francine dürfen gar nicht erst auf die Idee kommen, dass Sie nicht allein hier sind.«
»Dann sollte ich in meinem Zimmer auf sie warten«, erwidere ich, während ich mich umwende und die Arbeitsleuchten unter den Hängeschränken einschalte.
Die Kommissarin nickt. »Tun Sie das. Mein Kollege und ich

sind im Wohnzimmer. Dort lassen wir alles dunkel. Wir gehen davon aus, dass Ihre Mutter sich ohnehin nicht lange aufhalten will. Bitte versuchen Sie dennoch, herauszubekommen, wo Ihre Schwester und die anderen sich aufhalten. Und zwar so, dass wir das hören. Okay?«

»Okay.«

Sabine Blonck hält meinen Blick fest.

»Wir werden hinter Ihnen bleiben, aber so, dass Ihre Mutter keinen Verdacht schöpft.«

»Okay ...«

»Sie wird Sie dorthin bringen, wo die anderen sind. Zumindest ist davon auszugehen.« Sie lächelt, und auf einmal sieht sie überhaupt nicht mehr aus wie eine kühl handelnde Kripobeamtin, sondern wie eine junge Frau, die eine vergnügliche Urlaubszeit am Strand von Kingston verbracht hat. »Für den Notfall haben Sie die Nummer meines Kollegen. Sobald Ihr Name bei ihm auf dem Display erscheint, wissen wir, dass etwas anders läuft, als wir dachten. – Okay?«

»Ja. Okay.«

Nur für den Notfall, denke ich. Daran versuche ich mich zu klammern. Warum auch sollte irgendetwas nicht so laufen? Thomas Winkler braucht mich dort, wo die anderen sind. Sie werden mich feiern oder lynchen, vielleicht sogar gemeinsam beschließen, dass wir nun alle zusammen die irdische Ebene, die Scheinwelt, verlassen und unsere Lichtarbeit woanders fortsetzen müssen.

Bei meiner Mutter weiß man nie, aber ich werde ja gut bewacht.

Erst als Sabine Blonck meinen Blick wieder freigibt, wird

mir bewusst, dass sie mich die ganze Zeit über fixiert hat.

»Ich gehe jetzt rüber«, sagt sie und deutet über ihre Schulter in den Flur. »Es wird nicht mehr lange dauern.«

Nein, das wird es nicht. Ich werde nicht viel Zeit haben, mich darauf vorzubereiten, dass ich Mam gleich gegenüberstehen werde und dass ich sie dann weder hassen noch in Tränen ausbrechen oder auch nur den Anflug von Angst zeigen darf. Und noch ehe ich das alles zu Ende gedacht habe, noch ehe ich die Überwindung, mein Zimmer zu betreten, besiegt habe, höre ich schon den Schlüssel in der Wohnungstür.

Ich höre, wie er ins Schloss geschoben und herumgedreht wird.

Ich höre, wie die Tür geöffnet und kurz darauf wieder zugedrückt wird. Ich habe kaum Zeit, mir zu überlegen, wo ich mich hinsetzen soll, da ruft sie mich schon.

»Engelchen?«

»Ja ... Ich bin hier.«

Und dann steht sie vor mir, die pure Verzweiflung und Enttäuschung im Gesicht.

»Ya-Ra, was hast du dir nur dabei gedacht?«

»Ich weiß auch nicht, Mam.«

Ich zittere am ganzen Körper und kann sie kaum ansehen.

»Jetzt komm schon, wir müssen uns beeilen. Es ist ein reines Wunder, dass noch niemand etwas gemerkt hat. Bhajiu-Ra ist einfach wunderbar. Er hat so viel Verständnis für dich. Wenn ich dir sage, mit welcher Feinfühligkeit er dich

geschützt hat. Nicht einmal mir hat er etwas von deinem Verschwinden gesagt. Erst als deine SMS kam, da musste er es natürlich erklären.«
»Wo ist denn Francine?«, frage ich.
Meine Mutter lacht. »Wo schon?«
»Ihr seid also immer noch in der Villa?«
»Nein«, sagt sie, löscht das Licht in meinem Zimmer und in der Küche und steuert dann auf die Wohnungstür zu. »Bhajiu-Ra hatte Sorge, dass Stella-Ma herausbekommt, dass du nicht mehr dort bist.«
Aber sie hat es doch bemerkt, liegt es mir auf der Zunge zu rufen, in letzter Sekunde verkneife ich es mir. In meinem Kopf beginnt es zu rotieren. Mam scheint nicht zu wissen, dass Stella hier in der Wohnung gewesen ist und einen Brief für mich hinterlassen hat.
Ich frage mich, wie sie hierhergekommen ist – und mit wem!
»Er wollte nicht, dass alle nervös werden«, fährt meine Mutter derweil mit ihrer Erklärung fort. »Deshalb hat er ihnen gesagt, dass du an einen anderen Ort gewechselt bist, einem, der der Entfaltung deiner Energien nun mehr entspricht.«
Ich starre sie an. Verdammt nochmal, merkt sie denn nicht, dass er immer alles so hindreht, wie es für ihn gerade am günstigsten ist? Dass alles nur eine verdammte Lüge ist?
»Und wo ist dieser Ort?«, presse ich hervor.
»Das wirst du schon sehen«, sagt sie und öffnet die Tür. »Und jetzt komm endlich.«
Ich muss mich regelrecht zwingen, keinen Blick zum Wohn-

zimmer zu werfen. Langsam tappe ich auf meine Mutter zu.

»Aber es ist ein Gebäude, oder?«

»Natürlich ist es ein Gebäude«, erwidert sie kopfschüttelnd. »Bhajiu-Ra ist ein wohlhabender Mann. Hast du gedacht, er besitzt nur dieses eine Haus?«

»Keine Ahnung. Wieso nicht? Ich meine, er hat bestimmt Eltern und so, aber ob die ausgerechnet hier leben ...«

»Seine Eltern sind tot«, sagt Mam. »Aber sie haben hier gelebt.« Sie fasst meinen Arm und zieht mich ins Treppenhaus. »Und jetzt ist Schluss mit der Fragerei. Du solltest dich für ganz andere Dinge interessieren.«

»Ja, natürlich ... Entschuldigung.«

Die Tür fällt hinter uns zu und dann tut meine Mutter etwas, was sie sonst mit schöner Regelmäßigkeit vergisst: Sie schließt ab. Zweimal dreht sie den Schlüssel herum.

Ich muss mich wahnsinnig beherrschen, mir mein Entsetzen nicht ansehen zu lassen. Und während ich hinter Mam die Treppe hinuntersteige, stelle ich mir immer wieder die gleiche Frage:

Werden Sabine Blonck und ihr Kollege uns jetzt überhaupt noch rechtzeitig folgen können? Ihr Wagen steht zwar direkt vor der Tür, aber ich habe nicht die geringste Ahnung, wie schnell sie nun aus der Wohnung herauskommen können. Vielleicht haben sie irgendwelches Spezialwerkzeug dabei, eine Art Dietrich oder so. Vielleicht müssen sie die Tür aber auch aufbrechen. Das würde einen Höllenlärm machen und sie müssten damit warten, bis Mam und ich außer Hörweite sind.

Fieberhaft überlege ich, was ich tun kann, um die Zeit zwischen Mams und meiner Abfahrt und dem gewaltsamen Öffnen der Wohnungstür zu verkürzen.
»Wo hast du geparkt?«
»Na, hier«, sagt meine Mutter ungeduldig und deutet auf den Cruiser, der unmittelbar hinter dem Wagen der Kommissarin steht. »Himmel, Ya-Ra, was ist nur mit dir los?«
Ganz schlechte Frage, denke ich. Denn eigentlich müsstest du sie dir selber beantworten können.
Keine Ahnung, wieso ausgerechnet jetzt, aber tatsächlich wird mir in diesem Moment zum ersten Mal bewusst, dass ich meine Mutter verloren habe. Nicht jetzt, sondern schon vor ewig langer Zeit. Aber ich hab's nicht kapiert. Eigentlich hätte sie Rebekka und mich beschützen müssen, doch sie hat sich aus der Verantwortung gestohlen. Blind ist sie Bhajiu-Ra hinterhergelaufen, hat es nur ihm und der Gruppe recht machen wollen und uns Kinder für ihre Zwecke benutzt. Ob sie sich dessen bewusst ist, spielt für mich keine Rolle mehr. Nicht nach gestern Abend, nicht nach dem, was Thomas Winkler mit mir anstellen wollte.
Es tut einfach nur weh, so schrecklich weh.
»Gar nichts ist mit mir los«, sage ich kühl. »Ich muss mich einfach nur ein bisschen sammeln.«
Sie öffnet die Fahrertür und mustert mich stirnrunzelnd, aber ich weiß, dass sie mir nichts anmerken wird. Ich habe sie weggebeamt. Weg aus meinem Kopf und weg aus meinem Herzen. Nicht sie sagt mir, wo es lang geht, nein, ich führe sie. Ich bin Bhajiu-Ras Frau. Und zwar so lange, bis diese Geschichte vorbei ist.

Ohne Mam weiter zu beachten, schiebe ich mich auf die Rückbank.
»Ya-Ra, was soll das?« Sie deutet auf den Beifahrersitz. »Setz dich bitte dorthin.«
Ich sehe sie an und zwinge mich zu einem Lächeln. »Thalé, ja verstehst du denn nicht?«, sage ich süß und bedeutungsschwer. »Ich muss mich an Bhajiu-Ras Energien anschließen. Das kann ich hier hinten am besten. Ich wäre dir also sehr dankbar, wenn du mich die Fahrt über nicht ansprechen würdest.«
Mam starrt mich an. »So hast du mich noch nie genannt.« Sie schlägt die Tür zu und startet den Motor. »Dann hast du jetzt wohl keine Mutter mehr.«
Nein, denke ich und schweige. Vielleicht ist es tatsächlich so. Anders natürlich als sie denkt, völlig anders, als sie möglicherweise jemals begreifen wird.
Meine Mutter legt den ersten Gang ein und fährt los. Ich werfe einen Blick auf das Haus und die Fenster unserer Wohnung. Natürlich ist dort alles dunkel und ruhig. Man sieht der Fassade nicht an, welche dramatischen Ereignisse sich dahinter womöglich – hoffentlich! – genau in diesem Moment abspielen.
Ein schneller kalter Herzschlag pulsiert in meinen Ohren und ich spüre einen schneidenden Druck im Magen, der langsam die Speiseröhre hinauf in Richtung Kehlkopf kriecht.
Ich kann nur hoffen, dass Mam von meiner Aufregung nichts mitbekommt. Im Schutz der Rückenlehne des Fahrersitzes fühle ich mich vor ihren Blicken einigermaßen sicher. Ich halte den Kopf gesenkt und tue so, als ob ich die Augen ge-

schlossen hätte. Vorsichtig ziehe ich das Handy aus meiner Jackentasche und stelle den Klingelton aus. Sollte Sabine Blonck mir jetzt eine Nachricht schicken, kündigt sich das ab sofort nur noch durch ein feines Vibrieren an.
Ich umschließe das Handy mit den Fingern und verberge es unter der anderen Hand in meinem Schoß. Dann richte ich den Kopf auf, schließe die Augen und täusche eine Meditationshaltung vor.
Mam fährt den Wagen ruhig und zügig durch die Straßen. In wenigen Minuten werden wir auf der Autobahn sein, in einer guten halben Stunde in Lengsberg. Die Vorstellung, Bhajiu-Ra alias Thomas Winkler noch einmal gegenübertreten zu müssen, ihm nach allem, was er mit mir angestellt hat, noch einmal in die Augen zu sehen, löst eine heftige Übelkeit in mir aus.
Ich ekle mich vor ihm zu Tode, aber ich ekle mich mittlerweile auch vor mir selbst. Wie habe ich nur so vernagelt, ja dermaßen dumm sein können, diesen erbärmlichen Lügen zu folgen und mein eigenes Leben, meine Sehnsüchte und Freuden dafür wegzuschmeißen! Bhajiu-Ras Hände hatten auf meinem Körper nichts zu suchen, dafür, was er mit mir gemacht hat, muss er zur Rechenschaft gezogen werden. Viel schlimmer aber ist, und das spüre ich erst jetzt, dass ich mir all das auch selbst verzeihen muss, und im Augenblick habe ich keine Ahnung, wie ich das hinkriegen soll.
Eine jähe Wut überkommt mich. Ich öffne die Augen und würde am liebsten sofort und mit all meiner Kraft auf Mams Hinterkopf einschlagen, der da direkt vor mir so unglaublich arrogant und selbstherrlich auf ihren Schultern thront.

Doch da spüre ich plötzlich das Vibrieren des Handys in meinem Schoß.
Mein Puls saust nochmals in die Höhe. Ohne meine aufrechte Haltung zu verändern, versuche ich zu lesen, was auf dem Display erscheint.

keine sorge,
wir haben das kennzeichen des cruisers
weitere wagen sind unterwegs
alles in ordnung bei dir?

Sabine Blonck und ihr Kollege haben es also nicht geschafft, rechtzeitig aus der Wohnung zu kommen. Sie konnten die Verfolgung nicht aufnehmen. Ich bin völlig allein und fahre mit meiner Mutter einem unbekannten Ziel entgegen.
Trotzdem schicke ich ein ja zurück und versuche nicht durchzudrehen. Das Handy in meinem Schoß hilft mir dabei, es ist wie ein Rettungsanker. Und es schickt mir weitere Botschaften.

tws Eltern hatten ein haus in lengsberg
wir gehen davon aus, dass er jetzt dort ist und alle anderen auch.

Ich atme auf. Dann wird Mam mich wohl ebenfalls dahin bringen. Alles wird gut werden. Ganz bestimmt. Ich lehne mich zurück und richte meinen Blick auf den Rückspiegel. Zwei- dreihundert Meter hinter uns bemerke ich zwei Scheinwerfer, deren Abstand zu uns sich nicht verändert.

Vielleicht sind sie das. Nicht Sabine Blonck und ihr Kollege, aber andere Polizisten, die Mams Wagen identifiziert haben und uns nun folgen.

Alle anderen Autos sind langsamer oder schneller als meine Mutter. Mal überholt sie eins, dann wieder rauscht eines an uns vorbei. Schließlich taucht vor uns ein großes blaues Schild auf. Bis Lengsberg sind es noch knapp zehn Kilometer.

Doch dann setzt Mam ganz unterwartet den Blinker und steuert einen Parkplatz an.

»Was willst du denn hier?«

Ich bekomme keine Antwort.

Mit zitternden Fingern tippe ich ein help! in mein Handy und schicke es ab. Und plötzlich sehe ich den Unterschied. Vor meinem geistigen Auge schiebt sich meine SMS über die von Francine.

Großbuchstaben!

Sie hat etwas getan, was sie nie tut und was nur einige Erwachsene machen: Sie hat Versalien benutzt.

Die Nachricht kann also gar nicht von Francine gewesen sein. Sie war von meiner Mutter oder – von Thomas Winkler!

Schlagartig ist der Druck in meinem Magen wieder da. Er breitet sich aus, legt sich als stählernes Korsett um meinen Oberkörper, presst meine Lungen zusammen und drückt mir die Kehle ein. Wie paralysiert starre ich auf die Straße, die unaufhaltsam unter uns wegrollt auf das unwirkliche Licht einer dreckigen Straßenlaterne, die einen Mülleimer beleuchtet, zu. Einige Meter dahinter, außerhalb des fahlen

Kegels erkenne ich die Rücklichter eines Autos. Ich mache mir keine Illusionen darüber, wer darin sitzt.
»Du willst mich also ausliefern!«, presse ich hervor.
»Aber Engelchen ...«
»Du weißt nicht, was er mit mir gemacht hat!«, kreische ich.
Ich registriere ihr Kopfschütteln. »Aber natürlich weiß ich das.«
»Er hätte mich fast vergewaltigt!«
»Aber das ist doch Unsinn. Du weißt genau, dass das nicht wahr ist. Er wollte sich nur mit dir vereinigen.«
»WO IST DA DER UNTERSCHIED?«
»Engelchen ...« Meine Mutter steuert genau auf die Rücklichter zu und ich erkenne einen dunklen BMW mit Lengsberger Kennzeichen. »Was ist denn das für eine Frage?«
»Er schläft doch mit allen Frauen!«
»Auch das ist Unsinn. Er schläft nur mit den Frauen, bei denen auf diese Weise ein energetischer Knoten gelöst werden kann«, erwidert Mam.
Sie stoppt den Cruiser. Zwischen uns und dem BMW liegen vielleicht zwei Meter. Ich sehe, wie die Fahrertür geöffnet wird.
In meiner Panik drücke ich den Verriegelungsknopf.
»Und was ist mit den Männern?«, brülle ich. »Schläft er mit denen auch? Oder müssen die ihren Knoten selber zum Platzen bringen?«
Meine Mutter dreht sich zu mir um. Es ist eine Qual, ihr in die Augen zu sehen, aber es ist auch eine Erlösung. Irgendwie.

»Engelchen, jetzt mach nicht so ein Theater. Nimm deine Hand von dem Knopf.«
»Hast du auch mit ihm geschlafen?«
»Jetzt werd mal nicht unsachlich«, erwidert sie harsch. »Das alles hier passiert nur zu deinem Besten.«
»Ach, ja? Dass dieses fette, hässliche Monster mich fickt, ist nur zu meinem Besten?«
Ich schreie und schwitze. Es ist warm im Auto und feucht. Die Scheiben beginnen zu beschlagen. Ich kann kaum noch sehen, was vor uns bei dem BMW passiert.
»Dass er mich wegbringt. Irgendwohin. Ist dann wohl auch zu meinem Besten. Dass er dort mit mir macht, was er will ... Alles zu meinem Besten. Hauptsache, ihr seid beseelt. Hauptsache, du kannst dich weiter in diese andere Welt träumen, geblendet von deinem eingebildeten Licht! Und währenddessen macht dieses Schwein mit mir, wonach es ihn gelüstet. Er wird mich vergewaltigen, quälen, einsperren, vielleicht sogar umbringen und verscharren ... und du denkst, er hätte nur einen energetischen Knoten bei mir zu lösen?!«
Meine Mutter starrt mich an. Doch dann, ganz plötzlich, dreht sie sich nach vorn. Ich sehe noch den Schatten draußen neben unserem Wagen und wie Mams Hand sich um den Schaltknüppel legt. Im nächsten Moment heult der Motor auf. Mam reißt das Lenkrad herum. Ein Ruck geht durch den Wagen, dann rast er los. Reifen quietschen und ein dumpfer Schlag ertönt.
»Maaam!«
Ich sause herum, sehe die Scheinwerfer des BMW und noch ein paar andere, die sich langsam über den Parkplatz schie-

ben. In ihrem Scheinwerferkegel liegt ein Körper. Mitten auf der Straße.
»Maaam! Halt an!«, brülle ich. »Die Polizei! Die Polizei ist da!«
Meine Mutter fährt noch ein Stück weiter, dann tritt sie auf die Bremse, würgt den Wagen ab und bricht schluchzend über dem Steuer zusammen.

Danach

Es ist ein seltsames Gefühl, wieder im Haus zu sein. Ich meine, mit Mam, Paps und Rebekka. Wenn Jasper nicht wäre, wäre es total unwirklich. Vielleicht liegt es aber auch an allem. An den Monaten und Wochen zuvor, an den Ereignissen der letzten Nacht, an der Tatsache, nicht geschlafen zu haben und an dem Chaos in meinem Kopf und in meinem Herzen.
Wenn Thomas Winkler alias Bhajiu-Ra gestern nicht über mich hergefallen wäre, wäre vielleicht alles ganz anders gekommen. Womöglich hätte ich mich in die Gruppe eingefügt und wäre zusammen mit Mam und Rebekka einfach aus diesem Leben verschwunden. Damit meine ich nicht tot im körperlichen Sinne, sondern tot in Herz und Seele. Ohne Vater, ohne wirkliche Freunde, ohne Geborgenheit, ohne ein Gefühl für mich selbst, sondern nur mit dem Bild im Kopf, dazu auserwählt zu sein, die Menschheit transformieren und die Erde retten zu müssen.
Was für ein Irrsinn!
Niemand, dem man das erzählt, wird es für möglich halten.
Und doch weiß ich inzwischen von Pastor Hilbers, dass es jeden Tag immer wieder jemanden erwischt. Im Großen bei Scientology zum Beispiel, und im Kleinen und damit viel gefährlicher bei Leuten wie Thomas Winkler alias Bhajiu-Ra.

Ich habe beschlossen, ihn wieder bei diesem Namen zu nennen, weil ich nicht vor dem weglaufen will, was ich selber geglaubt habe und weil ich kapiert habe, dass auch das ein Teil von mir ist, zu dem ich stehen muss, wenn ich rund und vollständig sein will.

Wenn Jasper nicht wäre, wäre all das ungleich schwieriger für mich. Dann ginge es mir jetzt vielleicht wie Francine, die niemanden hat, der sie hält und mit dem sie über all das reden kann. Es sei denn, ihre Adoptiveltern kapieren, dass sie sie nicht weiter so sehr sich selbst überlassen dürfen. Diese Hoffnung habe ich zumindest.

Ich habe keine Ahnung, wo Francine jetzt ist und wie es ihr geht. Ich kann mir nur vorstellen, dass sie ziemlich geschockt ist. Ich werde sie anrufen, gleich nachher, sobald Jasper nach Hause gefahren ist. Ich hoffe so sehr, dass sie begreift, wem sie da aufgesessen ist, und dass ihr niemand die Eltern ersetzen oder den Schmerz darüber, dass sie allein gelassen wurde, abnehmen kann. Vielleicht kapiert sie sogar, dass mir mit meiner Mutter etwas ganz Ähnliches passiert ist. Eigentlich könnte ich Francine böse sein, dafür, dass sie sich so tief in diese Sache hat reinziehen lassen und dass sie Mam am Ende sogar in die Hände gespielt hat. Aber ich bin es nicht. Im Gegenteil: Nie zuvor habe ich mich so tief mit ihr verbunden gefühlt. Und mit niemandem werde ich so ausgiebig über all das reden können wie mit ihr.

»Ich glaube, dass kaum einer aus dieser Gruppe jetzt einfach in sein altes Leben zurückkehren kann«, sagt Jasper, als hätte er meine Gedanken erraten. Wir sitzen nebeneinander auf meinem kleinen Balkon, ich in seinen Arm gekuschelt, er seine Kaffeetasse in der Hand. »Die meisten stehen doch jetzt vor einem Trümmerhaufen.«

»Das ist aber nicht allein Bhajiu-Ras Schuld«, erwidere ich. »Letztendlich liegt die Entscheidung bei jedem Einzelnen selbst.«

»Dabei denkst du bestimmt auch an deine Mutter.«

Ich nicke und seufze. Mam ist wirklich ein Thema für sich. Wenn ich an sie denke, fühle ich nur noch eine quälend tiefe Leere. Und deshalb versuche ich sie aus meinem Kopf zu verbannen. Und aus meinem Herzen. Aber das ist gar nicht so einfach. Sie ist und bleibt meine Mutter, und auch mit ihr werde ich über all das reden müssen, auch darüber, ob es tatsächlich Stella war, die den Brief in mein Bett gelegt hat. Irgendwann.

Und bis dahin hängen wir irgendwie im luftleeren Raum oder besser gesagt stehen, so wie Jasper es eben schon formulierte, auf einem Trümmerhaufen.

Wir müssen die Scherben einsammeln und sehen, was davon für den Wiederaufbau überhaupt noch geeignet ist.

Im Moment sitzen meine Eltern unten im Wohnzimmer und reden. Zuerst war Herr Hilbers noch bei ihnen. Irgendwann in den frühen Morgenstunden ist er dann gefahren. Und jetzt sind Mam und Paps allein. Keine Ahnung, was dabei rauskommt. Darüber mag ich im Augenblick auch nicht nachdenken.

Für mich steht fest, dass ich hier im Haus bleibe. Wie Rebekka sich entscheidet, weiß ich nicht, ich schätze aber, dass sie ebenfalls bei Paps wohnen will. Dann wäre Mam erst einmal ganz allein. – Gut so.

»Glaubst du, dass deine Eltern noch eine Chance haben?«, fragt Jasper.
»Ich weiß es nicht«, sage ich. »Und es ist auch nicht mein Problem, Jas. Die Einzige, um die ich mich kümmern kann, ist Rebekka. Aber wahrscheinlich hat sie gar nicht so viel mitbekommen.«
»Zum Glück.«
Ja, zum Glück.
Rebekka war einfach noch nicht lange genug dabei, um überhaupt zu blicken, was es mit der Gruppe um Bhajiu-Ra auf sich hatte. Und die Polizeiaktion in der vergangenen Nacht muss so ruhig abgelaufen sein, dass meine Schwester und die anderen Kinder, von denen die meisten ohnehin in einem Nebenraum waren und schliefen, gar nichts davon mitbekommen haben.
Im Haus von Bhajiu-Ras Eltern war bereits alles für eine Feier vorbereitet gewesen. Offenbar hatte er damit gerechnet, dass ich Widerstand leisten würde. Ich kann wirklich froh sein, dass ich nur wenig von diesem Getränk genippt hatte, und ich hoffe sehr, dass sie tatsächlich Drogen bei ihm finden werden, damit er möglichst lange verknackt wird.
Im Augenblick liegt er in der Klinik. Ich schätze mal, dass er sich bei dem Zusammenprall mit Mams Cruiser einige Knochen gebrochen hat. Eigentlich soll man ja niemandem etwas Schlimmes wünschen, aber ich muss sagen, das gönne ich ihm.
Alles in allem möchte ich das Ganze aber so schnell wie möglich vergessen – nicht verdrängen, sondern verarbeiten – und nach vorne sehen.

Was passieren kann, wenn man heftige Erlebnisse verdrängt, hat mir meine Mutter schließlich gezeigt. Den Missbrauch, den ihr Vater, mein Opa, an ihr begangen hat, hat sie nie wirklich bewältigt. Ich kann sehr gut verstehen, dass es für sie nicht damit getan ist, dass er sie auf seinem Sterbebett um Vergebung bittet. Jetzt, nach meinem Erlebnis mit Bhajiu-Ra, bricht ein beißender Ekel in mir hervor, wenn ich mir vorstelle, wie Opa sie befingert hat.

»Ich glaube, es wäre gut, wenn deine Mutter eine Therapie macht«, meint Jasper.

»Ja«, sage ich. »Und ich glaube, es täte mir gut, wenn ich sie eine Weile nicht sehe. Ich brauche meine Kraft für mich selbst.«

»Und für mich«, sagt Jasper lächelnd.

»Für dich brauche ich keine Kraft«, erwidere ich und küsse ihn sanft. »Dich kann ich einfach lieben.«

Etwas Schöneres als das gibt es ohnehin nicht. Nirgendwo auf der Welt.

Thomas Winkler verbringt sechs Wochen im Gipsbett. Danach geht er für drei weitere Wochen in eine Rehamaßnahme. Bis zu seiner Gerichtsverhandlung bleibt er in Lengsberg. Er verkauft seine Villa, um sich von den Schatten der mit ihr verbundenen Ereignisse zu befreien.

Ein gutes halbes Jahr später fällt das Urteil. Für sexuelle Belästigung und Freiheitsberaubung erhält Thomas Winkler zweieinhalb Jahre Haft, davon werden anderthalb Jahre zur Bewährung ausgesetzt.

Während der polizeilichen Ermittlungen wurden weder Drogen, tödliche Gifte, Waffen noch Sprengstoff in seiner Villa oder dem Haus seiner Eltern gefunden, weitere strafbare Handlungen konnten ihm nicht nachgewiesen werden. Aus dem Kreis seiner Anhänger erklärten sich nur wenige bereit, gegen ihn auszusagen. Das vollständig eingerichtete, klimatisierte unterirdische Appartement, das an die Kellerräume seines Elternhauses grenzt, wurde nie entdeckt.

Die Zeit im Gefängnis nutzt Thomas Winkler, um sein Englisch zu perfektionieren und Spanisch zu lernen. Die restlichen anderthalb Jahre bleibt er unauffällig. Danach siedelt er in die Staaten über.

Thomas Winkler kennt seinen Auftrag.

Er ist auserwählt.

Liebe Ilona,
ich danke Dir für über ein Jahrzehnt
tolle und fruchtbare Zusammenarbeit.
Den Austausch mit Dir,
Deine Krativität, Deinen Überblick und Deine Beharrlichkeit werde ich sehr vermissen. – Hä? JAWOHL!

Darf man einen *Skinhead lieben?*

Skins haben Majos beste Freundin vor der Disco brutal zusammengeschlagen. Während Sahar im Krankenhaus liegt, findet Majo auf dem Parkplatz einen Ausweis. Er gehört Falko. Falko, der schüchterne, zurückhaltende Junge, den sie von früher kennt. Der immer alles einstecken musste. Und der jetzt selber Prügel austeilt. Ohne zu wissen, warum, ruft Majo ihn an ...

Patricia Schröder
Scheiß Glatze, ich lieb dich
Band 80417

Like a virgin

Drei Freundinnen gründen einen Club, um endlich die Nacht der Nächte zu erleben. Die eine verliebt sich in einen Schwulen, die zweite in einen gemeinen Weiberheld, die dritte weiß nicht, ob ihr bester Freund nur ihr bester Freund oder mehr ist. Zwei kommen ans Ziel, die dritte findet's am Ende auch so okay.

Witzig, temperamentvoll und glaubhaft erzählt Kelly McKain von Höhen und Tiefen, Lust und Frust und echter Freundschaft.

Kelly McKain
Die Nacht der Nächte
Band 80726

Fischer Schatzinsel

Was ist eine schöne Nase wert?

Für Helena steht fest: Sie hat kein Glück gehabt, als die Gene verteilt wurden. Warum musste sie ausgerechnet das hässliche Kinngrübchen von ihrem Vater erben? Und wer braucht schon eine Himmelfahrtsnase. Sie jedenfalls nicht. Helena mag sich selbst nicht mehr anschauen. Soll sie sich unters Messer wagen?

Ein sensibler Roman über den Kampf mit sich selbst.

Jana Frey
Schön - Helenas größter Wunsch
Band 80786